普通高等教育"十二五"规划教材

公路工程定额原理与估价
Gonglu Gongcheng Ding'e Yuanli yu Gujia

宾雪锋　主　编
彭远华　杨正财　副主编
刘　燕　主　审

人民交通出版社

内容提要

本书紧密围绕交通运输部最新颁布和修订的行业标准及规范，体现了公路建设新的发展阶段对公路工程造价人员的新要求。本书全面介绍了公路建筑产品的价格形成、价格影响，全书分为四部分：第一部分主要介绍工程造价及其管理、注册造价工程师等基本概念；第二部分主要介绍工程造价计价依据的编制原理及方法；第三部分主要介绍公路工程估价；第四部分主要介绍工程造价管理。

本书注重理论联系实际，针对性、实用性和操作性强，适合作为高等院校、技术技能型本科及高职高专公路工程管理类专业教材或作为造价工程师考试的辅导用书，也可作为相关专业培训教材，以及从事造价编制与管理工作人员的参考用书。

图书在版编目(CIP)数据

公路工程定额原理与估价／宾雪锋主编. —北京：人民交通出版社，2014.1
ISBN 978-7-114-11130-3

Ⅰ.①公… Ⅱ.①宾… Ⅲ.①道路工程—预算定额 ②道路工程—概算定额 ③道路工程—工程造价—估价 Ⅳ.①U415.13

中国版本图书馆 CIP 数据核字(2014)第 005485 号

书　　名：	公路工程定额原理与估价
著 作 者：	宾雪锋
责任编辑：	刘　君　尤晓昕
出版发行：	人民交通出版社
地　　址：	(100011) 北京市朝阳区安定门外外馆斜街 3 号
网　　址：	http://www.ccpress.com.cn
销售电话：	(010) 59757973
总 经 销：	人民交通出版社发行部
经　　销：	各地新华书店
印　　刷：	北京鑫正大印刷有限公司
开　　本：	787×1092　1/16
印　　张：	18.25
字　　数：	420 千
版　　次：	2014 年 1 月　第 1 版
印　　次：	2018 年 1 月　第 3 次印刷
书　　号：	ISBN 978-7-114-11130-3
定　　价：	49.00 元

（有印刷、装订质量问题的图书由本社负责调换）

前　言

  公路建筑产品线路长、点多面广、影响因素多、施工组织设计及施工技术构成复杂、工期长、投资大等特点，决定了其工程造价计价及造价管理的复杂性。全面深入地认识公路工程造价构成、造价影响因素、工程造价变化规律，掌握工程造价原理及科学合理准确地测算公路建筑产品造价，是适应市场竞争、实施有效的工程造价管理、提高公路项目建设效果、完成建设目标的重要保证。

  本书全面介绍了公路建筑产品的价格形成、价格影响因素及确定工程造价的方法。本书将工程造价原理与工程造价测算的工程应用实践紧密结，并分为四部分：第一部分（第一章、第二章）主要介绍工程造价及其管理、注册造价工程师等基本概念。第二部分（第三章至第五章）主要介绍工程造价计价依据的编制原理及方法。第三部分（第六章至第八章）主要介绍公路工程估价。第四部分（第九章，由重庆市江津区财政局於飞编写）主要介绍工程造价管理。

  本书紧密围绕交通运输部最新颁布和修订的行业标准及规范，体现了公路建设新的发展阶段对公路工程造价人员的新要求。该书注重理论联系实际，针对性、实用性和操作性强。

  本书由重庆交通大学宾雪锋担任主编，重庆市江津区财政局彭远华、杨正财担任副主编，由重庆交通大学刘燕主审。在这里感谢重庆市江津区财政局对于本书公路工程实际项目估价的大力支持。

  限于编者的学识水平和实践经验，书中不足之处恳请读者批评指正。

编　者

2014.1

目 录

第一章 公路工程造价概述 ... 1
- 第一节 公路工程造价的定义 ... 1
- 第二节 工程造价计价的特点 ... 3
- 第三节 公路工程建设管理体制 ... 5
- 第四节 注册造价工程师和工程造价咨询制度 ... 8

第二章 公路工程定额概论 ... 12
- 第一节 定额的概念 ... 12
- 第二节 定额的特点 ... 13
- 第三节 工程建设定额的分类 ... 15

第三章 定额编制 ... 18
- 第一节 公路工程施工定额 ... 18
- 第二节 公路工程预算定额 ... 71
- 第三节 公路工程概算定额 ... 77
- 第四节 公路工程估算指标 ... 80
- 第五节 公路工程机械台班费用定额 ... 85
- 第六节 工程造价指数的编制 ... 88

第四章 施工预算 ... 93
- 第一节 人工工日、机械台班计算 ... 93
- 第二节 施工材料消耗量计算 ... 96

第五章 施工图预算 ... 98
- 第一节 公路工程概预算编制办法 ... 98
- 第二节 公路工程造价编制的一般步骤和工作内容 ... 129
- 第三节 施工图预算编制 ... 138
- 第四节 路基工程案例 ... 144
- 第五节 路面工程案例 ... 146
- 第六节 桥涵工程案例 ... 147
- 第七节 隧道工程案例 ... 151
- 第八节 施工图预算案例 ... 152

第六章 设计概算与修正概算 ... 180
- 第一节 设计概算与修正概算基本概念 ... 180
- 第二节 设计概算编制 ... 182
- 第三节 公路工程概预算审查 ... 182

第七章 投资估算 ········· 186
第一节 项目建议书投资估算编制 ········· 186
第二节 可行性研究报告投资估算编制 ········· 187

第八章 公路工程招标标底与投标报价 ········· 190
第一节 工程招标与投标 ········· 190
第二节 工程量清单与招标控制价、标底编制及审核 ········· 193
第三节 投标报价的编制 ········· 205
第四节 施工项目合同价款的确定 ········· 215
第五节 工程量清单案例 ········· 216

第九章 施工阶段的工程造价管理 ········· 228
第一节 施工企业标后预算 ········· 228
第二节 工程变更与合同价款的调整 ········· 238
第三节 工程索赔与索赔费用的确定 ········· 242
第四节 工程价款的结算 ········· 249
第五节 工程竣工决算 ········· 257
第六节 保修费用的处理 ········· 268
第七节 公路建设项目后评价 ········· 271
第八节 施工阶段造价管理案例 ········· 278

参考文献 ········· 284

第一章 公路工程造价概述

第一节 公路工程造价的定义

一、建设工程造价的定义及其构成

工程造价通常是指工程的建造价格。根据所站角度的不同,工程造价有不同含义。

第一种含义:工程造价是指一个建设项目从立项开始到建成交付使用预期花费或实际花费的全部费用。根据我国现行的制度规定,建设工程造价由建筑安装工程费、设备和工器具购置费、工程建设其他费及预备费等组成。

第二种含义:工程造价是指工程价格。即为建成一项工程,预计或实际在土地市场、设备材料市场、技术劳务市场以及承包市场等交易活动中所形成的建筑安装工程的价格和建设工程总价格。工程造价的第二种含义是以社会主义市场经济为前提的,它以工程这种特定的商品形式作为交易对象,通过招投标、承发包或其他交易方式,在进行多次性预估的基础上,最终由市场确定的价格。在这里,工程的范围和内涵可以是涵盖范围很大的一个建设项目,也可以是一个单项工程,甚至也可以是某个分部工程。

通常把工程造价的第二种含义认定为工程承发包价格。承发包价格是工程造价中一种重要的也是最典型的价格形式,它是在建筑市场通过招投标,由需求主体(投资者)和供给主体(建筑商)共同认可的价格。建筑安装工程价格在项目固定资产中占有50%~70%的份额,是工程建设中最活跃的部分;而且建筑企业是建设工程的实施者,占有重要的市场主体地位,因此工程承发包价格被界定为工程价格的第二种含义,很有现实意义。但是这样界定对工程造价的含义理解较狭窄。

工程造价的两种含义是从不同角度揭示同一事物的本质。对建设工程的投资者来说,面对市场经济条件下的工程造价就是项目投资,是"购买"项目要付出的价格,同时也是投资者作为市场供给主体"出售"项目时定价的基础。对于承包人、供应商和规划、设计等单位来说,工程造价是他们作为市场供给主体出售和劳务的价格总和,或指特定范围的工程造价,如建筑安装工程价格。

区别工程造价两种含义的理论目的在于:为投资者和以承包人为代表的供应商在工程建设领域的市场行为提供理论依据。当政府提出降低工程造价时,是站在投资者的角度充当着市场需求主体的角色;当承包人提出要提高工程造价、提高利润率并获得更多的实际利润时,他是要实现一个市场供给主体的管理目标。这是市场运行机制的必然。不同的利益主体绝不能混为一谈。同时，两种含义也是对单一计划经济理论的一个否定和反思。区别两种含义的现实意义在于：为实现不同的管理目标，不断充实工程造价的管理内容，完善管理方法，更好地为实现各自的目标服务，从而有利于推动经济增长。

二、公路工程造价的定义

公路工程造价是指公路工程建设项目从筹建到竣工验收、交付使用所需的全部费用。

根据公路工程的基本建设程序，在项目建议书和可行性研究、初步设计及技术设计、施工图设计、招投标、工程施工、竣工验收等工作中，应编制投资估算、设计概算或修正概算、施工图预算、标底（或招标控制价）和报价、工程结算和竣工决算。公路建设工程投资估算是项目立项和决策的重要依据，是控制概算和预算的一个尺度；设计概算或修正概算是初步设计或技术设计的重要组成部分，是建设项目投资的最高限额；施工图预算是组织建设项目实施的指导性文件；标底和报价是评标依据；工程结算是施工合同管理的重要手段；竣工结算是确定新增固定资产价值、全面反映建设成果的文件，是竣工验收和移交固定资产的依据。公路工程造价的编制，则是泛指估算、概算、预算、标底、报价、工程结算和竣工结算等造价文件的编审工作。

三、工程造价的职能

1. 预测职能

投资者或是建筑商都要对拟建工程进行预先测算。投资者预先测算的工程造价不仅作为项目决策依据，同时也是筹集资金、控制造价的依据。承包商对工程造价的测算，既为投标决策提供依据，也为投标报价和成本管理提供依据。

2. 控制职能

工程造价的控制职能表现在两方面：一方面，是它对投资的控制，即在投资的各个阶段，根据对造价的多次性预估，对造价进行全过程多层次的控制；另一方面，是对施工成本的控制。

3. 评价职能

工程造价是评价总投资和分项投资合理性和投资效益的主要依据之一，也是评价建筑安装企业管理水平和经营成果的重要依据。

4. 调控职能

工程造价可作为政府对投资项目进行直接或间接调控和管理的依据，对工程建设中的物质消耗水平、建设规模和投资方向等进行调控和管理。

四、工程造价的作用

（1）建设工程造价是项目决策的工具。在项目决策阶段，建设工程造价是项目财务分析和经济评价的重要依据。

（2）建设工程造价是制订投资计划和控制投资的有效工具。

(3)建设工程造价是筹集建设资金的依据。当建设资金来源于金融机构的贷款时,金融机构在对项目的偿贷能力进行评估的基础上,也需要依据工程造价来确定给予投资者的贷款数额。

(4)建设工程造价是利益合理分配和调节产业结构的手段。

(5)工程造价是评价投资效果的重要指标。

第二节　工程造价计价的特点

工程造价计价除具有与其他一切商品价格计价的共同特点外,同时还有其自身的技术经济特点,这些特点包括单件性、多次性计价和按工程构成分部组合计价。

一、计价的单件性

建设工程的个体差异决定了每项工程都必须单独计算造价。建设工程都有其指定的专门用途,因此就有不同的形态和结构,如厂房、住宅、公路、港口等。就公路而言,其用途是供汽车行驶,但构成公路整体的路基、路面、桥梁、涵洞及沿线设施等,各有不同的形态和结构。建设工程都是固定在一定地点的,其结构、造型必须适应工程所在地的气候、地质、水文等自然客观条件,因而形成在实物形态上的千差万别。在建设这些不同的实物形态工程时,必须采取不同的工艺、设备和建筑材料,因而所消耗的物化劳动也必定有所不同,再加上不同地区社会发展程度不同致使构成价格和费用的各种价值要素的差异,最终导致工程造价各不相同。任何两个公路建设项目其工程造价不可能完全相同。因此,对公路建设工程只能是单件性计价。也就是说,只能根据各个建设工程项目的具体设计资料和当地的实际情况单独计算工程造价。

二、计价的多次性

建设工程一般规模大、建设周期长、技术复杂、受建设所在地自然条件影响大,消耗的人力、物力和财力巨大,同时要考虑投入使用后的经济效益等因素,一旦决策失误,将造成不可挽回的巨大损失。为了适应造价控制和管理的要求,满足建设各阶段的不同需要,必须在建设全过程中进行多次计价。建设工程多次性计价流程,如图1-1所示。

(1)在项目建议书阶段编制项目建议书投资估算,作为项目建议书阶段可行性研究时进行经济评价的依据。项目建议书经批准后可进入可行性研究阶段。

(2)在可行性研究报告阶段编制可行性研究报告投资估算,作为可行性研究进行经济评价的依据。可行性研究报告批准后,其投资估算是决策、筹资和控制造价的主要依据。

(3)在初步设计阶段编制初步设计概算,按两阶段设计的建设项目,概算经批准后是确定建设项目投资的最高限额,是签订建设项目总承包合同的依据。

(4)在技术设计阶段编制技术设计修正概算,按三阶段设计的建设项目,修正概算经批准后是确定建设项目投资的最高限额,是签订建设项目总承包合同的依据。

（5）在施工图设计阶段编制施工图预算，施工图预算经批准后，是签订建筑安装工程承包合同，办理工程价款结算的依据，也是实行建筑安装工程造价包干的依据。实行招标的工程，其建筑安装工程费用是编制标底的基础。

（6）实行建筑安装工程及设备采购招标的项目，一般都要编制标底或招标控制价，编制标底或招标控制价也是一次计价。

（7）施工单位为参加投标，首先要根据招标文件和现场情况编制施工预算，作为本企业控制成本的依据，然后再根据市场情况编制有竞争性的投标报价。

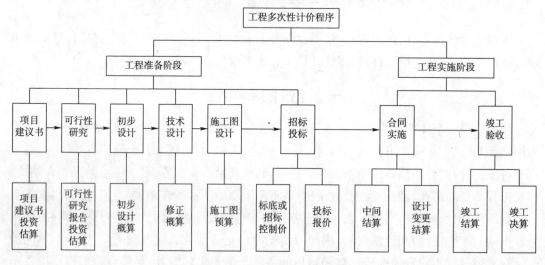

图 1-1　工程多次性计价流程图

以上是建设单位、施工单位在不同阶段对建设项目作出的预期工程造价计算，确定中标单位后，按照合同条款的约定签订合同价，在施工过程中根据工程变更和市场物价变动情况确定结算价，结算价才是建设项目各分部分项工程的实际造价。工程竣工并通过验收合格后，建设单位根据各分部分项工程的结算价编制的竣工决算才是整个建设项目的实际造价。

一个建设项目各个阶段是相互衔接、由粗到细、由浅到深、由预期到实际的发展过程。前者是后者的依据，后者是前者的修正和补充。

三、计价的组合性

建设工程规模大，工程结构复杂，根据建设工程单件性计价的特点，不可能简单直接地计算出整个建设工程的造价，必须将整个建设工程分解到合理的最小工程结构部位，直至计量和计价都能相对准确进行的程度，如将公路建设工程分解为路基工程、路面工程、桥梁工程等，对路基工程再分解为土方工程、石方工程等，对土方工程再分解为挖方工程、填方工程等，对挖方工程再分解为机械开挖、人力开挖等，机械开挖再分解为挖掘机开挖、推土机推挖等。如确定用推土机推挖，就可以通过推土机推挖土方的工程定额得到推挖 $1m^3$ 土方所需推土机机械台班消耗量，再按推土机的每台班单价计算出所需的费用。各项工程都可以这样分解，然后再将各部位的费用按设计确定的数量加以组合就可确定全部工程所需的费用。任何规模庞大、技术复杂的工程都可以采用这种方法计算其全部造价。

工程定额就是根据这一原理编制，为了适应不同设计阶段编制工程造价的需要，编制了施工定额、预算定额、概算定额、估算指标，这几种定额相互衔接，其单项定额所综合的工程内容是逐级扩大的。

四、计价方法的多样性

由于多次计价的计价依据各不相同，且对多次计价的精度要求不同，因而计价方法有多样性特征。计算和确定概（预）算造价有两种基本方法，即单价法和实物量法，公路项目预算造价采用实物量法。建设项目投资估算的方法有设备系数法、生产能力指数估算法等。不同的方法各有利弊，适应条件也不同，计价时要根据实际情况进行选择。

五、计价依据的复杂性

影响造价的因素多，计价依据复杂、种类繁多，主要可以分为以下7类：

(1) 确定设备和工程数量依据，包括项目建议书、可行性研究报告、设计文件等。

(2) 计算人工、材料、机械等实物消耗量依据，包括投资估算指标、概算定额、预算定额等。

(3) 计算工程单价的价格依据，包括人工单价、材料价格、材料运杂费、机械台班费等。

(4) 计算设备购置费的依据，包括设备原价、设备运杂费、进口设备关税等。

(5) 计算其他工程费、间接费和工程建设其他费用依据，主要是相关的费用定额和指标及当地的征地拆迁补偿政策。

(6) 政府规定的税收和有关收费标准。

(7) 物价指数和工程造价指数。

计价依据的复杂性不仅使计算过程复杂，而且要求计价人员熟悉项目建设相关的法律法规及造价编制的各类依据，并能够正确运用。

第三节 公路工程建设管理体制

我国工程建设管理体制改革的目标是：改革市场准入、项目法人责任制、招标投标、勘察设计、工程监理、合同管理、工程质量监督和建筑安全生产管理等制度，建立单位资质与个人执业注册管理相结合的市场准入制度，对政府投资工程严格实行四项基本制度，建立通过市场竞争形成工程价格的机制，完善工程风险管理制度，将建设市场的运行管理纳入法制化轨道。按照国家有关规定，在工程建设中应该严格执行项目法人责任制、招投标制、工程监理制和合同管理制等主要制度。这些制度相互关联、互相支持，共同构成了建设工程管理制度体系。

一、项目法人责任制

为建立投资决策约束机制，规范项目法人的行为，明确其责、权、利，提高建设项目投资效益，国家计委于1996年发布了《关于实行建设项目法人责任制的暂行规定》，规定指出：国有单位经营性基本建设大中型项目在建设阶段必须组建项目法人。交通运输部规定凡列入国家和地方基本建设计划的公路建设项目必须实行项目法人责任制度，由项目法人对建设项目负总责。项目法人责任制度是按照2006年颁布的《中华人民共和国公司法》（以下简称《公司法》）的要求，以设立有限责任公司和股份有限公司的形式设立项目法人。由项目法人对项目的策划、决策、资金筹措、建设实施、生产经营、债务偿还和资产的保值和增值，实行全过程负责的责任制度。

公路建设项目法人分为经营性公路建设项目法人和公益性公路建设项目法人。依法投资建设经营性公路项目的国内外经济组织为公路建设项目法人。非经营性公路建设项目法人为公益性公路建设项目法人。经营性公路建设项目应依法成立有限责任公司或股份有限公司，对公路建设项目的筹划、资金筹措、建设实施、运营管理、债务偿还和资产管理全过程负责。公益性公路建设项目应明确项目法人或组建项目法人，根据交通主管部门的授权，对建设项目的筹划、资金筹措、建设实施全过程负责。根据《公司法》的规定，有限责任公司的股东以其认缴的出资额为限对公司承担责任；股份有限公司的股东以其认购的股份为限对公司承担责任。

1. 项目法人的设立

项目建议书批准后，应由项目的投资方派代表组成项目法人筹备组，具体负责项目法人的筹建工作。在申报项目可行性研究报告时，需同时提出项目法人的组建方案，否则，可行性研究报告不被批准。在项目可行性研究报告被批准后，正式成立项目法人，确保项目资金按时到位，及时办理公司设立登记。重点工程的公司章程报国家发改委备案；其他项目的公司章程按隶属关系分别报有关部门和地方发改委备案。

由原有企业负责建设的大中型基建项目，需设立子公司的，要重新设立项目法人；只设立分公司或分厂的，原企业法人即是项目法人，原企业法人应向分公司或分厂派遣专职管理人员，并实行专项考核。

2. 项目法人的组织形式和职权

（1）组织形式。国有独资公司设立董事会，由投资方负责组建。国有控股或参股的有限责任公司、股份有限公司设立股东会、董事会、监事会。各类建设项目的董事在建设期间应至少有一名常驻现场管理。董事会应建立例会制度，讨论项目的重大事宜，对资金支出进行严格管理，以决议形式予以确认。

（2）董事会的职权。建设项目的董事会具有的职权包括：负责筹措建设资金；审核、上报项目初步设计和概算文件；审核、上报年度投资计划，落实年度资金；提出项目开工报告；研究解决建设过程中出现的重大问题；负责提出项目竣工验收申请报告；审定偿还债务计划和生产经营方针，并负责按时偿还债务；聘任或解聘项目总经理，并根据总经理的提名聘任或解聘其他高级管理人员。

（3）项目总经理的职权。项目总经理具体行使的职权包括：组织编制项目初步设计文件，对项目工艺流程、设备选型、建设标准、总图布置提出意见，提交董事会审查；组织工程设计、监理、施工和设备材料采购的招标工作，编制和确定招标方案、标底和评标标准，评选和确定投标、中标单位；编制并组织实施项目年度投资计划、用款计划、建设进度计划；编制项目财务预、决算;编制并组织实施归还贷款和其他债务计划;组织工程建设实施,负责控制工程投资、工期和质量;在项目建设过程中,在批准的概算范围内对单项工程的设计进行局部调整(凡引起生产性质、能力、产品品种和标准变化的设计调整以及概算调整,需经董事会决定并报原审批单位批准);根据董事会授权处理项目实施中的重大紧急事件,并及时向董事会报告;负责生产准备工作和培训有关人员;负责组织项目试生产和单项工程预验收;拟订生产经营计划、企业内部机构设置、劳动定员定额方案及工资福利方案;组织项目后评价,提出项目后评价报告;按时向有关部门报送项目建设、生产信息和统计资料;提请董事会聘任或解聘项目高级管理人员。

3. 考核与奖罚

(1)项目董事会负责对总经理进行定期考核,各投资方负责对董事会成员定期考核。

(2)国务院各有关部门、各地发改委负责对有关项目进行考核。考核的主要内容包括:国家发布的固定资产投资与建设的法律、法规的执行情况;国家年度投资计划和批准设计文件的执行情况;概算控制、资金使用和工程组织管理情况;建设工期、施工安全和工程质量控制情况;生产能力和国有资产形成及投资效益情况;土地、环境保护和国有资源利用情况;精神文明建设情况;其他需要考核的事项。

(3)建立对董事长、总经理的任职和离职审计制度。

(4)凡应实行项目法人责任制而没有实行的建设项目,投资计划管理部门不批准开工,也不予安排投资计划。

二、招投标制度

为把市场竞争机制引入投资体制改革,十四届五中全会不仅明确提出工程建设要全面推行项目法人责任制,而且还明确要求工程建设实行招投标制度。原国家计委于1997年8月印发了大中型项目实行招投标制度的有关规定,1999年,全国人大又通过了《中华人民共和国招标投标法》,要求大中型建设项目的主体工程设计、建筑安装、监理和主要设备、材料,工程总承包单位以及招标代理机构,必须通过招标投标确定。招标投标不受地区、部门、行业的限制,任何地区、部门和单位不得进行保护。招标投标应遵循公平、公开、公正、择优和诚实守信的原则。招标投标必须严格按照程序进行。

三、工程监理制

工程监理依据建设行业法规和技术标准,综合运用法律、经济、行政和技术手段,对工程建设参与者的行为及其责、权、利,进行必要的协调与约束,保障工程建设井然有序、顺利地进行,确保工程建设好、快、省,以取得最佳投资效益的目的。项目监理咨询服务,应包括设计准备阶段、设计阶段、施工阶段、投产前准备阶段和保修阶段。每个阶段都要进行成本控制、进度控制、质量控制、合同管理、信息管理和组织协调6个方面的工作。

四、合同管理制

合同是约束和规范合同双方行为的重要依据和手段。从1991年起,建设部和国家工商总局相继联合颁发了《建设工程勘察合同示范文本》、《建设工程施工合同示范文本》、《工程建设监理合同示范文本》、《建筑装饰施工合同示范文本》，并于1999年颁布了《建设工程施工合同(示范文本)》(GF-1999-0201)在部分政府工程中推行使用。2009年，交通运输部发布了《公路工程标准施工招标资格预审文件》和《公路工程标准施工招标文件》。

第四节　注册造价工程师和工程造价咨询制度

一、国外注册造价工程师制度

以英国为例，造价工程师称为工料估价师，工料估价师须通过皇家测量师学会严格的测试后才能取得职称。

工料测量专业本科毕业生可以豁免英国皇家测量师学会组织的专业知识考试而直接取得申请工料估价师专业工作能力培养和考核的资格。而对于一般具有高中毕业水平的人，或学习其他专业的大学毕业生，或从事工料估价专业15年以上的人，则要通过自学，参加皇家测量师学会每年组织的专业考试。其中高中毕业生需要经过3次考试；大学其他专业毕业生需经过两次考试，有15年本专业工作实践经验的只需考试一次。经专业知识考试合格者，由皇家测量师学会发给专业知识考试合格证书，即相当于本专业大学同等学力毕业水准，取得申请工料估价师专业工作能力培养和考核的资格。

英国皇家测量师学会组织的专业知识考试要求考生具有建筑技术、建筑管理与经济、工程量和造价计算、法律4方面的知识。

对工料测量专业本科毕业生(硕士生、博士生)以及经过专业知识考试合格的人员，还要通过皇家测量师学会组织的专业工作能力的考核，即通过3年以上的工作实践，在学会规定的各项专业能力考核科目范围内，获得某几项较丰富的工作经验，经考核合格后，即由皇家测量师学会发给合格证书并吸收为学会会员(ARICS)，也就是有了预算师职称。

在取得预算师(工料估价师)职称以后，就可签署有关估算、概算、预算、结算、决算文件，也可独立开业，承揽有关业务。再从事12年本专业工作，或者在预算公司等单位中承担重要职务(如董事)5年以上者，经学会批准，即可被吸收为资深会员(FRICS)，相当于获得高级预算师职称。

在英国，工料估价师被认为是工程建设经济师。在工程建设全过程中，按照既定工程项目确定投资，在实施的各阶段、各项活动中控制造价，使最终造价不超过规定投资额。

二、我国造价工程师执业资格制度

1. 我国造价工程师执业资格制度的建立

造价工程师执业资格制度是工程造价管理的一项基本制度。人事部、建设部《造价工程师执业资格制度暂行规定》(人发[1996]77号)(以下简称《规定》)的颁发，是建立这项制度的标志。造价工程师的执业资格，是履行工程造价管理岗位职责与业务的准入资格。制度规定,凡从事工程建设活动的建设、设计、施工、工程造价咨询、工程造价管理等单位和部门,必须在计价、评估、审查(核)、控制及管理等岗位配备有造价工程师执业资格的专业技术人员。造价工程师是指经全国统一考试合格,取得造价工程师执业资格证书,并经注册从事建设工程造价业务活动的专业技术人员。

1996年,人事部和建设部联合颁发了《造价工程师执业资格认定办法》,1997年,原人事部和建设部在全国部分省区组织了造价工程师考试试点,并在总结试点经验的基础上于1998年在全国组织了造价工程师统一考试。

2. 我国造价工程师考核制度

为加强对建设工程造价的管理,提高工程造价专业人员的素质,确保建设工程造价管理工作的质量,《规定》中要求如下:

(1)申请报考条件

《规定》规定,凡中华人民共和国公民,遵纪守法并具备以下条件之一者,均可申请参加造价工程师执业资格考试:

①工程造价专业大专毕业后,从事工程造价业务工作满5年;工程或工程经济类大专毕业后,从事工程造价业务工作满6年。

②工程造价专业本科毕业后,从事工程造价业务工作满4年;工程或工程经济类本科毕业后,从事工程造价业务工作满5年。

③获上述专业第二学士学位或研究生毕业和获硕士学位后,从事工程造价业务工作满3年。

④获上述专业博士学位后,从事工程造价业务工作满2年。

(2)考试内容

按照原建设部、人事部的设想,造价工程师应该是既懂工程技术又懂经济、管理和法律并具有实践经验和良好职业道德的复合型人才。因此考试内容主要包括:

①工程造价的相关知识,如投资融资理论、经济法与合同管理、项目管理等知识。

②工程造价的确定与控制,除掌握基本概念外,主要掌握和了解造价确定与控制的理论与方法。

③工程技术与工程计量,这一部分分为两个专业考试,即建筑工程与安装工程。主要掌握两专业基本技术知识与计量方法。

④案例分析,考查考生解决实际问题的能力。含计量或审查专业单位工程量,编制或审查专业工程投资估算、概算、预算、标底价、结(决)算,投标报价,编制补充定额的技能等。

(3)我国造价工程师执业资格注册制度

造价工程师执业资格实行注册登记制度,以加强对造价工程师的注册管理,规范造价工程师的执业行为,提高造价管理工作的质量,维护国家和社会公共利益。注册登记制度规定:

①从事工程造价业务活动的专业技术人员,只有在取得《造价工程师执业资格证》和

《造价工程师注册证》以后，才具有造价工程师执业资格，才能以造价工程师名义从事建设工程造价业务，签署具有法律效力的工程造价文件。

②国务院建设行政主管部门负责全国造价工程师的注册管理工作，并对造价工程师的注册和执业实施指导和监督。省、自治区、直辖市人民政府和国务院有关行政主管部门负责管辖范围内的造价工程师注册管理工作，并对其注册和执业实施指导和监督。

③经全国造价工程师执业资格统一考试合格人员，在取得《造价工程师执业资格证》3个月内到所在地区或部门注册初审机构申请注册。经考试合格人员逾期未申请注册或申请未获批准，其资格可保留2年，2年期满再申请注册需参加规定的业务培训，并达到继续教育水准。经批准注册的造价工程师，由其单位所在地区或部门注册初审机构，核发由国务院建设行政管理部门统一印制的《造价工程师注册证》和造价工程师执业专用章。

三、造价工程师在工程建设中的任务和作用

1. 施工前阶段

(1) 在工程建设开始阶段与业主、有关专家共同研究提出"项目建议书"，对拟建项目进行投资估算，作出初步的经济评价，并为业主的资金筹措提供建议。

(2) 在可行性研究阶段，根据建筑师和工程师提供的建设项目的规模、厂址、技术协作条件，对各种拟建方案编制投资估算，向业主提供建议。

(3) 为拟建项目能获得当局批准而向业主提供必要的报告。

(4) 在初步设计阶段，根据建筑师、工程师草拟的图纸，编制建设项目初步设计概算，制订项目投资限额。根据概算及工程程序，制订资金支出初步估算表，以保证投资得到最有效的运用。

(5) 在技术设计和施工图设计阶段，编制修正概算和施工图预算，并将它们与项目投资限额相比较。

(6) 对不同的设计及材料进行成本研究，并向建筑师、工程师或设计人员提出成本建议，协助他们在投资限额范围内进行设计。

(7) 就工程的招标程序、合同安排、合同内容方面向业主提供建议。

(8) 制备招标文件、工程量清单、合同条款及投标书格式，供业主招标或供业主与选定的承包人议价。

(9) 研究并分析收回的投标书，包括进行详尽的技术及数据审核，并向业主提交对各项投标的分析报告。

(10) 为总承包单位及指定供货单位或分包单位制订正式合同文件。

2. 施工开始后阶段

(1) 工程开工后，对工程进度进行估计，并向业主提供中期付款数量的计划。

(2) 工程进行期间，定期编制最终成本估算报告书，反映施工中存在的问题及投资的支付情况。

(3) 对工程变更情况，代表业主与承包人达成费用上增减的协议。

(4) 就工程变更的大约费用,向建筑师提供建议。
(5) 审核及评估承包人提出的索赔,并进行协商。
(6) 与工程项目的建筑师、工程师等紧密合作,在施工阶段密切控制成本。
(7) 办理工程竣工决算。
(8) 回顾分析项目管理和执行情况。

四、造价工程师应具备的素质

造价工程师必须具备如下的技能和知识:

(1) 造价工程师应熟悉工程设计和施工工艺过程,必须懂得技术术语和施工技术,了解一般的设备和常用材料的性能,能与设计、建设、监理、施工等部门的人员共同讨论有关的技术与费用问题,能判断工程造价文件中工程内容及配置资源的合理性。

(2) 具有根据图纸和现场情况计算工程量的能力。因为很多应予计价的工程多隐含在图纸里和施工现场,所以造价工程师必须具有一定的施工知识,才能做到不漏不重,正确合理地编制工程造价。

(3) 具有编制工程造价的能力。这是造价工程师最重要的专长之一,从项目建议书到竣工交验,估算、概算、预算、标底、报价、结算、决算,以及承包商的索赔,都要能编制相应的造价文件,并使所确定的工程造价的准确度控制在一定的范围内。

(4) 在可能引起争议的范围内,要有与承包商谈判的能力和技巧,故造价工程师除应具有上述广泛的知识外,还应了解合同条款,能对合同中的条款作出正确理解和解释。

(5) 造价工程师要充分熟悉计价依据,要善于积累和使用工程造价历史资料,能做出科学合理的补充定额。

(6) 了解有关法律法规和掌握足够的法律基础知识,能为业主或承包人解决合同执行过程的具体问题提供建议和意见。

(7) 在投资决策和投资执行过程中,造价工程师有为业主提供一切费用咨询和投资决策建议的能力。

第二章 公路工程定额概论

第一节 定额的概念

一、定额的含义

定额是规定生产中各种社会必要劳动的消耗量的标准额度。工程建设定额就是在正常生产条件下,合理地组织施工、合理地使用材料和机械的情况下,完成符合国家技术标准、技术规范(包括设计、施工、验收等技术规范)和质量评定标准的规定计量单位的产品所必需的人工、材料、机械设备及资金消耗的额定标准。

二、定额水平

定额水平就是定额标准的高低,它与当时的生产因素及生产力水平有着密切的关系,是一定时期社会生产力的反映。定额水平高反映生产力水平较高,完成单位合格产品所需要消耗的资源较少;反之,则说明生产力水平较低,完成单位合格产品所需消耗的资源较多。

定额水平不是一成不变的,而是随着生产力水平的变化而变化的,影响定额水平的因素主要有:

(1)被视察人员的技术水平、心理因素、劳动态度等。
(2)被视察对象的机械化程度。
(3)新材料、新工艺、新技术的应用。
(4)企业的组织管理水平。
(5)劳动生产环境。
(6)产品的质量及操作安全等要求。

因此,定额水平的确定必须从实际出发,根据生产条件、质量标准和现有的技术水平,选择先进合理的操作对象进行观测、计算、分析而定;并随着生产力水平的提高而进行补充修订,以适应生产发展的需要。

定额应起到调动职工积极性、提高劳动生产率、降低工程成本、保证质量及工期的作用,因此,既要考虑定额的先进合理性,同时,还要考虑在正常条件下,大多数人经过努力均可达到且少数人可能超额的情况。

三、定额的产生和发展

定额产生于19世纪末,它与当时生产力的发展是分不开的,当时的工业发展很快,但由于采用传统管理方法,工人劳动生产率很低,劳动强度却很高,在这种背景下,美国工程师泰罗开始了企业管理的研究,以提高工人的劳动生产率。他从工人的操作方法上研究工时的科学利用,把工作时间分成若干组成部分,并利用秒表记录工人每一动作及消耗的时间,然后制订出工时消耗标准,用这个标准来作为衡量工作效率的尺度,这就形成了最初的工时定额。

继泰罗制以后,随着生产力水平的不断发展,新材料、新技术的不断产生,定额也有较大的发展,产生了许多不同种类的定额以适应各行各业的需要,同时,对生产力的发展也起到了推动的作用。

第二节 定额的特点

一、科 学 性

工程建设定额的科学性包括两层含义:一层是指工程建设定额和生产力发展水平相适应,反映出工程建设中生产消耗的客观规律;另一层是工程建设定额管理在理论、方法和手段上适应现代科学技术和信息社会发展的需要。

工程建设定额的科学性,首先表现在用科学的态度制订定额,尊重客观实际,力求定额水平合理;其次表现在制订定额的技术方法上,利用现代科学管理的成就,形成一套系统的、完整的、在实践中行之有效的方法;第三,表现在定额制订和贯彻的一体化上,制订是为了提供贯彻的依据,贯彻是为了实现管理的目标,也是对定额的信息反馈。

二、系 统 性

工程建设定额是相对独立的系统。它是由多种定额结合而成的有机体。它的结构复杂,有鲜明的层次及明确的目标。

工程建设定额的系统性是由工程建设的特点设定的。按照系统论的观点,工程建设是庞大的实体系统。工程建设定额是为这个实体系统服务的,因而,工程建设本身的多种类、多层次就决定了以它为服务对象的工程建设定额的多种类、多层次。工程的建设都有严格的项目划分,如建设项目、单项工程、单位工程、分部分项工程;在计划和实施过程中有严密的逻辑阶段,如规划、可行性研究、设计、施工、竣工交付使用,以及投入使用后的维修,与此相适应必然形成工程建设定额的多种类、多层次。

三、统 一 性

工程建设定额的统一性,主要是由国家对经济发展有计划的宏观调控职能决定的。为了使国民经济按照既定的目标发展,就需要借助于某种标准、定额、参数等对工程建设进行规划、组织、调节、控制。

工程建设定额的统一性按照其影响力和执行范围来看,有全国统一定额、行业统一定额和地区统一定额等,层次清楚,分工明确;按照定额的制订、颁布和贯彻来看,有统一的程序、统一的原则、统一的要求和统一的用途。

四、指导性

随着我国建设市场的不断成熟和规范,工程定额,尤其是统一定额,原具备的指令性特点逐渐弱化,转而成为对整个建设市场和具体建设产品交易的指导作用。

工程定额的指导性的客观基础是定额的科学性。只有科学的定额,才能正确地指导客观的交易行为。工程定额的指导性体现在两个方面:一方面,工程定额作为国家各地区和行业颁布的指导性依据,可以规范建设市场的交易行为,在具体的建设产品定价过程中也可以起到相应的参考性作用,同时统一定额还可以作为政府投资项目定价及造价控制的重要依据;另一方面,在工程建设实行招标投标的管理模式下,体现交易双方自主定价的特点,投标人报价的主要依据是企业定额,但企业定额的编制和完善仍然离不开统一定额的指导。

五、稳定性和时效性

工程建设定额中的任何一种定额都是对一定时期社会生产力发展的反映,因而在一段时期内都表现出稳定的状况。根据具体情况不同,稳定的时间有长有短,一般为 5~10 年。保持定额的稳定性是维护定额指导性的前提,也是有效贯彻定额所必需的。

但是,工程建设定额的稳定性是相对的。任何一种工程建设定额都只能反映一定时期的生产力水平,当生产力发展了,定额就会与已经发展了的生产力不相适应。这样,它原有的作用就会逐步减弱以致消失,需要重新编制或修订。所以,工程建设定额具有稳定性的同时,也具有显著的实效性。从一段时期看,定额是稳定的;从长时间看,定额是变动的。

随着新工艺、新材料和新技术的不断涌现,定额应该及时补充新内容。补充定额就是随着设计、施工技术的发展,在现行定额不能满足需要的情况下,为了补充所缺项目所编制的定额。如各省、自治区、直辖市交通运输厅可编制公路工程概算、预算补充定额、公路工程机械台班费用补充定额。补充定额只能在指定的范围内使用,并可以作为以后修订定额的基础。

六、针对性

定额的针对性很强,实行做什么工程,用什么定额,一种工序,一项定额,不能乱套定额;必须严格按照定额的项目、工作内容、质量标准、安全要求执行定额;不得随意增减工时消耗、材料消耗或其他资源消耗;不得减少工作内容,降低质量标准等。

例如:《公路工程施工定额》3-2 节,全部挖除旧路面,100m^2 的人工挖清的劳动定额为 8.0 工日,它所包括的内容为:

1. 工作内容

(1) 该节说明:人工翻撬、清除废料运至路基外堆放、场地清理、平整。

(2)路面工程章说明:每日工作中的工地转移,搭拆移动工作跳板,现场运料,修理便道,铺压后清理场地及工具小修理。

(3)公路工程施工定额总说明:包括准备、结束、熟悉施工图纸、检查安全技术措施、布置操作地点、领退料具、工序交接、队组自检互检、机械加水加油、排除一般机械故障、保养机具、操作完毕后的场地清理以及操作过程中的次要工序。

2. 质量要求

(1)在路面工程章说明中规定:路面工程应严格按照设计要求和施工技术规范施工,保持各工序的连续性,保证碾压密度、厚度均匀,表面平整顺畅,无波浪坑凹,边线整齐,超高、加宽、路拱等符合设计要求。

(2)总说明中规定:工程质量要求,均按国家或地方制定的施工及验收技术规范、工程质量检验评定标准、技术规程中有关质量要求和质量标准执行。

这就是说每做$100m^2$全部挖除旧路面所给出的8.0个工日是针对以上这些条件而确定的,从这里我们可以看出定额有很强的针对性。

第三节 工程建设定额的分类

工程建设定额是一个综合概念,包括许多种类定额。下面分别介绍按各种分类法进行分类的定额。

一、按生产要素分类

工程建设定额按生产要素来分有劳动定额、材料消耗定额和机械台班使用定额,这是最基本的分类法,它直接反映出生产某种单位合格产品所必须具备的因素,如图2-1所示。

(1)劳动定额,即人工定额,它反映了建筑工人劳动生产率水平的高低,表明在合理、正常施工条件下,单位时间内完成合格产品的数量或完成单位合格产品所需工时的多少,因此,劳动定额由于其表述形式不同,又分为时间定额与产量定额。

(2)材料消耗定额,指在合理地组织施工、合理地使用材料的情况下,生产单位合格产品所必须消耗的某一定规格的建筑材

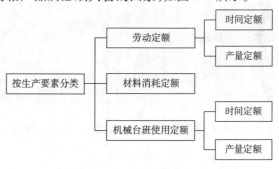

图2-1 工程建设定额按生产要素分类图

料、成品、半成品、水、电等资源的数量标准,它反映的是生产因素中第二个因素,即:劳动对象在生产活动中的变化情况。

(3)机械台班定额,也称机械使用定额,它反映了在合理的劳动组织、生产组织条件下,由专职工人或工人小组管理或操纵机械时,该机械在单位时间内的生产效率。按其表现的形式不同,也可分为时间定额和产量定额。

二、按编制程序和用途分类

按定额的编制程序和用途分类,如图 2-2 所示。

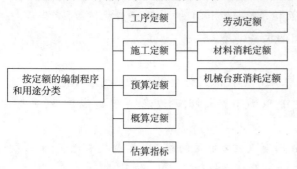

图 2-2 工程建设定额按编制程序和用途分类图

(1)工序定额,是以个别工序为标定对象编制的,它是组成定额的基础。工序定额一般只作为下达企业内部个别工序的施工任务的依据。

(2)施工定额,是施工企业组织生产和加强管理在企业内部使用的生产定额,它是以同一性质的施工过程为标定对象,规定某种建筑产品生产所需的人工、机械使用和材料消耗量标准的定额。它由劳动定额、机械定额和材料消耗定额 3 个相对独立的部分组成。

(3)预算定额,是以施工定额为基础编制的,它是施工定额的综合和扩大,是编制施工图预算、确定建筑工程预算造价的依据,预算定额也是编制概算定额和估算指标的基础。

(4)概算定额,是以预算定额为基础编制的,它是预算定额的综合和扩大,是编制设计概算、修正概算或进行方案技术经济比较的依据,也是编制主要材料计划的依据。

(5)估算指标,是比概算定额更为综合的指标,它是项目建议书及工程可行性研究阶段估算工程造价的依据,是进行技术经济分析,估算建设成本的标准。

三、按照专业性质分类

工程建设定额按专业性质可分为如下 3 类。
(1)建筑安装工程定额。
(2)公路工程定额。
(3)水运工程定额等。

四、按颁发部门及适用地区分类

工程建设定额可分为全国统一定额、行业统一定额、地区统一定额、企业定额和补充定额 5 种。

(1)全国统一定额。由国家建设行政主管部门,综合全国工程建设中技术和施工组织管理的情况编制,并在全国范围内执行的定额,如全国统一安装工程定额。

(2)行业统一定额。考虑到各行业部门专业工程技术特点,以及施工生产和管理水平编制的,一般只在本行业和相同专业性质的范围内使用的专业定额。如水运工程定额、公路工程定额等。

(3)地区统一定额。地区统一定额主要是考虑地区性特点对全国统一定额做适当调整补充编制。由于各地区不同的气候条件、经济技术条件、物质资源条件和交通运输条件等,构成对定额项目、内容和水平的影响,是地区统一定额存在的客观依据。

(4)企业定额。由施工企业考虑本企业具体情况,参照国家、部门或地区定额的水平制订的定额。企业定额只在企业内部使用,是企业素质的一个标志。企业定额水平一般应高于国家现行定额,才能满足生产技术发展、企业管理和市场竞争的需要。

(5)补充定额是指随着设计、施工技术的发展,现行定额不能满足需要的情况下,为了补充缺项所编制的定额。补充定额只能在指定的范围内使用,可以作为以后修订定额的基础。

第三章 定额编制

第一节 公路工程施工定额

一、施工定额概述

施工定额,是建筑安装工人合理的劳动组织或工人小组在正常的施工条件下,为完成单位合格产品所需劳动、机械、材料消耗的数量标准。它根据专业施工的作业对象和工艺制定。施工定额,应反映企业的施工水平、装备水平和管理水平,作为考核建筑安装企业劳动生产率水平、管理水平的标尺和确定工程成本、投标报价的依据。

施工定额一般由劳动定额、材料消耗定额、机械台班消耗定额三部分组成。

施工定额是以同一性质的施工过程为标定对象。如现浇混凝土工程的施工定额包括混凝土的装卸、运输、浇筑、捣固、抹平、搭拆移临时脚手架等个别工序及辅助工作在内所需消耗的时间。

施工定额是以先进合理为原则的定额水平制订的。定额水平是指定额规定的劳动力、材料和机械的消耗标准。先进合理原则是指在合理的生产技术组织条件下,经过努力,部分工人可以超额,多数工人可以达到的水平。

1. 施工定额的性质

施工定额是建筑安装企业内部管理的定额,属于企业定额的性质。正确认识施工定额的这一性质,把施工定额和其他定额从性质上区别开来是非常必要的。

施工定额是企业加强管理、提高企业素质、降低劳动消耗、控制成本开支、提高劳动生产率和企业经济效益的有效手段。加强施工定额管理是企业的内在要求和必然的发展趋势,而不是国家、部门、地区从外部强加给企业的压力和约束。

施工定额这种企业定额的性质,要求明确地赋予企业以施工定额的管理权限,其中包括编制和颁发施工定额的权限。企业应该能够根据本企业的具体条件和可能挖掘的潜力,市场的需求和竞争环境,以及国家有关政策、法律和规范、制度,自己编制定额,自行决定定额的水平,并且高于国家定额水平。允许同类企业和同一地区的企业之间存在施工定额水平的差距,这样在市场上才能具有竞争能力;甚至允许企业就施工定额的水平对外作为商业秘密进行保密。把施工定额作为企业定额,不等于取消国家定额和地区定额。这些定额不再是强加给企业的约束和指令,而是对企业的施工定额管理进行引导,为企业提供参数和指导以实现对工程造价的宏观调控。

2. 施工定额的作用

(1) 施工定额是企业计划管理的依据

施工定额是企业编制施工组织设计、施工作业计划的依据。施工组织设计是指导拟建工程进行施工准备和施工生产的技术经济文件,其基本任务是根据招标文件及合同协议的规定,确定出经济合理的施工方案,在人力和物力、时间和空间、技术和组织上对拟建工程作出最佳的安排。施工作业计划则是根据企业的施工计划、拟建工程施工组织设计和现场实际情况编制的,它是一个以实现企业施工计划为目的的施工队、组的具体执行计划。它综合体现了企业生产计划、施工进度计划和现场实际情况的要求,是组织和指挥生产的技术文件,也是工程队、工程组进行施工的依据。因此,施工组织设计和施工作业计划是企业计划管理中不可缺少的环节。这些计划的编制必须依据施工定额。

(2) 施工定额是下达施工任务书和限额领料单的依据

施工任务单,是下达施工任务的技术文件,也是班、组经济核算的原始凭证。施工任务单下达给班组的工程任务,包括工程名称、工作内容、质量要求、开工和竣工日期、计划用工量、实物工程量、定额指标、计件单价和平均技术等级等内容。实际完成任务情况的记载和工资结算,包括实际开、竣工日期、完成的实物工程量、实用工日数、实际平均技术等级、完成工程的工资额、工人工时记录和每人工资分配额等。这里可以明显看出,施工任务单上的工程计量单位、产量定额和计件单位,均需取自施工的劳动定额,工资结算也要根据劳动定额的完成情况计算。

限额领料单是施工队随任务单同时签发的领取材料的凭证。这一凭证是根据施工任务和施工材料定额填写的。其中领料的数量,是班组为完成规定的工程任务消耗材料的最高限额。这一限额也是评价班组完成任务情况的一项重要指标。

(3) 施工定额是企业加强经济核算和成本管理的依据

施工预算是施工单位用以确定单位工程人工、机械、材料和资金需要量的计划文件。施工预算以施工定额为编制基础,既要反映设计图纸的要求,也要考虑在现有条件下可能采取的节约人工、材料和降低成本的各项具体措施。这就能够更合理地组织施工生产,有效地控制施工中人力、物力消耗,节约成本开支。

施工中人工、机械和材料的费用,是构成工程成本中直接工程费用的主要内容,对间接费用的开支也有着很大的影响。严格执行施工定额可以起到控制成本、降低费用开支、加强经济核算、班组核算和增加盈利的作用。

(4) 施工定额有利于先进技术的推广

施工定额是按成熟的先进的施工技术和施工组织编制的,工人要达到和超过定额,就必须掌握和运用这些先进技术;如果工人要想大幅度超过定额,他就必须创造性的劳动,在工作中注意改进工具和改进技术操作方法,注意节约原材料,避免原材料和能源的浪费。施工定额中往往明确要求采用某些较先进的施工工具和施工方法,所以贯彻施工定额也就意味着推广先进技术。企业或主管部门为了推行施工定额,往往也要组织技术培训,以帮助工人达到和超过定额。技术培训和技术表演等方式也都可以大大普及先进技术和先进操作方法。

(5)施工定额是编制预算定额的基础资料

在施工定额的基础上,调整相应的定额水平和增加考虑项目工作范围不同的幅度差系数,并调整相应班组的工作时间利用系数,就可以计算出相应项目的预算定额。

3. 施工定额的编排及内容

1)施工定额的编排

定额的编排涉及定额结构形式和使用问题。现行公路工程施工定额是以章、节、文字说明的结构形式编排的,共有18章,分别为:准备工作、路基工程、路面工程、隧道工程、基础工程、打桩工程、灌注桩造孔工程、砌筑工程、模板架子及木作工程、钢筋及钢丝束工程、混凝土及钢筋混凝土工程、预制构件运输工程、安装工程、钢结构工程、杂项工程、临时工程、备料、材料运输。另外,还有附录等内容。

2)施工定额的内容

1955年,我国编制了全国统一建筑安装工程施工定额,交通部在1965年编制了《公路工程统一施工定额》,现行的《公路工程施工定额》是在1997年编制的《公路工程施工定额》的基础上,参照其他部门的劳动定额修订而成的。其内容包括文字说明、分节定额和附录三部分。

(1)文字说明

文字说明又分为总说明,章说明和分节说明。

①总说明:有关定额全部并具有共同性的问题和规定,通常列入总说明中。总说明的基本内容有:

a. 定额的用途、适用范围及编制依据;

b. 定额水平;

c. 有关定额全册综合性工作内容;

d. 工程质量及安全要求;

e. 定额指标的计算方法;

f. 有关规定及说明等。

有的施工定额还有分册的定额项目和工作内容;施工方法和质量安全要求;有关规定和说明等。

②章说明:主要内容有使用范围、工作内容、定额计算方法、质量要求、施工方法、术语说明以及其他说明。

③分节说明:主要内容有工作内容、施工方法、小组成员等。

(2)分节定额

分节定额包括分节说明,定额表和附注。

定额表是分节定额中的核心部分和主要内容。《公路工程施工定额》中包括劳动定额、机械台班定额等。

附注一般列在定额表的下面,主要是根据施工条件的变动,规定工人、材料、机械定额用量的增减变化,通常采用乘系数和增减工日或台班的方法来计算。附注的作用是对定额表的补充,也是对定额使用的限制。

(3)附录

附录放在定额分册的最后,作为使用定额的参考和换算的依据。包括名词解释,必要时附图解说明;先进经验介绍及先进工具介绍;参考资料。例如,2009年《公路工程施工定额》的附录有:爆破材料单位耗用量、砌筑工程石料及砂浆消耗、勾缝及抹面砂浆消耗、砌筑砂浆配合比表、水泥混凝土配合比表、钢材焊接与切割单位材料耗用量、加工碎石的片石耗用量、土石分类表、锯材分类表等。

4. 施工定额的变现形式

(1)劳动定额的表现形式

劳动定额在施工定额中往往形成一个独立的部分,这是由于劳动定额在企业管理中的特殊作用所决定的。

①时间定额,是指在一定的生产技术和生产组织条件下,某工种、某种技术等级的工人小组或个人,完成单位合格产品所消耗的工作时间。

时间定额以工日为单位。按现行制度,公路工程每个工日一般工作按8h计,潜水作业每个工日按6h计,隧道洞内作业每个工日按7h计。

其计算方法如下:

$$单位产品的时间定额(工日) = \frac{1}{每工日产量} \tag{3-1a}$$

或

$$单位产品的时间定额(工日) = \frac{班组成员工日数的总和}{班组完成产品数量总和} \tag{3-1b}$$

②产量定额,是指在一定的生产技术和生产组织条件下,某工种、某技术等级的工人小组或个人,在单位时间内(工日)所完成合格产品的数量。

其计算方法如下:

$$每工产量 = \frac{1}{单位产品时间定额(工日)} \tag{3-2a}$$

或

$$每工产量 = \frac{班组成员完成产品数量总和}{班组成员工日数总和(工日)} \tag{3-2b}$$

③时间定额和产量定额的关系是互为倒数的关系。即:

$$时间定额 = \frac{1}{产量定额} \tag{3-3}$$

$$产量定额 = \frac{1}{时间定额} \tag{3-4}$$

或

$$时间定额 \times 产量定额 = 1$$

时间定额和产量定额都表示同一个劳动定额,但各有用处。时间定额用于综合计算劳动量比较方便;产量定额具有形象化的特点,便于分配任务,容易为工人理解和接受。

在定额表中,往往同时列出时间定额与产量定额的数值。

例如,《公路工程施工定额》中,隧道工程4-1节人工开挖上导洞时的劳动定额如表3-1表示。

每 m^3 的劳动定额　　　　表3-1

项目	手推车运输				斗车运输				序号
	V~Ⅵ级	Ⅳ级	Ⅲ级	Ⅰ~Ⅱ级	V~Ⅵ级	Ⅳ级	Ⅲ级	Ⅰ~Ⅱ级	
人工装渣	$\frac{1.67}{0.599}$	$\frac{2.22}{0.45}$	$\frac{2.5}{0.4}$	$\frac{3.85}{0.26}$	$\frac{2}{0.5}$	$\frac{2.7}{0.37}$	$\frac{3.03}{0.33}$	$\frac{4.55}{0.22}$	一
漏斗装渣					$\frac{1.82}{0.549}$	$\frac{2.44}{0.41}$	$\frac{2.78}{0.36}$	$\frac{4.17}{0.24}$	二
编号	1	2	3	4	5	6	7	8	

表中每格内有两个数,横线上面的数值是时间定额,横线下面的数值是产量定额。例如手推车运输软石。

$$时间定额 = 2.22\ 工日/m^3$$

$$产量定额 = \frac{1}{2.22\ 工日/m^3} = 0.455 m^3/工日$$

当时间定额减少时,产量定额相应增加;反之亦然。

(2)机械台班使用定额的表现形式

机械台班使用定额是指在合理使用机械和合理的施工组织条件下,生产工人使用机械完成单位合格产品必须消耗的机械作业时间(即时间定额),或在单位时间内,完成合格产品的数量(即产量定额)。

时间定额以台班为单位。公路工程一般施工机械每台班按8h计,潜水设备每台班按6h计,变压器和配电设备每昼夜按一个台班计算。

机械定额计算方法如下:

$$时间定额 = \frac{1}{每台班产量} \tag{3-5}$$

$$产量定额 = \frac{1}{单位产品时间定额(台班)} \tag{3-6}$$

顺便指出,机械作业定额是指劳动者(即工人)个人或小组使用机械工作时的机械时间消耗的一种数量标准,也就是说,机械作业定额与使用机械作业的工人的劳动定额之间存在既有相似性,又有一定区别。具体地说他们之间具有互换性,但又不能混淆,其互换性在于:

$$劳动时间定额 = 机械时间定额 \times 定员人数 \tag{3-7}$$

或

$$劳动时间定额 = \frac{1}{机械台班产量定额} \times 定员人数 \tag{3-8}$$

人工配合机械工作时间的定额:

$$劳动时间定额 = \frac{1}{机械台班产量定额} \times 机械台班内工人的工日数 \quad (3-9)$$

$$劳动产量定额 = \frac{机械台班产量定额}{定员人数} \quad (3-10)$$

(3)材料消耗定额

在我国建筑产品的直接费中,材料费平均约占60%以上,材料的合理利用、运输、存储和管理在工程施工中占有极其重要的地位。材料消耗定额是指在合理使用材料的条件下,生产单位合格产品所必须消耗的一定品种、规格的原材料、燃料、半成品、配件和水、电、动力等资源(统称为材料)的数量标准。它是企业核算材料消耗,考核材料节约或浪费的指标,亦是企业编制材料需用量计划、运输计划、供应计划、计算仓库面积、签发限额领料单的根据,也是提供编制预算定额的依据。

完成单位合格建筑产品所必需的材料消耗量由两部分组成,即:单位合格产品生产中所必需的净用量及其合理损耗量。

净用量是指用于合格产品上的实际数量。合理损耗量是指材料从现场仓库领出到完成产品的过程中的合理损耗数量,包括:场内搬运的合理损耗;加工制作的合理损耗;施工操作的合理损耗。

用公式表示为:

$$材料总耗用量 = 材料净用量 + 材料损耗量 \quad (3-11)$$

材料损耗量可用下式计算:

$$材料损耗量 = 材料总耗用量 \times 材料损耗率 \quad (3-12)$$

材料的损耗率是通过观测和统计得到的,是由国家有关部门所确定的。利用上述两式,经整理后得:

$$材料总耗用量 = \frac{材料净用量}{1 - 材料损耗率} \quad (3-13)$$

在现行《公路工程施工定额》中,没有单独列出材料损耗量,只列出了材料总耗用量。表3-2及表注是摘录的施工定额材料。

砌筑工程石料及砂浆消耗(单位:m³) 表3-2

项目	单位	浆砌工程						干砌工程	
		片石	卵石	块石	粗料石	细料石	青砖	片石、卵石	块石
片石、卵石	m³	1.15	1.15	—	—	—	—	1.25	1.1
块石	m³	—	—	1.05	—	—	—	—	—
粗料石	m³	—	—	—	0.9	—	—	—	—
细料石	m³	—	—	—	—	0.92	—	—	—
青砖	1000块	—	—	—	—	—	0.53	—	—
砂浆	m³	0.35	0.38	0.27	0.2	0.13	0.24	—	—

注:①砌筑工程中的砂浆用量不包括勾缝用量;
②砌筑混凝土预制块同砌筑细料石;
③表列用量包括场内运输及操作损耗在内。

5. 施工定额的编制原则

(1) 平均先进性

定额水平,是指规定消耗在单位产品上的劳动、机械和材料数量的多少。也可以说,它反映按照一定施工程序和工艺条件下规定的施工生产中活劳动和物化劳动的消耗水平。劳动生产率越高,施工定额水平也越高,劳动和物质资料消耗量越少。

所谓平均先进水平,就是在正常的施工条件下,大多数施工队组合大多数生产者经过努力能够达到或超过的水平。一般说它应低于先进水平,且略高于平均水平。这种水平使先进工人感到一定的压力,使处于中间水平的工人感到定额水平可望亦可及,对于落后工人不迁就,使他们认识到必须花大力气去改善施工条件,提高技术操作水平,珍惜劳动时间,节约材料消耗,才能尽快达到定额的水平。所以,平均先进水平是一种可以激励先进、勉励中间、鞭策落后的定额水平,是编制施工定额的理想水平。

(2) 简明适用性

简明适用,就是定额的内容和形式要方便于定额的贯彻和执行。简明适用性原则,要求施工定额内容要能满足组织施工生产和计算工人劳动报酬等多种需要。同时,又要简单明了,容易掌握,便于查阅、计算及携带。

定额的简明性和适用性,是既有联系又有区别的两个方面。编制施工定额时应全面加以贯彻。当二者发生矛盾时,定额的简明性应服从适应性的要求。

贯彻定额的简明适用性原则,关键是做到定额项目设置齐全,项目划分粗细适当。

定额项目划分的粗细同定额步距的大小关系甚大。所谓定额步距,是指同类一组定额,相互之间的间隔。为了使定额项目划分和步距合理,常用的、主要的、对工料消耗影响大的定额项目,步距要小些;不常用的、次要的、对工料消耗影响小的定额项目,步距可以大一些。

(3) 以专家为主

编制施工定额,要以专家为主,这是实践经验的总结。施工定额的编制工作量大,工作周期长,又具有很强的技术性和政策性,这就要求有一支经验丰富、技术与管理知识全面、有一定政策水平的稳定的专家队伍,才能胜任编制工作。

贯彻以专家为主编制施工定额的原则,必须注意走群众路线。因为广大建筑安装工人是施工生产的实践者,又是定额的执行者,他们最了解施工生产的实际和定额的执行情况及存在问题,要虚心向他们求教。

(4) 独立自主

施工企业作为具有独立法人地位的经济实体,应根据企业的具体情况和需要,结合国家的技术经济政策和产业导向,以提高管理水平和经济效益为目标,自主地制订施工定额。

企业独立自主地制订定额,主要是自主地确定定额水平、划分定额项目,自主地根据需要增加新的定额项目。但是,施工定额毕竟是一定时期内企业生产力水平的反映。因此,企业定额应是对原有国家、部门和地区性施工定额的继承和发展。

二、建筑安装工程施工过程研究

1. 施工过程及其分类

1) 施工过程的含义

施工过程就是在建筑工地范围内所进行的生产过程,最终目的是建造、改建、修复或拆除建筑物或构筑物,如挖土、预制钢筋混凝土构件等。

建筑安装施工过程与其他物质生产过程一样,也包括生产力三要素,即劳动者、劳动对象、劳动工具。也就是说,施工过程是由不同工种、不同技术等级的建筑安装工人完成的,并且必须有一定的劳动对象(如建筑材料、半成品、构件、配件等),使用一定的劳动工具(如手动工具、小型机具和机械等)。

每个施工过程的结束,都会获得一定的产品,这种产品或者是改变了劳动对象的外表形态、内部结构或性质(由于制作和加工的结果),或者是改变了劳动对象在空间的位置(由于运输和安装的结果)。

2) 施工过程分类

对施工过程的细致分析,能够深入地确定施工过程各个工序组成的必要性及其顺序的合理性,从而正确地制订各个工序所需要的工时消耗。

(1) 根据施工过程组织上的复杂程度,可以分解为工序、工作过程和综合工作过程。

① 工序是组织上不可分割的,在操作过程中技术上属于同类的施工过程。工序的特征是:工作者不变,劳动对象、劳动工具和工作地点也不变。在工作中如有一项改变,就说明已经由一项工序转入另一工序了。例如,钢筋制作由平直钢筋、钢筋除锈、切断钢筋、弯曲钢筋等工序组成。

从施工的技术操作和组织观点看,工序是工艺方面最简单的施工过程。但是,如果从劳动过程的观点看,工序又可以分解为更小的组成部分——操作和动作。例如,弯曲钢筋的工序可分为下列操作:把钢筋放在工作台上,将钢筋旋紧,弯曲钢筋,放松旋钮,将弯好的钢筋搁在一边。操作本身又包括了最小的组成部分——动作。如把"钢筋放在工作台上"这个操作,可以分解为以下动作:走向钢筋堆放处,拿起钢筋,返回工作台,将钢筋移到支座前面。而动作又是许多动素构成的,动素是人体动作的分解。每一个操作和动作都是完成施工工序的一部分。

在编制施工定额时,工序是基本的施工过程,是主要的研究对象。测定定额时只需分解和标定到工序为止。如果进行某项先进技术或新技术的工时研究,就要分解到操作甚至动作,从中研究可改进操作或节约工时。

② 工作过程是同一工人或同一小组所完成的在技术上相互有机联系的工序的总和,其特点是人员编制不变,工作地点不变,而材料和工具则可以变换。例如,浆砌片石的砌筑、勾缝和养生。

③ 综合工作过程是同时进行的、在组织上有机地联系在一起的,并且最终能获得一种产品的施工过程的总和。例如,浆砌片石挡土墙这一综合工作过程,由挖基、搭拆脚手架、拌运

砂浆、砌筑、勾缝等工作过程构成,它们在不同的空间同时进行,在组织上有直接联系,并最终形成其共同产品——一定工程量的挡土墙。

(2)按照工艺特点,施工过程可以分为循环施工过程和非循环施工过程两类。凡各个组成部分按一定顺序一次循环进行,并且每经一次重复都可以生产出同一种产品的施工过程,称为循环施工过程。反之,若施工过程的工序或其组成部分不是以同样的次序重复,或者生产出来的产品各不相同,这种施工过程则称为非循环的施工过程。

3)施工过程的影响因素

对施工过程的影响因素进行研究,其目的是为了正确确定单位施工产品所需要的作业时间消耗。施工过程的影响因素包括技术因素、组织因素和自然因素。

(1)技术因素,包括产品的种类和质量要求,所用材料、半成品、构配件的类别、规格和性能,所用工具和机械设备的类别、型号、性能及完好情况等。

(2)组织因素,包括施工组织与施工方法、劳动组织、工人技术水平、操作方法和劳动态度、工资分配方式、劳动竞赛等。

(3)自然因素,包括酷暑、大风、雨、雪、冰冻等。

2. 工作时间分类

研究施工中的工作时间最主要的目的是确定施工的时间定额和产量定额,其前提是对工作时间按其消耗性质进行分类,以便研究工时消耗的数量和特点。

工作时间,指的是工作班的延续时间。例如,8h 工作制的工作时间就是 8 小时,午休时间不包括在内。对工作时间消耗的研究,可以分为两个系统进行,即工人工作时间消耗和工人所使用的机器工作时间消耗。

1)工人工作时间消耗的分类

工人在工作班内消耗的工作时间,按其消耗的性质,基本可以分为:必需消耗的时间和损失时间两大类。一般如图 3-1 所示。

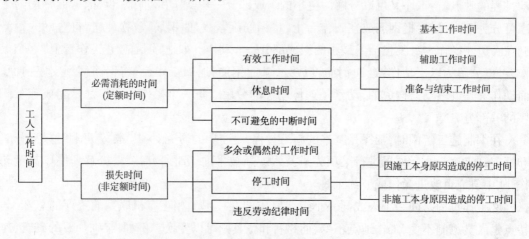

图 3-1 工人工作时间消耗的分类

(1)必需消耗的工作时间,是指工人在正常施工条件下,为完成一定合格产品(工作任务)所必须消耗掉的时间(以 T 表示),是制订定额的主要依据,包括有效工作时间、休息时间、不可避免的中断时间。

①有效工作时间,是从生产效果来看与产品生产直接有关的时间消耗,(以 t_1 表示)包括基本工作时间、辅助工作时间、准备与结束时间的消耗。

a. 基本工作时间(以 t_{11} 表示),是指工人直接用于施工过程中完成产品的各个工序所消耗的时间,它与完成任务的大小成正比。通过基本工作,可以使劳动对象发生直接变化,如钢筋弯曲成型,浇筑混凝土构件等。

基本工作时间与以下因素有关:生产工艺;操作工序;工人的技术熟练程度;产品的难易程度;操作工具、机械化程度;任务大小等。基本工作时间是产品生产中消耗得最多的时间,认真分析其有关因素,对降低完成单位产品生产的时间消耗有着重要的作用。

b. 辅助工作时间(以 t_{12} 表示),是指与施工过程的技术作业有直接关系的工序所消耗的时间。这些工序是为了保证基本工作的顺利进行而做的辅助性工作,它是整个施工过程所必不可少的。如:搭设跳板、修理便道、施工放线、自行检查等。

c. 准备与结束工作时间(以 t_{13} 表示),是指工人在执行任务前的准备工作和完成任务后的结束工作所需消耗的时间。它分为经常性的准备与结束工作时间和任务性的准备与结束工作时间。

经常性的准备与结束工作时间具有经常的或每天的工作时间消耗特性。如:领取材料工具,工作地点布置,检查安全技术措施,调整、保养机械。清理工作地点,退回工具、余料,产品交验、工作交接班等。

任务性的准备与结束工作时间不具有经常性,仅发生在接受新任务时。如:接受任务时技术交底,熟悉施工图纸等。

有效工作时间 t_1 = 基本工作时间(t_{11}) + 辅助工作时间(t_{12}) + 准备与结束时间(t_{13})

(3-14)

②休息时间(以 t_2 表示),是指工人在工作过程中,为了恢复体力所必需的短暂间歇时间及因个人生理上的需要而消耗的时间。休息时间是根据工作的繁重程度、劳动条件和劳动性质作为劳动保护规定列入工作时间之内。包括:工间休息时间,工人喝水、上厕所等时间。

③不可避免的中断时间(以 t_3 表示),是指由于施工工艺和技术的要求,以及特殊情况下施工而引起的不可避免的工作中断时间。如:铁件加工过程中的等待冷却的时间,混凝土脱模时等待初凝的时间,汽车驾驶员等待装卸货物的时间等。

属于不可避免的中断时间,具有这样一个特点,即:工人不能离开工作岗位,或又被安排从事其他工作。否则,就不应计入不可避免的中断时间。

以上发生的 t_1、t_2、t_3 时间都是直接地或间接地用在生产上的时间消耗,属于定额时间。所以定额时间:

$$T = t_1 + t_2 + t_3 = (t_{11} + t_{12} + t_{13}) + t_2 + t_3 \quad (3-15)$$

(2)损失时间,是与产品生产无关而与施工组织和技术上的缺点有关,与工人在施工程中的个人过失或某些偶然因素有关的时间消耗。损失时间中包括有多余工作和偶然工作、停工、违背劳动纪律所引起的工时损失。

①多余或偶然的工作时间,是指在正常施工条件下,不应发生的工作时间或与现行工艺相比,多余的工作或因偶然发生的情况造成的时间损失。例如:压实基层。设计要求达到某一压实度,根据试验只需碾压两遍,但因为没有做试验而碾压了三遍,多余的一遍所消耗的时间;工程质量不合格造成的返工所消耗的时间;突然在岗工人生病或机器突然产生故障而造成的临时停工所消耗的时间。

②停工时间,包括施工本身造成的和非施工本身造成的停工。它指工人在工作时间或机械在工作班内没有能从事生产活动或中断生产所损失的时间。

a. 因施工本身原因造成的停工有:管理不妥;施工组织或劳动组织不合理;各工种之间的协调、配合不好。例如:材料不能及时运到或运到的材料不合格造成的停工;工作面过于拥挤造成部分工人停工(或窝工)。

b. 非施工本身原因造成的停工有:来自企业外部的干扰;气象条件的影响。例如:设计图纸不能及时到达,水电供应临时中断;大雨、风暴、严寒、酷热等所造成的停工损失,其责任不在于施工单位。

③违反劳动纪律时间,是指工人不遵守劳动纪律而造成的时间损失,如上班迟到、早下班、擅自离开岗位、工作时间聊天,以及由于个别人违反劳动纪律而使别的工人无法工作等时间损失。

损失时间为非定额时间,在确定定额水平时,均不予考虑。

2)机械工作时间消耗的分类

机器工作时间的消耗,按其性质也分为必需消耗的时间和损失时间两大类,如图3-2所示。

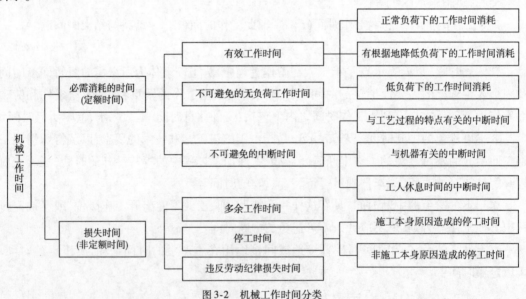

图3-2 机械工作时间分类

(1)必需消耗的工作时间,包括:有效工作时间、不可避免的无负荷工作和不可避免的中断三项时间消耗,而有效工作的时间消耗又包括正常负荷下、有根据地降低负荷和低负荷下的工作时间消耗。

①正常负荷下的工作时间,是指机械在与机械说明书规定的额定负荷相符的情况下进行工作的时间。

②有根据地降低负荷下的工作时间,是在个别情况下由于技术上的原因,机械可能在低于其计算负荷下工作的时间。如汽车载运重量轻而体积大的货物时,不可能充分利用汽车的载重吨位,因而不得不降低负荷工作,此种情况亦视为正常负荷下工作。

③低负荷下的工作时间,是指由于施工管理人员或工人的过失,以及机械陈旧或发生故障等原因,使机械在降低负荷情况下进行工作的时间。例如,工人装车的砂石数量不足引起汽车在降低负荷的情况下工作所延续的时间。此项工作时间不能作为计算时间定额的基础。

④不可避免的无负荷工作时间,是指由于施工过程的特性和机械结构的特点所造成的机械无负荷工作时间,一般分为循环的和定时的两类。

a. 循环的不可避免无负荷工作的时间,是指由于施工过程的特性所引起的空转所消耗的时间。在机械工作的每一个循环中重复一次。如吊机返回到起吊重物地点所消耗的时间。

b. 定时的不可避免无负荷工作时间,主要是指发生在施工活动中的无负荷工作时间。如工作班开始和结束时自行式机械来回无负荷的空行或工作地段转移所消耗的时间。

⑤不可避免的中断时间,是与工艺工程的特点、机器的使用和保养、工人休息有关的中断时间。

a. 与工艺过程的特点有关的不可避免中断时间,分为循环的和定期的两种。循环的不可避免中断,是在机械工作的每一个循环中重复一次。如汽车装载、卸货的停歇时间。定期的不可避免中断,是经过一定时期重复一次。如振捣混凝土从一个工作地点转移到另一个工作地点时工作中断时间。

b. 与机械有关的不可避免的中断工作时间,是指用机械进行工作的工人在准备与结束工作时使机械暂停的中断时间,或者在维护保养机械时必须停转所发生的中断时间。前者属于准备与结束工作的不可避免中断时间;后者属于定时的不可避免中断时间。

c. 工人休息时间,是指工人必需的休息时间。

(2)损失的工作时间,包括机械的多余工作、机器的停工和违反劳动纪律所消耗的机器工作时间。

①机器的多余或偶然的工作时间。多余或偶然的工作有两种情况:一是可避免的机械无负荷工作,指工人没有及时供给机械用料而引起的空转;二是机械在负荷下所做的多余工作。如混凝土拌和机搅拌混凝土时超过搅拌时间,即属于多余工作时间。

②机器的停工时间,按其性质可分为以下两种:

a. 施工本身造成的停工时间,是指由于施工组织不善而引起的机械停工时间,如临时没有工作面,未能及时给机械供水、燃料和加润滑油,以及机械损坏等所引起的机械停工时间。

b. 非施工本身造成的停工时间,是指由于外部的影响所引起的机械停工时间。如水源、电源中断,以及气候条件(暴雨、冰冻等)的影响而引起的机械停工时间。

③违反劳动纪律引起的机器时间损失,是指由于工人迟到早退或擅离岗位等原因引起的机器停工时间。

三、测定时间消耗的基本方法——计时观察法

定额测定是制订定额的一个主要步骤。测定定额是用科学的方法观察、记录、整理、分析施工过程,为制订定额提供可靠的依据。测定定额通常使用计时观察法。

1. 计时观察法概述

计时观察法,是研究工作时间消耗的一种技术测定方法。它以研究工时消耗为对象,以观察测时为手段,通过密集抽样和粗放抽样等技术进行直接的时间研究。计时观察法由于工程施工中以现场观察为主要技术手段,所以也称为现场观察法。

计时观察法的具体用途如下:

(1)取得编制施工定额的劳动定额和机械定额所需要的基础资料和技术依据。

(2)研究先进工作法和先进技术操作对提高劳动生产率的具体影响,并应用和推广先进工作法和先进技术操作。

(3)研究减少工时消耗的可行性。

(4)研究定额执行情况,包括研究大面积、大幅度超额和达不到定额的原因,积累资料、反馈信息。

计时观察法能够把现场工时消耗情况和施工组织技术条件联系起来加以考察。它不仅能为制订定额提供基础数据,而且也能为改善施工组织管理、改善工艺过程和操作方法、消除不合理的工时损失和进一步挖掘生产潜力提供技术根据。计时观察法的局限性是对人的因素考虑不够。

2. 计时观察前的准备工作

(1)正确选择测定对象

根据测定的目的来选择测定对象。

①制订劳动定额,应选择有代表性的班组或个人,包括各类先进的和比较后进的班组或个人。

②总结推广先进经验,应选择先进的班级或个人。

③为了帮助后进班组提高工效,还应选择长期不能完成定额的班组。

(2)熟悉现行技术规范

定额测定人员要事先熟悉施工图、施工操作方法、劳动组织、现行设计、施工技术规范、操作规程以及材料供应、安全要求等有关资料。

(3)分解施工过程,划分组成部分

根据测定目的,对所测定的施工过程进行分解,即划分成若干工序、操作或动作,并确定各组成部分的计量单位。

(4)调查所测定施工过程的因素

施工过程的因素包括技术、组织和自然因素。例如,产品和材料的特征(规格、质量、性

能等);工具和机械性能、型号;劳动组织和分工;施工技术说明(工作内容、要求等);以及附施工简图和工作地点平面布置图。

(5)规定定时点

所谓定时点即观测两相邻组成部分的时间分界点。其要求:分界点明显,易于观测;定时点稳定,一定能出现。例如:"小车装货"与"推走载货小车"这两个连续组成部分的时间分界点,应确定为工人用手接触车把的那一瞬间。

3. 计时观察方法的分类

对施工过程进行观察、测时,计算实物和劳务产量,记录施工过程所处的施工条件和确定影响工时消耗的因素,是计时观察法的三项主要内容和要求。计时观察法的种类很多,最主要的有三种,如图3-3所示。

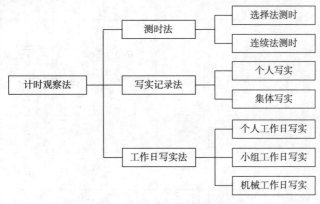

图 3-3 计时观察法的种类

1)测时法

测时法是一种精确度比较高的测定方法,主要适用于研究以循环形式不断重复进行的作业。它用于观测研究施工过程循环组成部分的工作时间消耗,不研究工人休息、准备与结束及其他非循环的工作时间。采用测时法,可以为制订劳动定额提供单位产品所必需的基本工作时间的技术数据,可以分析研究工人的操作或动作,总结先进经验,帮助工人班组提高劳动生产率。

(1)记录时间的方法

测时法按记录时间的方法的不同,分为选择测时法和连续测时法两种。

①选择测时法又称间隔计时法或重点计时法,选择计时法是不连续地测定施工过程的全部循环组成部分,是有选择地进行测定。

测定开始时,立即启动秒表,到预定的定时点时,停止秒表。此时显示的时间,即为所测组成部分的延续时间,当下一组成部分开始时,再次启动秒表,如此循环测定。

这种方法比较容易掌握,使用比较广泛,它的缺点是测定起始和结束点的时刻时,容易发生读数误差。

表3-3所示为选择测时法所用表格和具体实例。测定开始前,应将预先划分好的组成部分和定时点填入测时表格里,在测时记录时按顺序将每次测得的时间填写在相应组成部分的时间栏里。

选择测时法记录表示例

表3-3

测定对象:单斗正铲挖土机(斗容量1m³) 观察精度:每一循环时间1s	选择测时法	建筑企业名称		工地名称		观察日期		开始时间		终止时间		延续时间		观察号次	
施工过程中名称:正铲挖土机,自卸汽车配合运输,挖土机斗臂回转角度为120°~180°															
序号	工序名称	每一循环内各组成部分的工时消耗(s)									延续时间总计(s)	记录整理			
		1	2	3	4	5	6	7	8	9	10		有效循环次数	算术平均值	占一个循环比例(%)	稳定系数
1	土斗挖土并提升斗臂	17	15	18	19	19	22	16	18	18	16	173	10	17.8	38.20	1.47
2	回转斗臂	12	14	13	25①	10	11	12	11	12	13	108	9	12.0	25.75	1.40
3	土斗卸土	5	7	6	5	6	12②	5	8	6	5	53	9	5.9	12.66	1.60
4	返转斗臂并落下土斗	10	12	11	10	12	10	9	12	10	14	110	10	11.0	23.39	1.56
5	一个循环总计	44	48	48	59	47	54	45	47	47	46	—	—	46.7	100.00	—

注:①由于汽车未组织好,使挖土机等候,不立刻卸土;
②因土与斗壁粘住,振动斗使土卸落。

②连续测时法又称接续测时法,它是对施工过程循环的组成部分进行不间断的连续测定,不能遗漏任何一个循环的组成部分。连续测时法所测定的时间包括了施工过程中全部循环时间,是在各组成部分相互联系中求出每一个组成部分的延续时间,这样各组成部分延续时间之间的误差可以互相抵消,所以连续测时法是一种比较准确的方法。而在选择测时中,这种误差却无法抵消。

连续测时法在测定时间时应使用具有辅助秒针的计时表。当测定开始时,立即启动秒表,到预定的定时点时,立即使辅助针停止转动,辅助针停止的位置即所测组成部分的延续时间,然后使辅助针继续转动,至下一个组成部分的定时点时,再停止辅助针(辅助针停止时,计时表仍在继续走动),如此不间断地进行测定。在测定过程中,如遇到非循环组成部分,应暂停测定,待循环组成部分出现后,再继续进行。

连续测时法所用的表格和选择测时法所用的表格基本相同。在测定开始之前,亦需将预先划定的组成部分和定时点填入测时表格里,但在测时前先将起始时间填入表格,测定后再根据起止时间,计算延续时间并将其填入表格中。表3-4所示为连续测时法的具体实例。

(2)测时法的观察次数

对某一施工活动进行测定时,观察次数将直接影响到测时资料的精确度。因此,要认真确定测时的次数,以保证测时资料的可靠性和代表性。尽管选择了工作条件比较正常的测时对象,即使是同一工人操作,但每次所测得的延续时间总是不会完全相等的,更何况在不同工人中测定同一施工活动的延续时间。而且测定人员也可能由于记录时间误差或错误,而引起个别延续时间的偏差。因此,测时法需要解决每份测时资料中各组成部分需观测多少次才能得到比较正确的数值。一般来说,观测的次数越多,资料的准确性越高,观测次数过多但要花费较多的时间和人力,这样即不经济也不现实。表3-5所示为测时所得数据的算术平均值精确度与观测次数和稳定系数之间的关系。可供测定时检查所测次数是否满足需要的参考。

稳定系数由下式求出:

$$K_p = \frac{X_{\max}}{X_{\min}} \tag{3-16}$$

式中:$X_{\max}$——最大观测值;

$X_{\min}$——最小观测值。

算术平均值精确度与观测次数之间的关系可用下式表示:

$$E = \pm \frac{1}{x} \sqrt{\frac{\sum_{i=1}^{n} \Delta^2}{n(n-1)}} \tag{3-17}$$

证明如下:

观测值为:

$$X_i = x_1、x_2、x_3、\cdots、x_n$$

平均值为:

$$\overline{X} = \frac{1}{n} \sum_{i=1}^{n} x_i$$

表 3-4

连续测时法记录表

测定对象:混凝土搅拌	建筑企业名称		工地名称		观察日期		开始时间 8:00:00			观察号次

机拌和混凝土观察精度 1s　　施工过程名称:混凝土搅拌机(JS B-500型)拌和混凝土

序号	工序名称	时间	连续测时法 观察次数																		延续时间总计	有效循环次数	算术平均值	延续时间 最大值 t_{max}	最小值 t_{min}	稳定系数
			1		2		3		4		5		6		7		8		9		10							
			分	秒	分	秒	分	秒	分	秒	分	秒	分	秒	分	秒	分	秒	分	秒	分	秒						
1	装料人数	终止时间	0	15	2	16	4	20	6	30	8	33	10	39	12	44	14	56	17	4	19	5						
		延续时间		15		13		13		17		14		15		16		19		12		14	148	10	14.8	19	12	1.58
2	搅拌	终止时间	1	45	2	48	5	55	7	57	10	4	12	9	14	20	16	28	18	33	20	38						
		延续时间		90		92		95		87		91		90		96		92		89		93	915	10	91.5	96	87	1.10
3	出料	终止时间	2	3	4	7	6	13	8	19	10	24	12	28	14	37	16	52	18	51	20	54						
		延续时间		18		19		18		22		20		19		17		24		18		16	191	10	19.1	24	16	1.5

设

$$\Delta = x_i - \bar{x}$$

则

$$\sum \Delta^2 = \sum (x_i - \bar{x})^2$$

根据统计学原理,标准差为:

$$S = \sqrt{\frac{\sum_{i=1}^{n}(x_i - \bar{x})^2}{n-1}} = \sqrt{\frac{\sum_{i=1}^{n}\Delta^2}{n-1}} \qquad (3\text{-}18)$$

由误差理论、真值 x 对算术平均值 $\bar{x}$ 的误差:

$$\delta = [\bar{x} - x] = \pm \frac{S}{\sqrt{n}} = \pm \sqrt{\frac{\sum_{i=1}^{n}\Delta^2}{n(n-1)}} \qquad (3\text{-}19)$$

算数平均值精确度:

$$E = \pm \frac{\delta}{\bar{x}} = \frac{1}{\bar{x}}\sqrt{\frac{\sum_{i=1}^{n}\Delta^2}{n(n-1)}} \qquad (3\text{-}20)$$

【例3-1】 表3-3 示例中第4道工序观测值为10,12,11,10,12,10,9,12,10,14,共10个数据。试问检查观察次数是否满足要求。

【解】

$$\bar{x} = (10+12+11+10+12+10+9+12+10+14) = 11$$

Δ 值为: $-1, +1, 0, -1, +1, -1, -2, +1, -1, +3$

算术平均值精确度:

$$E = \pm \frac{1}{\bar{x}}\sqrt{\frac{\sum_{i=1}^{n}\Delta^2}{n(n-1)}}$$

$$= \pm \frac{1}{11}\sqrt{[(-1)^2 + (+1)^2 \cdots (+3)^2] \div [10 \times (10-1)]}$$

$$= \pm 4.3\%$$

稳定系数:

$$K_p = \frac{X_{max}}{X_{min}} = \frac{14}{9} = 1.56$$

根据计算出的 E 与 K_p 值,与表3-5 核对。当 $K_p = 1.56$,精确度 E 为5%以内时,应观测9次。本例观测10次,已满足要求。

(3)测时数据的整理

观测所得数据的算术平均值,即为所求延续时间。为使算术平均值更加接近于各组成部分延续时间的正确值,必须删去那些显然是错误的以及误差极大的值,通过清理后所得出的算术平均值,通常称为算术平均修正值。

在清理测时数据时,应首先删掉完全是由于人力的因素影响而出现的偏差的数据,如工作时间谈天,材料供应不及时造成的等待,以及测定人员记录时间的疏忽而造成的错误等所测得的数据,都应删除。删除的数据在测时记录表上作"×"记号。

测时法观测次数 表3-5

要求的精度 E 观察次数 n 稳定系数 K_p	要求的算术平均数精确度(%)				
	5 以内	7 以内	10 以内	15 以内	20 以内
1.5	9	6	5	5	5
2	16	11	7	5	5
2.5	23	15	10	6	5
3	30	18	12	8	6
4	39	25	15	10	7
5	47	31	19	11	8

其次,应删去由于施工因素的影响而出现的偏差极大的数据。如手工刨料遇到节疤极多的木料,挖土机挖土时土斗的边齿刮到大石块上等。此类偏差大的数还不能认为完全无用,可作为该项施工因素影响的资料,进行专门研究。对删去的数据应在测时记录表中作记号(如作"0"记号),以示区别。

清理偏差大的数据时,不能单凭主观想象,这样就失去了技术测定的真实性和科学性。同时,也不能预先规定出偏差的百分率。偏差百分率对某些组成部分可能显得太大,而对另一些组成部分可能又会显得不够。为了妥善清理此类误差,可参照下列调整系数(表3-6)和误差极限算式进行。

误差调整系数 表3-6

观察次数	调整系数	观察系数	调整系数
5	1.3	11~15	0.9
6	1.2	16~30	0.8
7~8	1.1	31~53	0.7
9~10	1.0	53 以上	0.6

误差极限算式如式(3-21)、式(3-22)所示:

$$Lim_{max} = \overline{X} + K(X_{max} - X_{min}) \tag{3-21}$$

$$Lim_{min} = \overline{X} + K(X_{max} - X_{min}) \tag{3-22}$$

式中: Lim_{max} ——根据误差理论得出的最大极限值;

Lim_{min} ——根据误差理论得出的最小极限值;

X_{max} ——测定数值中经整理后的最大值;

X_{min} ——测定数值中经整理后的最小值;

$\overline{X}$ ——算术平均值;

K ——调整系数,见表3-6。

清理方法是:首先,从测得的数据中删去人为因素的影响而出现的偏差极大的数据,然后,再从留下的测时数据中,删去偏差极大的可疑数据,用表3-4及式3-21、式3-22求出最大极限和最小极限之外的偏差极大的可疑数值。

【例3-2】 表3-3中第一道工序,有效循环次数测定的数据为:17、15、18、19、19、22、16、18、18、16,其中误差大的可疑数据为22。删去这一数值,然后用式(3-21)计算其最大极限。

【解】
$$\overline{X} = \frac{17+15+18+19+19+16+18+18+16}{9} = 17.3$$

$$Lim_{max} = \overline{X} + K(X_{max} - X_{min})$$
$$= 17.3 + 1 \times (19-15)$$
$$= 21.3$$

故可疑数22不应删去,则算术平均修正值为17.8。

如一组测时数据有两个误差大的可疑数据时,应从最大的一个数开始,连续进行检核(每次只能删去一个数据)。如一组测时数据中有两个以上的需删去的数据时,应将这一组测时数据抛弃,重新进行观测。测时记录表中"时间总和"和"循环次数"栏,应按清理后的合计填入。

2)写实记录法

写实记录法可用于研究所有种类的工作时间消耗,包括基本工作时间、辅助工作时间、不可避免的中断时间、准备与结束时间以及各种损失时间。通过写实记录可以获得分析工作时间消耗和制订定额时所必需的全部资料。这种测定方法比较简单,易于掌握,并能保证必须的精确度。因此,写实记录法在实际中得到广泛采用。

写实记录法分为个人写实和集体写实两种。由一个人单独操作和产品数量可单独计算时,采用个人写实记录。如果由小组集体操作,而产品数量又无法单独计算时,可采用集体写实记录。

(1)记录时间的方法

记录时间的方法主要有数示法、图示法和混合法三种。计时一般使用有秒表的普通计时表。

①数示法,即测定时直接用数字记录时间的方法。这种方法可同时对两个以内的工人进行测定,适应于组成部分较少而且较稳定的施工过程。记录时间的精确度为5~10s。观察的时间应记录在数示法写实记录表中(见表3-7)。填表方法如下:

先将拟定好的所测施工过程的全部组成部分,按其操作的先后顺序填写在第(2)栏中,并将各组成部分依次编号填入第(1)栏。

第(4)栏中,填写工作时间消耗组成部分号次;其号次应根据第(1)栏和第(2)栏填写;测定一个填写一个。如测定一个工人的工作时,应将测定的结果先填入第(5)~(8)栏,如同时测定两个工人的工作时,测定结果应同时单独填写。

第(5)栏中,填写起止时间。测定开始时,将开始时间填入此栏第1行,在组成部分号次栏即第(5)栏里划"×"符号以示区别。其余各行均填写各组成部分的终止时间。

第(6)栏应在观察结束之后填写。将某一部分的终止时间减去前一组成部分的终止时间即得该组成部分的延续时间。

第(7)、(8)栏中,可根据划分测定施工过程的组成部分将选定的计量单位、实际完成的产品数量填入。如有的组成部分难以计算产量时,可不填写。

数示法写实记录示例

表 3-7

工地名称									开始时间			延续时间		调查号次	
施工单位名称									终止时间			记录时间		页次	
施工过程:双轮车运土方 (运距200m)									观察对象:工人乙			观察对象:工人甲			

序号	施工过程组成部分名称	时间消耗量	组成部分序号	起止时间 时-分	起止时间 秒	延续时间	完成产品 计量单位	完成产品 数量	组成部分序号	起止时间 时-分	起止时间 秒	延续时间	完成产品 计量单位	完成产品 数量	附注
(1)	(2)	(3)	(4)	(5)		(6)	(7)	(8)	(9)	(10)		(11)	(12)	(13)	(14)
1	装土	29'35"	(开始)	8-33	0				1	9-16	50	3'40"	m^3	0.288	甲、乙两人共运土8车,每车容积0.28m^3共运0.288×8＝2.3m^3松土
2	运输	21'26"	0	35	50	2'50"	m^3	0.288	2	19	10	2'20"	次	1	
3	卸土	8'59"	2	39	0	3'10"	次	1	3	20	10	1'00"	m^3	0.288	
4	空返	18'5"	3	40	20	1'20"	m^3	0.288	4	22	30	2'20"	次	1	
5	等候装土	2'5"	4	43	0	2'40"	次	1	1	26	30	4'00"			
6	喝水	1'30"	1	46	30	3'30"			2	29	0	2'30"			
			2	49	0	2'30"			3	30	0	1'00"			
			3	50	0	1'00"			4	32	50	2'50"			
			4	52	30	2'30"			5	34	55	2'05"			
			1	56	40	4'10"			1	38	50	3'55"			
			2	59	10	2'30"			2	41	56	3'6"			
			3	9-00	20	1'10"			3	43	20	1'24"			
			4	3	10	2'50"			4	45	50	2'30"			
			1	6	50	3'40"			1	49	40	3'50"			
			2	9	40	2'50"			2	52	10	2'30"			
			3	10	45	1'05"			3	53	10	1'00"			
			4	13	10	2'25"			6	54	40	1'30"			
		81'40"				40'10"						41'30"			

第(14)栏为附注栏,填写工作中产生的各种影响因素和各组成部分内容的必要说明等。

观察结束后,应详细测量或计算最终完成产品数量,填入数示法写实记录表中第1页附注栏中。对所测定的原始记录应分页进行整理,首先计算第(6)栏的各组成部分延续时间,然后再分别计算该施工过程延续时间的合计,并填入第(3)栏中。如同时观察两个工人,则应分别进行统计。各页原始记录表整理完毕之后,应检查第(3)栏的时间总计是否与第(6)栏的总计相等,然后填入本页的延续时间栏内。

② 图示法,即用图表的形式记录时间的方法,见表3-8。记录时间的精确度可达0.5~1min。适用于观察3个以内的工人共同完成某一产品的施工过程。此种方法记录时间与数示法比较有许多优点,主要是记录技术简单,时间记录结果一目了然,原始记录整理方便。因此,在实际工作中,图示法较数示法使用更为普遍。

图示法写实记录表 表3-8

工地名称	501工地	开始时间	8:00	连续时间	1h	调查次号	
施工单位		结束时间	9:00	记录时间	1984.6.28	页次	
施工过程	砌1砖厚单面清水墙	观察对象	张××(四级工)、李××(四级工)、王××(三级工)				

号次	各组成部分名称	时间(t) 5 10 15 20 25 30 35 40 45 50 55 60	时间合计(min)	产品数量	附注
1	准备		10		
2	拉线		6		
3	铺灰砌砖		139	76m³	
4	浇水		5		
5	摆放钢筋				
6	帮普工搬砖		18		
7	等灰浆		2		
观察者:××			总计	180	

图示法写实记录表(表3-8)的填写方法如下:

表中划分为许多小格,每格为1min,每张表可记录1h的时间消耗。为了记录时间方便,第5个小格和第10个小格处都有长线和数字标记。

表中"号次"及"各组成部分名称"栏应在实际测定过程中,按所测施工过程的组成部分出现的先后顺序随时填写,这样便于线段连接。

记录时间时用铅笔在各组成部分对应的横行中划直线段,每个工人一条线,每一线段的始端和末端应与该组成部分的开始时间和终止时间相符合。工作1min,直线段延伸一个小格。测定两个以上的工人工作时,最好使用不同颜色的铅笔,以区分各个工人的线段。当工人的操作由一个组成部分转入另一个组成部分时,时间线段就应随着改变其位置,并应将前一线段的末端划一垂直线段与后一线段的始端相连接。

"产品数量"栏,按各组成部分的计量单位和所完成的产量填写,如个别组成部分完成的产量无法计算或无实际意义者,可不必填写。最终产品数量应在观察完结之后,查点或测量清楚,填写在图示法写实记录表第 1 页附注栏中。

"附注"栏,应简明扼要地说明有关影响因素和造成非定额时间的原因。

"时间合计"栏,在观察结束之后,及时将每一组成部分所消耗的时间合计后填入。最后将各组成部分所消耗的时间相加后,填入"总计"栏内。

③混合法记录时间的方法,吸收了图示法和数示法的优点,用图示法的表格记录所测施工过程各组成部分的延续时间,而完成每一组成部分的工人人数则用数字予以表示。这种方法适用于同时观察 3 个以上工人工作时的集体写实记录。它的优点是比较经济,这一点是数示法和图示法都无法做到的。混合法记录时间应采用图示法写实记录表,其填表方法见表 3-9。

混合法写实记录表 表 3-9

工地名称	一〇四工地	开始时间	8:00	连续时间	1h	调查次号	
施工单位		结束时间	9:00	记录时间	1984.8.24	页次	
施工过程	浇捣混凝土	观察对象		四级工:3人		三级工:3人	

号次	各组成部分名称	时间(t) 5 10 15 20 25 30 35 40 45 50 55 60	时间合计(min)	产品数量	附注
1	散锹	2 12 21 2 1 1 2 1 2	78	1.85	
2	捣固	4 24 21 2 4 34 21 1 4 2 3	148	1.85	
3	转移	513 256 3564 6 3 3	103	1.85	
4	等混凝土	43 3	21		
5	其他工作	1 1 1	10		
		总计	360		

注:本资料原始记录共 8 页,其他从略。

表中"号次"和"各组成部分名称"栏的填写与图示法相同。所测施工过程各组成部分的延续时间,用相应的直线段表示,完成该组成部分的工人人数用数字填写在其时间线段的始端上面。当一组成部的工人人数发生变动时,应立即将变动后的人数填写在变动处。同时还应注意,当一个组成部分的工人人数有所变动时,必然要引起另一组成部分或数个组成部分中工人人数的变动。因此,在观察过程中,应随时核对各组成部分在同一时间内的工人人数,是否等于观察的总人数,如发现人数不符时应立即纠正。

混合法记录时间,不论测定多少工人工作,在所测施工过程各组成部分的时间栏里只用一条直线段表示,当工人由一组成部分转向另一组成部分时,不作垂直线连接。

"产品数量"和"附注"栏的填写方法与图示法同。

混合法写实记录表整理时,应将所测施工过程同一组成部分中各个线段的时间分别计算出来(将工人人数与他们工作的时间相乘),然后将所得各值相加,即可得出完成某一组成部分的时间消耗合计,填入"时间合计"栏里。最后各组成部分时间合计相加后,填入"总计"栏内。

(2) 写实记录法的延续时间

这里的延续时间,是指采用写实记录法进行测定时,测定每个施工过程或同时测定几个施工过程所需的总延续时间。延续时间的确定应立足于既不至消耗过多的时间,又能得到比较可靠和完善的结果,同时必须注意,所测施工过程的广泛性和经济价值;已经达到的工效水平的程度;同时测定不同类型施工过程的数目;被测定的工人人数;以及测定完成产品的可能等。这些因素在确定延续时间时均应认真加以考虑,这是一个比较复杂的问题。为便于测定人员确定写实记录法的延续时间,表3-10可供测定时参考使用。

写实记录法最短测定延续时间 表3-10

序号	项目	同时测定施工过程的类型数	单人数	测定对象	
				集体	
				2~3人	4人以上
1	被测定个人或小组的最低数	任一数	3人	3个小组	2人小组
2	测定总延续时间最小值(h)	1	16	12	8
		2	23	18	12
		3	28	21	24
3	测定完成产品最低次数	1	4	4	4
		2	6	6	6
		3	7	7	7

应用表3-10确定延续时间时,须同时满足表中3项要求,如在第2项和第3项中,其中任一项达不到最低要求时,应酌情增加延续时间。

表3-10适用于一般施工过程。如遇个别施工过程的单位产品所消耗的最低次数所需时间较长,同时还应酌情增加测定的总延续时间;如遇个别施工过程的单位产品所需时间过短时,则应适当增加测定完成产品最低次数,并酌情减少测定的延续时间。

3) 工作日写实法

工作日写实法就是对工人在整个工作日中的工时利用情况,按照时间消耗的顺序进行实地观察、记录和分析研究的一种测定方法。它侧重于研究工作日的工时利用情况,总结推广先进生产者或先进班组的工时利用经验,同时还可以为制订劳动定额提供必需的准备与结束时间、休息时间和不可避免的中断时间的资料。采用工作日写实法,在详细调查工时利用情况的基础上,分析哪些时间消耗对生产是有效的,哪些时间消耗是无效的,找出工时损失的原因,拟订改进的技术和组织措施,消除引起工时损失的因素,促进劳动生产效率的提高。采用工作日写实法研究工时利用的情况,是基层管理工作中挖潜力、反浪费,达到增产节约的一项有效措施。

根据写实对象不同,工作日写实法可分为个人工作日写实、小组工作日写实和机械工作日写实三种。个人工作日写实测定的是一个工人在工作日内的工时消耗,这种方法最为常用。小组工作日写实测定一个小组的工人在工作日内的工作消耗,它可以是相同工种的工人,也可以是不同工种的工人。前者是为了取得确定小组定员和改善劳动组织的资料。机械工作日写实是测定某一机械在一个台班内机械效能发挥的程度,以及配合工作的劳动组织是否合理,其目的在于最大限度地发挥机械的效能。

(1)工作日写实法的基本要求

①因素登记。由于工作日写实法主要是研究工时利用和损失时间,不按工序研究基本工作时间和辅助工作时间的消耗。因此,在填写因素登记表时,对施工过程的组织和技术说明可简明扼要,不予详述。

②时间记录。个人工作日写实采用图示法,小组工作日写实用混合法,机械工作日写实采用混合法或数示法。

③延续时间。工作日写实法以一个工作日为准,如其完成产品时间消耗大于8h,则应酌情延长观察时间。

④观察次数。根据不同的目的要求确定,一般说来,如为了总结先进工人的工时利用经验,应测定1~2次;为了掌握工时利用情况或制定标准工时规范,应测定3~5次;为了分析造成损失时间的原因,改进施工管理,应测定1~3次,以取得所需要的有价值的资料。

(2)工作日写实结果的整理

采用专门的工作日写实结果表,见表3-11。

表中"工时分类"栏,按定额时间和非定额时间的分类预先印好。整理写实记录原始资料时,应按本表的时间分类要求汇总填写,如非定额时间的类别本表未包括者,可填入其他栏里,并将造成非定额时间的原因注明。无论进行哪一种工作日写实,均应统计所完成产品的数量,并计算实际(包括非定额时间)与可能(不包括非定额时间)完成定额的百分比。

"施工过程中的问题与建议"栏,根据工作日写实记录资料,分析造成非定额时间的有关因素,提供切实有效的技术与组织措施的建议。在研究和拟订具体措施时,要注意听取有关技术人员、施工管理人员和工人的意见,尽可能使改进意见符合客观实际。如有的问题暂时受条件限制,还不易解决,则应提出供有关部门参考。

(3)工作日写实结果汇总

工作日写实结果汇总,应按实际需要进行,见表3-12。

如为了掌握某工种的工时利用和实际工效情况,或者为制订标准工时规范等,可进行汇总(同工种不同施工过程也可汇在一起),其他可不汇总。

汇总时,各类时间消耗栏均应按时间消耗所占百分比填写。

表中"加权平均值"的计算方法为:

$$\bar{X} = \frac{\sum R\beta}{\sum R} \quad (3\text{-}23)$$

式中:$\bar{X}$——加权平均值;

R——各份资料的人数;

β——各类工时消耗百分比。

表3-12中各份资料的人数为3、2、3、4,基本工作时间消耗百分比为66.1、75.91、62.8、91.22,其加权平均值为:

$$\bar{X} = \frac{\sum R\beta}{\sum R}$$

$$= \frac{3 \times 66.1 + 2 \times 75.91 + 3 \times 62.8 + 4 \times 91.22}{3 + 2 + 3 + 4} = 75.28$$

工作日写实结果表

表 3-11

施工单位名称	测定日期	延续时间	调查号次	页次
二公司	1981 年 8 月 5 日	8.5h	1	2
施工过程名称	钢筋混凝土直形墙模板安装			

序号	工时消耗分类	时间消耗	百分比	施工过程中的问题与建议
	Ⅰ.定额时间			本资料造成非定额时间的原因主要是：
1	基本工作时间:适用于技术水平的	1313	66.1	1. 劳动组织不合理,开始 1h 由 3 人操作,后 7.5h 由 4 人操作,在实际工作中经常出现一人等工的现象;
2	不适用于技术水平的	—	—	
3	辅助工作时间	110	5.54	
4	准备与结束时间	16	0.81	2. 等材料,上班后领料时未找到材料员而造成停工;
5	休息时间	11	0.55	
6	不可避免的中断时间	8	0.41	3. 产品不符合要求返工,由于技术操作马虎,工人对产品规模要求也未真正弄清楚,结果造成返工;
7	合计	1458	73.41	
	Ⅱ.非定额时间			4. 违反劳动纪律,主要是上班迟到和工作时间聊天;
8	由于劳动组织不当而停工	32	1.60	建议:
9	由于缺乏材料而停工	214	10.78	切实加强施工管理工作,班前要认真作好技术交底,职能人员要坚守工作岗位,保证材料及时供应,并应预先办好领料手续,提前领料,科学的按定额规定安排劳动力,加强劳动纪律教育,按时上班,集中思想工作;
10	由于工作地点未准备好而停工	—	—	
11	由于机具设备不正常而停工	—	—	
12	产品质量不符返工	158	7.96	
13	偶然停工(包括停电、水,暴风雨)	—	—	
14	违反劳动纪律	124	6.25	
15	其他损失时间			
16	合计	528	26.59	经认真改善后,劳动效率可提高 62% 左右
17	时间消耗总计	1986	100.00	

完成定额情况

定额编号	8-4-45	完成产品数量	38.98 m³
	定额	0.08 工日/m²	
	总计	3.12 工日	
完成定额情况	实际:(3.12×60×8)/1986×100% =75.4%		
	可能:(3.12×60×8)/1458×100% =102.7%		

工作日写实结果汇总表　　　　　　表 3-12

施工单位名称	二公司三处		工种		木工	
测定日期	80.8.3	80.6.2	80.6.7	80.7.2	加权平均值	备注
延续时间	9.5h	8h	8h	8h		
工作名称	安墙模	安基础模	安杯基模	安杯基模		
班(组)长姓名	赵××	潘××	朱××	李××		
班(组)人数(人)	3	2	3	4		

序号	工时消耗分类	时间消耗百分比(%)					
	1. 必须消耗的时间						
1	基本工作时间:适于技术水平	66.10	75.91	62.80	91.22	75.28	
2	不适于技术水平	—				—	
3	辅助工作时间	5.54	1.88	2.35	1.48	2.78	
4	准备与结束时间	0.81	1.90	2.60	0.56	1.36	
5	休息时间	0.55	3.77	2.98	4.18	2.91	
6	不可避免的中断时间	0.41				0.10	
7	合计	73.41	83.46	70.73	97.44	82.43	
	2. 损失时间						
8	由于劳动组织不当而停工	1.60	7.74	—		1.69	
9	由于缺乏材料而停工	10.78		12.4		5.79	
10	由于工作地点未准备好而停工	—	3.52	5.91		2.07	
11	由于机具设备不正常而停工						
12	偶然停工(包括停电、水,暴风雨)			3.24		0.81	
13	产品质量不合格返工	7.96	5.28		1.60	3.40	
14	违反劳动纪律	6.25	—	7.72	0.96	3.81	
15	其他损失时间						
16	合计	26.59	16.54	29.27	2.56	17.57	
	时间消耗总计	100.00	100.00	100.00	100.00	100.00	
完成定额百分比(%)	实际(包括损失)	75.34	112	84	123	99.67	
	可能(不包括损失)	102.7	129	118	126	118.7	

4. 汇总整理

汇总整理就是将写实记录法所取得的若干原始记录表记载的工作时间消耗和完成产品数量进行汇总,并根据调查的有关影响因素加以分析研究,调整各组成部分不合理的时间消耗,最后确定出单位产品所必需的时间消耗量。这是技术测定过程中很重要的环节,做好汇总整理,才能完成对这一施工过程的技术测定。

汇总整理的结果填入汇总整理见表 3-13、表 3-14。

写实记录汇总整理表（一）

表 3-13

施工单位	工地名称	日期	开始时间	终止时间	延续时间	调查号次	页次
二公司		1980年5月27日	8时0分		18时0分	1	2

施工过程名称：砌一砖厚单面清水墙（3人小组）

序号	各组成部分名称	时间消耗 (min)	与全时的时间百分比（%）	计量单位 组成部分	计量单位 最终产品	产品完成数量 组成部分	产品完成数量 最终产品	组成部分的平均时间消耗	换算系数 实际	换算系数 调整	单位产品的平均时间消耗 实际	单位产品的平均时间消耗 调	占单位产品时间消耗百分比（%）	调整后的时间	调整后的百分比（%）
(1)	(2)	(3)	(4)	(5)	(6)	(7)	(8)	(9)	(10)	(11)	(12)	(13)	(14)		(15)
1	拉线	28	1.94	次		9		3.11	1.40	2.81	4.35	8.74	3.88		56
2	砌砖（包括铺砂浆）	1186	82.36	m³		6.41		185.02	1	1	185.02	185.02	82.04		1186
3	栓查砌体	41	2.85	次		7		5.86	1.09	1.09	6.39	6.39	2.83		41
4	清扫墙面	37	2.85	m²		21	6.41	1.76	3.28	4.17	5.77	7.34	3.25		47
	基本工作和辅助工作合计	1292	89.72								201.53	207.49	92.70		1330
5	准备与结束工作	29	2.01								4.52	4.52	2		29
6	休息	76	5.28								11.86	11.86	5.3		76
	定额时间合计	1397	97.01								217.91	223.87	100		1435
7	等灰浆	19	1.32								2.96		2		19
8	作其他工作	24	1.67								3.74		5.3		24
	非定额时间合计	43	2.99								6.70		43		43
	消耗时间总计	1440	100.00								244.61				1476

表 3-14 写实记录汇总整理表（二）

现行定额编号	劳动定额项目名称	计量单位	完成产品数量	时间消耗（日）				每工产量		定额工日	完成定额百分比	
				全部量		单位产品平均时间消耗					实际	调整
				实际	调整	实际	调整	实际	调整			
(16)	(17)	(18)	(19)	(20)	(21)	(22)	(23)	(24)	(25)	(26)	(27)	(28)
4-2.9	1砖厚单面清水墙	m³	6.41	3	3.08	0.468	0.480	2.14	2.08	3.34	111%	108.4%

此表分为正、反两面,共三个部分。第一部分(正面)为各组成部分工作时间消耗的汇总。第二部分(反面的上半部)为汇总整理结果;第三部分(反面的下半部)为汇总整理的有关说明。

第一部分:

表中第(2)栏,填写各组成部分名称。填写的顺序是:基本工作时间、辅助工作时间、不可避免的中断时间、准备与结束时间、休息时间、损失时间,各类时间应列出合计。

第(3)栏,根据写实表中各组成部分工作时间消耗量,合计进行填写,并应作好工时分类合计和全部消耗时间总计。

第(4)栏,各组成部分工作消耗数除以消耗时间总计数而得。

第(5)~(8)栏,根据写实记录表汇总后填入。

第(3)栏,用各组成部分的第(3)栏的数字除以第(7)栏的数字而得。写实记录汇总整理表见表3-13。

表中"换算系数",是指将各组成部分的产量,换算为最终单位产品的系数。此系数用于计算单位产品中各组成部分所必需的消耗时间。换算系数的计算方法为各组成部分完成的产量除以最终产品数量所得。如个别组成部分无完成产量者,第(10)栏可不予填写。

第(11)栏,这是在汇总整理中需要认真分析研究的,要详细分析第(10)栏各组成部分的换算系数是否符合实际,如发现有不合理、不实际、不符合技术要求的数据,则应予以调整,将调整后的系数填入本栏中,并应将调整的依据和计算方法写在"附注"栏里。如其无需调整时,则仍按第(10)栏系数填入。如本资料的"拉线"这一组成部分,工人在实际操作中是每砌两皮砖拉一次线,按照操作规程的要求应每砌一皮砖拉一次线。因此,根据实砌皮数将10换算系数调整为2.81(拉线18次)。

第(12)栏,填写第(9)栏的数字与第(10)栏的数字的乘积,第(13)栏填写第(9)栏的数字与第(11)栏的数字的乘积。如个别组成部分无换算系数者,则应将组成部分的第3栏的数字除以第(8)栏的数字,填入(12)栏。如果准备与结束时间和休息时间不合理者,应予以调整,将调整后的数字填入(13)栏,并将调整的依据记入"附注"栏中。

第(14)栏,用第(13)栏各组成部分的时间消耗除以本栏定额时间合计后,按百分数填入。

第(15)栏,填写第(7)栏的砌砖数量与第(13)栏的调整后单位产品的平均时间消耗的乘积。

第二部分:

汇总整理结果,填写的主要内容是,根据第一部分的汇总资料,按现行劳动定额项目标准比较完成定额的情况。

表中第(16)栏和第(17)栏,是将所测定的施工过程按现行劳动定额的定额编号和相应的项目名称分别填入。如一份测定资料中包括两个或两个以上项目,应分别进行填写。

第(18)栏和第(19)栏,按最终产品的计量单位和完成数量填写。

第(20)栏,填写调整后的全部工作时间消耗,将本表(正面)第(3)栏时间消耗总计数折算为工日数后填入。

第(21)栏,填写调整后的全部工作时间消耗数,将本表(正面)第(8)栏的数乘以第(13)栏的单位产品定额时间合计数并折算为工日后填入。

第(22)栏,将(20)栏实际消耗时间除以第(19)栏完成产品数量得出的数值填入。

第(23)栏和第(21)栏调整后的全部工作时间消耗数除以第(19)栏的完成产品数量后填入。

第(24)栏和第(25)栏,分别为第(26)栏和第(23)栏的倒数。

第(26)栏,在一般情况下,用本表第(19)栏的完成产品的数量乘以现行劳动定额相应项目的时间定额后填入即可。如遇实际情况与现行劳动定额规定不符时,应按现行劳动定额的有关规定换算为统一标准。如砌墙工程,现行劳动定额规定,外墙门窗洞口面积超过30%时,应予加工,则本栏的定额工日即应为时间定额乘以实际完成工程量与现行劳动定额规定每立方米砌体的加工数之和。

第(27)栏和第(28)栏,将第(26)栏的定额工日数分别除以第(20)栏和第(21)栏的数字后,按百分数填入。

第三部分:

汇总整理说明的主要内容包括:调整所测施工过程各组成部分时间消耗的技术依据和具体计算方法;准备与结束时间和休息时间的确定;强化不合理时间消耗的理由;测定者对本资料的估价及其他有关事项。

5. 工作抽查法

(1) 工作抽查法的概念

工作日写实法是对一个操作工人全部活动和消耗时间的记录。因此它有两个缺点:①由于有观察人员在场,即使在观察前作了充分准备,仍不免在工时利用上有一定的虚假性。②工作日写实法的观察工作量大,费时较多,费用也较高。

其应用统计学中的抽样方法的原理来研究人或机械的活动情况和时间消耗。这种被抽查的活动(抽样),可以是一个操作工人(或班组、或机械)在生产某一产品中的全部活动过程中每一活动的消耗时间,也可以是其中的一项活动的消耗时间。因此,抽样完全可以由我们的调查目的和要求决定。所以它具有以下优点:

①抽查工作单一,观察人员思想集中,有利于提高原始数据的质量。

②所需的总时间较短、费用可以降低。

(2) 样本的抽取和观察次数的确定

①样本的抽取。所谓"样本"在这里就是对被观察对象的观察结果。首先对每一个观察对象的观察,在时间上应该是随机的。这样可以避免观察结果的虚假性,较大程度保持其真实性。其次,所选取的样本其工作条件应尽量一致,才能使将来观察的记录数据具有代表性;再次,观察对象的选择应该根据抽样的目的来确定。

②观察次数的确定。总的来说,观察对象越多,对每一个观察对象的观察次数愈多,所得到的结果精度越高,但观察次数越多,则所需的时间就会越长,同时观察所需要的费用就

会增加。因此,观察的次数应根据观察的目的及所要求的精确程度来确定。

观察次数 N 可按下列公式计算：

$$S = 2\sqrt{\frac{(1-P)}{NP}} \tag{3-24}$$

式中：S——需求的精度；

P——观察事件发生的概率；

N——随机观察的总次数。

式(3-24)中,S、P、N 三个数,需求精度 S 可以事先根据观察的目的确定,但 P 和 N 仍是两个未知数。因此只能采用逐次逼近法求解,其方法是:先假定一个 P_1 值计算出第一个 N_1。然后经过相当时日的实际观察结果,又可获得一个新的 P_2 值,再代入式(3-24),求出第二个 N_2,再以 N_2 的观察次数及实际观察所得的产值代入式(3-24)反求 S,若求得的 S 较原确定的精度小时,即可用最后的 P 值和反求的 S 值代入式(3-24),求得所需的观察次数 N。

(3)观察期限和观察时刻的确定

①观察期限的确定。所谓观察期限,就是完成一项工作抽查任务的工作天数。观察期限一般是根据工作抽查的目的和重要性,以及观察任务的大小(即视察的次数 N)和观察人员的多少来确定。

当确定了观察期限(T 为工作日)后,即可按下式求得每工作日的观察人数。

$$n = \frac{N}{T}(次/工作日) \tag{3-25}$$

②观察时刻的确定。所谓观察时刻,是指在一个工作班内每一次观察的时刻。观察时刻的确定关系到观察结果的真实度。因此,从理论上讲观察时刻应该是随机的。

这里介绍一种确定观察时刻的方法——查表法。

a.随机取数表(见表3-15),它是用 1、2、3、…、9、0 十个数码组成的 3 位数,按随机排列而成的表。故称为"3 位数字随机取数表"。

b.工作抽查观察时刻对照表(见表3-16),它是一天从上午6:00起,直到18:00止,以每一分钟作为时间间隔划分,按时间顺序排列形成的表,在每一时刻之后按顺序指号,与表3-15相对应,以 3 位编号 001、002、…、720(即 12h 内共有 720 个 1min)。

由于表中包含12h。故可适用于许多工作班次的观察。

c.使用方法。这里我们通过一个例题来讲述表3-15和表3-16的使用方法。

【例3-3】 对某一项工作进行工作抽查,已经算得需要观察300次,并确定在30个工作日内观察完毕,现在要确定每一个工作日中每一次观察的时刻。

【解】 根据式(3-25),每一工作日中平均观察的次数 n 为：

$$n = \frac{300}{30} = 10 次$$

每天的工作时间为上午 8:00～12:00,下午为 13:01～17:00。这就是观察时间界限。由表3-16中可以查得:8:01～12:00 范围内的编号是"121"至"360"中的240个3位数;13:01～17:00 范围内的编号是"421"至"660"中的240个3位数。

3位数字随机取数表

表3-15

718	057	239	870	389	578	030	103	365	128	319	953	515	098	604	260	721	144	869	911	600
781	735	590	475	360	202	881	584	564	271	481	070	880	509	466	420	865	766	270	668	680
295	895	329	460	878	218	441	772	171	237	466	624	274	985	754	016	042	442	117	577	243
399	191	067	485	016	326	826	189	487	285	663	611	192	674	821	852	164	437	747	438	168
452	499	819	513	305	196	905	816	115	304	034	599	782	986	410	415	472	656	189	483	196
250	390	096	914	061	377	507	586	092	276	945	922	184	642	279	367	424	335	457	530	696
398	721	245	840	900	950	898	607	535	418	308	986	176	610	714	893	594	344	776	766	482
665	664	336	617	508	050	744	986	351	339	809	046	243	729	742	779	939	393	315	318	878
762	190	326	620	230	078	242	081	773	546	924	083	432	096	238	759	890	707	528	556	384
129	986	917	445	813	989	636	403	172	767	270	359	710	795	793	314	885	549	780	176	702
959	368	260	117	846	266	108	786	758	506	607	693	534	751	485	160	776	956	323	814	812
290	427	897	612	881	277	622	682	548	790	077	931	829	971	223	655	217	486	112	001	262
247	318	808	604	436	867	991	930	657	562	775	707	939	080	094	471	309	122	709	052	903
518	372	956	993	748	289	145	661	504	698	315	987	065	462	153	533	840	943	178	261	543
267	112	758	656	417	909	282	318	659	669	238	890	420	624	211	161	941	426	642	317	613
101	652	665	596	818	713	561	009	987	947	436	873	896	505	915	564	621	660	292	756	727
755	526	579	626	536	676	309	408	443	139	637	359	197	857	774	495	454	074	200	550	719
438	470	404	670	439	758	250	849	174	713	892	642	626	405	381	831	339	339	949	910	054
917	838	746	389	391	802	876	197	378	535	075	925	618	154	779	328	488	765	096	920	976
455	276	491	685	311	966	693	465	761	087	476	788	858	340	318	939	193	232	554	359	483
699	212	709	908	930	909	750	615	172	627	799	311	066	891	211	568	934	074	909	825	547
030	459	184	688	164	163	203	138	871	511	110	106	155	758	952	657	943	031	741	873	837
396	136	227	786	301	209	216	173	295	215	426	965	967	845	954	244	610	187	671	925	209
408	337	673	941	234	093	369	374	036	086	428	912	217	000	274	803	305	348	409	591	270
726	475	777	330	235	223	863	579	685	834	216	366	130	482	684	301	151	881	043	684	755
709	173	719	795	737	087	883	735	359	613	562	906	020	090	277	384	424	256	048	884	423
520	619	825	460	297	739	140	868	063	083	053	611	527	286	739	487	223	481	422	275	483
512	631	228	540	199	372	056	189	492	772	684	195	647	890	179	858	157	798	529	624	285
509	481	685	303	784	379	360	269	313	023	406	353	164	346	159	713	562	447	813	758	723
713	657	518	298	293	950	729	057	453	710	600	179	761	401	027	172	685	733	074	212	005

工作抽查观测时刻对照表

表3-16

Time	No.	Time	No.	Time	No.	Time	No.	Time	No.	Time	No.	Time	No.
6:00	001		043	7:25	085		127		169		211		253
	002		044		086		128	8:50	170		212		254
	003	6:45	045		087		129		171		213	10:15	255
	004		046		088	8:10	130		172		214		256
6:05	005		047		089		131		173	9:35	215		257
	006		048	7:30	090		132		174		216		258
	007		049		091		133	8:55	175		217		259
	008	6:50	050		092		134		176		218	10:20	260
	009		051		093	8:15	135		177		219		261
6:10	010		052		094		136		178	9:40	220		262
	011		053	7:35	095		137		179		221		263
	012		054		096		138	9:00	180		222		264
	013	6:55	055		097		139		181		223	10:25	265
	014		056		098	8:20	140		182		224		266
6:15	015		057		099		141		183	9:45	225		267
	016		058	7:40	100		142		184		226		268
	017		059		101		143	9:05	185		227		269
	018	7:00	060		102		144		186		228	10:30	270
	019		061		103	8:25	145		187		229		271
6:20	020		062		104		146		188	9:50	230		272
	021		063	7:45	105		147		189		231		273
	022		064		106		148	9:10	190		232		274
	023	7:05	065		107		149		191		233	10:35	275
	024		066		108	8:30	150		192		234		276
6:25	025		067		109		151		193	9:55	235		277
	026		068	7:50	110		152		194		236		278
	027		069		111		153	9:15	195		237		279
	028	7:10	070		112		154		196		238	10:40	280
	029		071		113	8:35	155		197		239		281
6:30	030		072		114		156		198	10:00	240		282
	031		073	7:55	115		157		199		241		283
	032		074		116		158	9:20	200		242		284
	033	7:15	075		117		159		201		243	10:45	285
	034		076		118	8:40	160		202		244		286
6:35	035		077		119		161		203	10:05	245		287
	036		078	8:00	120		162		204		246		288
	037		079		121		163	9:25	205		248		289
	038	7:20	080		122		164		206		248	10:50	290
	039		081		123	8:45	165		207		249		291
6:40	040		082		124		166		208	10:10	250		292
	041		083	8:05	125		167		209		251		293
	042		084		126		168	9:30	210		252		294

续上表

Time	No.	Time	No.	Time	No.	Time	No.	Time	No.	Time	No.	Time	No.
10:55	295		337		379		421		463	14:25	505		547
	296		338	12:20	380		422		464		506		548
	297		339		381		423	13:45	465		507		549
	298	11:40	340		382		424		466		508	15:10	550
	299		341		383	13:05	425		467		509		551
11:00	300		342		384		426		468	14:30	510		552
	301		343	12:25	385		427		469		511		553
	302		344		386		428	13:50	470		512		554
	303	11:45	345		387		429		471		513	15:15	555
	304		346		388	13:10	430		472		514		556
11:05	305		347		389		431		473	14:35	515		557
	306		348	12:30	390		432		474		516		558
	307		349		391		433	13:55	475		517		559
	308	11:50	350		392		434		476		518	15:20	560
	309		351		393	13:15	435		477		519		561
11:10	310		352		394		436		478	14:40	520		562
	311		353	12:35	395		437		479		521		563
	312		354		396		438	14:00	480		522		564
	313	11:55	355		397		439		481		523	15:25	565
	314		356		398	13:20	440		482		524		566
11:15	315		357		399		441		483	14:45	525		567
	316		358	12:40	400		442		484		526		568
	317		359		401		443	14:05	485		527		569
	318	12:00	360		402		444		486		528	15:30	570
	319		361		403	13:25	445		487		529		571
11:20	320		362		404		446		488	14:50	530		572
	321		363	12:45	405		447		489		531		573
	322		364		406		448	14:10	490		532		574
	323	12:05	365		407		449		491		533	15:35	575
	324		366		408	13:30	450		492		534		576
11:25	325		367		409		451		493	14:55	535		577
	326		368	12:50	410		452		494		536		578
	327		369		411		453	14:15	495		537		579
	328	12:10	370		412		454		496		538	15:40	580
	329		371		413	13:35	455		497		539		581
11:30	330		372		414		456		498	15:00	540		582
	331		373	12:55	415		457		499		541		583
	332		374		416		458	14:20	500		542		584
	333	12:15	375		417		459		501		543	15:45	585
	334		376		418	13:40	460		502		544		586
11:35	335		377		419		461		503	15:05	545		587
	336		378	13:00	420		462		504		546		588

续上表

Time	No.	Time	No.	Time	No.	Time	No.	Time	No.	Time	No.	Time	No.
	589		608		627		646	17:05	665		684		703
15:50	590		609		628		647		666	17:25	685		704
	591	16:10	610		629		648		667		686	17:45	705
	592		611	16:30	630		649		668		687		706
	593		612		631	16:50	650		669		688		707
	594		613		632		651	17:10	670		689		708
15:55	595		614		633		652		671	17:30	690		709
	596	16:15	615		634		653		672		691	17:50	710
	597		616	16:35	635		654		673		692		711
	598		617		636	16:55	655		674		693		712
	599		618		637		656	17:15	675		694		713
16:00	600		619		638		657		676	17:35	695		714
	601	16:20	620		639		658		677		696	17:55	715
	602		621	16:40	640		659		678		697		716
	603		622		641	17:00	660		679		698		717
	604		623		642		661	17:20	680		699		718
16:05	605		624		643		662		681	17:40	700		719
	606	16:25	625		644		663		682		701	18:00	720
	607		626	16:45	645		664		683		702		

然后在表 3-15 中自上而下或者自左至右任意选 3 个相邻的 3 位数,比如在第 1 行中自左至右任取相邻的 3 个 3 位数"718"、"057"、"239"。将此 3 个 3 位数中各取一个数码组成一个新的 3 位数。比如在"718"中取第 2 位数"1",在"057"中取第 3 位数"7",在"239"中取第一个数"2",新的一个 3 位数则为"172"。于是,以"172"查表 3-16,得一个与此相应的观察时刻 8:52,此时刻即为一次的观察时刻,也就是说 8:52 时要观察一次。这样就确定了一次观察时刻。第 2 个观察时刻,以及其他各次观察时刻的确定都要重复上述步骤,先组成一个新的 3 位数,然后在表 3-16 中查到对应的观察时刻。为了突出它的随机性,所以这里要注意的是:

(1)第一次在表 3-15 中取 3 个相邻的 3 位数时是自左至右的,则以后各次选取也都应自左至右选取;如果第一次是自上而下选取一个相邻的 3 位数时,则以后各次都要自上而下选取。

(2)组成新的一个 3 位数时,组合的形式应先后一致,如上面所述第一个新的 3 位数的顺序是以第 2 位数码,第 3 位数码和第 1 位数码组成,则组成以后各个新的 3 位数时,均应采用这样数据排列顺序。

本题要求每天观察 10 次,所以要在表 3-15 中选取 10 组 3 个相邻 3 位数,并按规则组成 10 个新的 3 位数。

若我们已组成了 10 个新的 3 位数,见表 3-17:用数码从表 3-16 中分别查找对应的时刻,最后按观察时刻的先后顺序排列,即可顺次地进行观察。

其他 29 个工作日的观察时刻,也可按此方法确定。

观察时刻表 表3-17

次数	数码	观察时刻	次数	数码	观察时刻
1	172	8:52	6	603	16:03
2	283	10:43	7	199	9:19
3	310	11:10	8	444	13:24
4	448	13:28	9	424	13:04
5	230	9:50	10	627	16:27

四、施工定额的编制

1. 劳动定额的编制方法

时间定额和产量定额是劳动定额的两种表现形式。因为时间定额与产量定额互成倒数,拟定出时间定额,也就可以计算出产量定额。

1)技术测定方法

通过计时观察资料,可以经过统计分析获得某工序的各种必需消耗时间和完成的工序计量单位的工程量,工序计量单位可能是 m,也可能是 m^2,或者是 m^3 等。时间定额就是完成定额计量单位的工程量所需要消耗的基本工作时间、辅助工作时间、不可避免中断时间、准备与结束工作时间及休息时间之和。根据工序性质不同,定额计量单位的工程量可能是 1m、10m、100m,也可能是 $1m^2$、$10m^2$、$100m^2$,或者是 $1m^3$、$10m^3$、$100m^3$ 等,通常是工序计量单位的 1 倍、10 倍、100 倍。公路工程劳动定额的时间为工日。

(1)根据必需消耗时间测定结果。对施工过程进行计时观察后,对测时数据进行整理,对工作时间进行分类,分别统计基本工作时间、辅助工作时间、不可避免的中断时间、准备与结束工作时间及休息时间,据此确定时间定额。

【例3-4】 人工挖土方,土质为潮湿的黏性土,按土质分类属二类土(普通土)。计时观察资料表明,挖 $1.8m^3$ 土方需消耗基本工作时间 150min,辅助工作时间占工作班延续时间的 2%,不可避免中断时间占 1%,准备与结束工作时间占工作延续时间的 2%,休息时间占延续时间的 20%。试拟定人工挖土方(普通土)每 $1m^3$ 的劳动定额。

【解】 必需消耗时间 = 基本工作时间 + 辅助工作时间 + 不可避免的中断时间 + 准备与结束工作时间 + 休息时间

设必需消耗时间为 X,则:

$$X = 150 + X(2\% + 1\% + 2\% + 20\%)$$
$$X = 150 \div [1 - (2\% + 1\% + 2\% + 20\%)] = 200 \text{min}$$

时间定额为: $200 \div 60 \div 8 \div 1.8 \approx 0.231$ 工日$/m^3$

产量定额 = 1 ÷ 时间定额 = $1 \div 0.231 \approx 4.329 m^3$/工日

(2)利用工时规范。基本工作时间在必需消耗的工作时间中占的比重最大。在确定基本工作时间时,必须细致、精确。因此,对一些施工过程重点就基本工作时间进行计时观察,并分析确定,而辅助工作和准备与结束工作、不可避免的中断、休息时间可采用已有的工时规范或经验数据计算确定。

木作工程各类辅助工作时间的比例见表3-18。

木作工程各类辅助工作时间的比例　　　　　表3-18

工作项目	占工序作业时间的比例(%)	工作项目	占工序作业时间的比例(%)
磨刨刀	12.3	磨线刨	8.3
磨槽刨	5.9	锉锯	8.2
磨凿子	3.4		

建筑工程准备与结束工作、休息、不可避免中断时间的比例见表3-19。

准备与结束、休息、不可避免中断时间占工作班时间的比例　　　　　表3-19

序号	时间分类 工种	准备与结束时间占工作时间的比例(%)	休息时间占工作时间的比例(%)	不可避免的中断时间占工作时间的比例(%)
1	材料运输及材料加工	2	13~16	2
2	人力土方工程	3	13~16	2
3	架子工程	4	12~15	2
4	砖石工程	5	10~13	4
5	抹灰工程	6	10~13	3
6	手工木作工程	4	7~10	3
7	机械木作工程	3	4~7	3
8	模板工程	5	7~10	3
9	钢筋工程	4	7~10	4
10	现浇混凝土工程	6	10~13	3
11	预制混凝土工程	4	10~13	2
12	防水工程	5	25	3
13	油漆玻璃工程	3	4~7	2
14	钢制品制作及安装工程	4	4~7	2
15	机械土方工程	2	4~7	2
16	石方工程	3	13~16	2
17	机械打桩工程	6	10~13	3
18	构件运输及吊装工程	6	10~13	3
19	水暖电气工程	5	7~10	3

根据以上工时规范的表现形式,利用工时规范计算劳动定额的时间定额的计算公式有:

$$工序作业时间 = 基本工作时间 + 辅助工作时间$$

$$= \frac{基本工作时间}{1 - 辅助时间所占时间百分比} \quad (3-26)$$

$$规范时间 = 准备与结束工作时间 + 不可避免的中断时间 + 休息时间 \quad (3-27)$$

$$定额时间 = \frac{工序作业时间}{1 - 规范时间所占百分比} \quad (3-28)$$

【例 3-5】 测定现浇混凝土木模板制作 1m² 的基本工作时间为 160min。试按工时规范确定其劳动定额。

【解】 现浇混凝土木模板制作属于木作工程,除了基本工作外,辅助工作就是磨刨刀,查表 3-18 得木作工程中磨刨刀时间占工序作业时间的 12.3%,则有:

$$\text{工序作业时间} = \text{基本工作时间} \div (1 - \text{辅助时间所占百分比})$$
$$= 160 \div (1 - 12.3\%) \approx 182\text{min}$$

查表 3-19 可知,手工木作工程准备与结束时间占工作班时间 4%,不可避免的中断时间占 3%,休息时间占 8%,则:

$$\text{定额时间} = \text{工序作业时间} \div (1 - \text{规范时间所占百分比})$$
$$= 182 \div [1 - (4\% + 3\% + 8\%)] \approx 214\text{min}$$

所以,现浇混凝土木模板制作 1m² 的劳动定额为:

$$\text{时间定额} = 214 \div 60 \div 8 \approx 0.45 \text{ 工日/m}$$
$$\text{产量定额} = 1 \div 0.45 \approx 2.22\text{m}^2/\text{工日}$$

劳动定额的测定方法除计时观察法外,尚有经验估计法和统计分析法,可作为研究时间消耗的补充和比较方法。

2) 经验估计法(也称经验估工法)

该方法简单、速度快,但易受参加制订人员主观因素和局限性影响,使制订的定额出现偏高或偏低现象。经验估计法的数据选定方法如下:

设 M 为所需的平均时间,则:

$$M = \frac{a + 4c + b}{6} \tag{3-29}$$

式中: a ——较短时间;

b ——较长时间;

c ——一般时间。

相应的方差为:

$$\sigma^2 = \frac{1}{2}\left[\left(\frac{a+4c+b}{6} - \frac{a+2c}{3}\right)^2 + \left(\frac{a+4c+b}{6} + \frac{2c+b}{3}\right)^2\right]$$
$$= \left(\frac{b-a}{6}\right)^2 \tag{3-30}$$

标准偏差为:

$$\sigma = \frac{b-a}{6} \tag{3-31}$$

σ 值越大,说明数据越分散;σ 值越小,说明数据越集中。

工时定额为 T,则:

$$T = M + \sigma\lambda \tag{3-32}$$

或

$$\lambda = \frac{T - M}{\sigma} \tag{3-33}$$

λ 为标准离差系数,从正态分布表(表 3-20)中可以查到对应于 λ 值的概率 $P(\lambda)$。$P(\lambda)$ 值表示该项目在给定额工时消耗 T 的情况下完成的可能性程度。

正态分布的标准离差系数 λ 值与概率 $P(\lambda)$ 表3-20

λ	$P(\lambda)$	λ	$P(\lambda)$	λ	$P(\lambda)$	λ	$P(\lambda)$
0.0	0.5	-1.3	0.10	0.0	0.50	1.3	0.90
-0.1	0.46	-1.4	0.08	0.1	0.54	1.4	0.92
-0.2	0.42	-1.5	0.07	0.2	0.58	1.5	0.93
-0.3	0.38	-1.6	0.05	0.3	0.62	1.6	0.95
-0.4	0.34	-1.7	0.04	0.4	0.66	1.7	0.96
-0.5	0.31	-1.8	0.04	0.5	0.69	1.8	0.96
-0.6	0.27	-1.9	0.03	0.6	0.73	1.9	0.97
-0.7	0.24	-2.0	0.02	0.7	0.76	2.0	0.98
-0.8	0.21	-2.1	0.02	0.8	0.79	2.1	0.98
-0.9	0.18	-2.2	0.01	0.9	0.82	2.2	0.99
-1.0	0.16	-2.3	0.01	1.0	0.84	2.3	0.99
-1.1	0.14	-2.4	0.01	1.1	0.86	2.4	0.99
-1.2	0.12	-2.5	0.01	1.2	0.88	2.5	0.99

【例3-6】 已知完成某项任务的较短时间为6h,较长时间为14h,一般时间为7h。试问:要使完成任务的可能性为31%,即有31%工人可达到这一水平,则下达工时定额应为多少小时?

【解】

$$M = \frac{a + 4c + b}{6} = \frac{6 + 4 \times 7 + 14}{6} = 8\text{h}$$

$$\sigma = \frac{b - a}{6} = \frac{14 - 6}{6} \approx 1.3$$

$P(\lambda) = 0.31$,查表3-20,$\lambda = -0.5$

$$T = M + \sigma\lambda = 8 + 1.3 \times (-0.5) = 7.35\text{h}$$

如果实际收集的时间消耗数据是 n 个,可以首先把个别误差很大的数据去掉,然后将留下的数据从小到大排队,划分为三个区间,再分别求出各区间中的算术平均值,作为三个估计数 a、c、b。

3) 统计分析法

该法以积累的大量统计资料为基本依据,这些资料提供数据的准确性和真实性直接影响到定额的精度。凡是施工条件比较正常、定额比较稳定、原始资料比较真实的单位,采用统计分析法比采用经验估计法科学和先进。

用统计分析法制订定额时,其平均实耗工时可按下式计算:

$$M = \frac{\sum_{i=1}^{n} t_i}{n} \tag{3-34}$$

式中:t_i——统计资料所提供的完成单位合格产品的实耗时间;

n——提供数据中的数值个数。

将小于平均实耗工时 M 的 n' 个数据挑出来,计算平均值,即先进平均的实耗工时。

$$M' = \frac{\sum_{i=1}^{n'} t_i}{n'} \tag{3-35}$$

那么,平均先进定额为:

$$\text{平均先进定额} = \frac{\text{平均实耗工时} + \text{先进平均的实耗工时}}{2} \tag{3-36}$$

【例3-7】 某单位产品在12个月的实耗工时统计资料分别为:12、13、11、14、10、12、13、12、11、13、12、10。试求产品的平均实耗工时和平均先进定额。

【解】
$$\text{平均实耗工时} = \sum_{i=1}^{n} t_i \approx 11.92\text{h}$$

$$\text{先进平均的实耗工时} = \frac{11+10+11+10}{4} \approx 10.5\text{h}$$

$$\text{平均先进定额} = \frac{11.92 + 10.5}{2} \approx 11.21\text{h}$$

如果把统计分析法和经验估计法的概率估计方法结合起来,可以更加科学地掌握定额水平,使之先进合理。

首先,利用施工积累资料按统计分析法计算平均实耗工时 M,并计算出标准偏差 σ:

$$\sigma = \sqrt{\frac{\sum_{i=2}^{n}(M-t_i)^2}{n}} \tag{3-37}$$

再拟定完成定额的概率 $P(\lambda)$(小于0.5),查表3-20得 λ,按经验估计法计算定额时间 T。

2. 机械定额的编制方法

编制机械消耗定额时,通常先确定产量定额,再计算时间定额。

(1)确定机械1h纯工作正常生产率

机械纯工作时间,就是指机械的必须消耗时间。机械1h纯工作正常生产率,就是在正常施工组织条件下,具有必需的知识和技能的技术工人操纵机械1h的生产率。根据机械工作特点的不同,机械1h纯工作正常生产率的确定方法也有所不同。

①对于循环动作机械,确定机械1h纯工作正常生产率的计算公式如下:

$$\text{机械一次循环的正常延续时间} = \sum(\text{循环个组成部分正常延续时间}) - \text{交叠时间} \tag{3-38}$$

$$\text{机构1h纯工作循环次数} = \frac{60 \times 60}{\text{一次循环的正常延续时间}} \tag{3-39}$$

$$\text{机械1h纯工作正常生产率} = \text{机械1h纯工作循环次数} \times \text{一次循环生产的产品数量} \tag{3-40}$$

②对于连续动作机械,确定机械1h纯工作正常生产率要根据机械的类型和结构特征,以及工作过程的特点来进行。其计算公式如下:

$$\text{连续动作机械1h纯工作正常生产率} = \frac{\text{工作时间内生产的产品数量}}{\text{工作时间}} \tag{3-41}$$

工作时间内的产品数量和工作时间的消耗,要通过多次现场观察和机械说明书来取得数据。

(2)确定施工机械的正常利用系数

在一个工作班内,除了机械纯工作时间,还有正常状况下的准备与结束工作、机械启动、机械维护等工作所必需消耗的时间以及机械有效工作的开始与结束时间。

施工机械的正常利用系数,是指机械在工作班内对工作时间的利用率。机械的利用系数和机械在工作班内的工作状况有着密切的关系。所以,要确定机械的正常利用系数,首先要拟订机械工作班的正常工作状况,保证合理利用工时。机械正常利用系数的计算公式如下:

$$\text{机械正常利用系数} = \frac{\text{机械在一个工作班内纯工作时间}}{\text{一个工作班延续时间(8h)}} \quad (3\text{-}42)$$

(3)计算施工机械定额

计算施工机械定额是编制机械定额工作的最后一步。在确定了机械工作正常条件、机械1h纯工作正常生产率和机械正常利用系数之后,采用下列公式计算施工机械的产量定额:

$$\text{机械台班产量定额} = \text{机械1h纯工作正常生产率} \times \text{工作班纯工作时间} \quad (3\text{-}43)$$

或

$$\text{机械台班产量额定} = \text{机械1h纯工作正常生产率} \times \text{工作班延续时间} \times \text{机械正常利用系数}$$
$$(3\text{-}44)$$

$$\text{机械时间定额} = \frac{1}{\text{机械台班产量定额}} \quad (3\text{-}45)$$

【例3-8】 某工程现场采用出料容量为250L的混凝土搅拌机,每一次循环中,装料、搅拌、卸料、中断需要的时间分别为1min、3min、1min、1min,机械正常利用系数为0.9。试求该机械定额。

【解】

$$\text{该搅拌机一次循环的正常延续时间} = 1 + 3 + 1 + 1 = 6\text{min}$$
$$\text{该搅拌机1h纯工作循环次数} = 60 \div 6 = 10 \text{次}$$
$$\text{该搅拌机1h纯工作正常生产率} = 10 \times 250 = 2500\text{L} = 2.5\text{m}^3$$
$$\text{该搅拌机台班产量定额} = 2.5 \times 8 \times 0.9 = 18\text{m}^3/\text{台班}$$
$$\text{该搅拌机时间定额} = 1 \div 18 \approx 0.056 \text{台班}/\text{m}^3$$

3. 材料定额的编制方法

1)材料的分类

合理确定材料消耗定额,必须研究和区分材料在施工过程中的类别。

(1)根据材料消耗的性质划分,施工中材料的消耗按性质可分为必需消耗的材料和损失的材料两类。

必需消耗的材料,是指在合理用料的条件下,生产合格产品所需消耗的材料。它包括:直接用于建筑和安装工程的材料;不可避免的施工废料;不可避免的材料损耗。必需消耗的材料属于施工正常消耗,是确定材料消耗定额的基本数据。其中,直接用于建筑和安装工程的材料,编制材料净用量定额;不可避免的施工废料和材料损耗,编制材料损耗定额。

(2)根据材料消耗与工程实体的关系划分,施工中的材料可分为实体材料和非实体材料两类。

①实体材料。是指直接构成工程实体的材料。它包括工程直接性材料和辅助材料。工

程直接性材料主要是指一次性消耗、直接用于工程上构成建筑物或结构本体的材料,如钢筋混凝土柱中的钢筋、水泥、砂、碎石等;辅助性材料主要是指虽也是施工过程中所必需的却并不构成建筑物或结构本体的材料,如土石方爆破工程中所需的炸药、引信、雷管等。主要材料用量大,辅助材料用量少。

②非实体材料。是指在施工中必须使用但又不能构成工程实体的施工措施性材料。非实体材料主要是指周转性材料,如模板、脚手架等。

2)确定材料消耗定额的基本方法

确定实体材料的净用量定额和材料损耗定额的计算数据,是通过现场技术测定、试验室试验、现场统计和理论计算等方法获得的。

(1)现场技术测定法。又称为观测法,是根据对材料消耗过程的测定与观察,通过完成产品数量和材料消耗量的计算而确定各种材料消耗定额的一种方法。现场技术测定法主要适用于确定材料损耗量,因为该部分数值用统计法或其他方法较难得到。通过现场观察,还可以区别出哪些是可以避免的损耗,哪些是难以避免的损耗,明确定额中不应列入的可以避免的损耗。

(2)试验室试验法。主要用于编制材料净用量定额。通过试验,能够对材料的结构、化学成分和物理性能以及按强度等级控制的混凝土、砂浆、沥青、油漆等配比做出科学的结论,给编制材料消耗定额提供有技术根据的、比较精确的计算数据。其缺点在于无法估计到施工现场某些因素对材料消耗量的影响。

(3)现场统计法。是以施工现场积累的分部分项工程使用材料数量、完成产品数量、完成工作原材料的剩余数量等统计资料为基础,经过整理分析,获得材料消耗的数据。这种方法由于不能分清材料消耗的性质,因而不能作为确定材料净用量定额和材料损耗定额的依据,只能作为编制定额的辅助性方法使用。

上述三种方法的选择必须符合国家有关标准规范,即材料的产品标准,计量要使用标准容器和称量设备,质量符合施工验收规范要求,以保证获得可靠的定额编制依据。

(4)理论计算法。是指运用一定的数学公式计算材料消耗定额。

3)周转材料消耗定额的编制

周转材料,顾名思义,就是多次周而复始地重复进行使用的材料,周转材料只包括木料、铁件、铁钉、铁丝、钢丝绳以及钢结构等几种材料。如工程中的模板、脚手架等,它只在施工生产过程中参与工程的修建,而不构成工程的主要实体。但由于公路工程的结构形式不一、情况各异,所以能充分周转使用的次数也不尽相同,这是在实际工作中比较难以确定的一个参数。通常,以实际施工生产经验资料,结合工程的具体情况,在适当留有余地的基础上,分别对各种周转材料预计可能达到的周转次数,以此计算确定周转材料的消耗定额。公路工程中各种材料的周转及摊销次数,一般通过施工实践测定。

综上所述,各种材料的周转及摊销定额,可按下式进行计算:

$$Q = \frac{A(1+k)}{nV} \tag{3-46}$$

式中:Q——周转材料的单位定额用量(m^3 或 kg/m^3);

A——周转材料的图纸总用量,如一套模板等的总量(kg 或 m^3);

k——场内运输及操作损耗(%),可通过施工实践测定;

n——周转及摊销次数；

V——工程设计实体(m^3)。

所以,编制周转材料的消耗定额,基本上是以设计图纸或施工图纸为依据的。首先计算出建筑工程的体积和各种周转材料的图纸一次使用量,然后按实测的周转及摊销次数进行计算。

4. 施工定额制订案例

【例 3-9】 人工挖路基土方,土壤为普通土,挖 $1m^3$ 需消耗基本工作时间 60min,辅助工作时间占工作班连续时间的 2%,准备与结束工作时间占工作班连续时间的 2%,不可避免的中断时间占工作班连续时间的 1%,休息时间占工作班连续时间的 15%。

问题:(1)计算人工挖普通土劳动定额的时间定额。

(2)计算人工挖普通土劳动定额的产量定额。

【解】

(1)时间定额:

假定完成 $1m^3$ 普通土开挖需要的工作班延续时间为 x

则:$x = 60 + 2\%x + 2\%x + 1\%x + 15\%x$

$x = 60 \div (1 - 2\% - 2\% - 1\% - 15\%) = 75\text{min}$

若每工日按 8h 计算,则人工挖 $1m^3$ 普通土需要的时间定额为:

$x \div 60 \div 8 = 75 \div 60 \div 8 = 0.15625$ 工日$/m^3$

(2)产量定额 = 1 ÷ 时间定额 = 1 ÷ 0.15625 = 6.40 m^3/工日

【例 3-10】 某混凝土工程的观察测时,对象是 6 名工人,符合正常的施工条件,整个工程完成的工程量为 $32m^3$ 混凝土。基本工作时间 300min,因没有水泥而停工时间 15min,因停电耽误时间 12min,辅助工作时间占基本工作时间的 1%,准备结束时间为 20min,工人上班迟到时间 8min,不可避免中断时间测时为 10min,休息时间占定额时间的 20%,下班早退时间 5min。

问题:试计算时间定额和产量定额。

【解】

(1)设定额时间为 x,则有

$x = 300 + 300 \times 1\% + x \times 20\% + 20 + 10$

$x = 416.25$

时间定额 $= \dfrac{416.25 \times 6}{60 \times 8 \times 32} = 0.163$ 工日$/m^3$

(2)产量定额 $= \dfrac{1}{0.163} = 6.135 m^3/$工日

【例 3-11】 用工作量写实法,确定钢筋工程施工定额中的劳动定额。已知准备机具等消耗时间 10min,钢筋切断消耗时间 30min,钢筋弯曲消耗时间 20min,调直钢筋消耗时间 52min,焊接成型消耗时间 350min,操作过程中由于供料不足停工 20min,由于停电造成停工 5min,操作完成后清理工作消耗 8min。

问题:(1)计算钢筋施工所消耗的基本工作时间。

(2)计算钢筋施工所消耗的定额时间。

(3)若在上述时间内完成的钢筋数量为 1.25t,参加施工的人员为 5 人,试计算劳动定额。

【解】

(1)计算基本工作时间。基本工作时间等于调直、切断、弯曲、焊接成型所消耗的时间之和,即:

$$30 + 20 + 52 + 350 = 452\text{min}$$

(2)计算定额时间。定额时间等于基本工作、辅助工作、准备与结束、不可避免中断和休息时间之和,即:

$$452 + 10 + 8 = 470\text{min}$$

(3)计算劳动定额。由于停电造成的停工属于非施工本身造成的停工时间,在确定定额时不予考虑;而由于供料不足造成的停工时间属于施工本身造成的停工时间,在确定定额时不应考虑;由于重新焊接消耗的时间并不能增加产品数量,属于多余的时间损失,在确定定额时也不应考虑。

因此,钢筋施工的时间定额为:$470 \div 60 \div 8 \times 5 \div 1.25 = 3.917$ 工日/t

其产量定额为:$1 \div 3.917 = 0.255$ t/工日

【例 3-12】 用测时法进行人工挖基坑土方定额的测定,现场测定情况如表 3-21 所示。

现场测定情况表 表 3-21

观察项目	工种	时间产量	观察资料			
			第1次	第2次	第3次	第4次
挖土出坑	普通工	工人数量	7	11	6	8
		耗时(min)	446	258	262	368
		产量(m³)	27	24.1	13.5	25.2
清理整修坑底、坑壁	普通工	工人数量	7	5	6	4
		耗时(min)	25	26	28	20
		产量(m³)	35	25	30	15
手推车运 20m	普通工	工人数量	7	8	6	4
		耗时(min)	110	120	121	128
		产量(m³)	19.8	25.9	18.7	13.4

假定基坑体积为 75m³,清理整修坑底、坑壁面积为 36m³,运土体积为回填后多余的土体,体积为 32m³,不考虑运土便道。据经验,估计非工作耗时(指准备工作时间、合理中断和休息及结束整理时间)占定额时间的 15%。

问题:请用上述资料计算人工挖基坑土方的劳动定额,定额单位取 10m³。工作内容为:
人工挖、装基坑土方并运出坑外,20m 内弃土,清理基底、坑壁。

第三章 定额编制

【解】 (1)按加权平均的方法计算：
①计算挖土出坑的定额时间。
挖土出坑基本时间耗时：
$(7 \times 446 + 11 \times 258 + 6 \times 262 + 8 \times 368) \div (27 + 24.1 + 13.5 + 25.2) = 116.659 \text{min/m}^3$
挖土出坑定额时间耗时：
$$116.659 \div (1 - 15\%) = 137.246 \text{min/m}^3$$
②计算清理整修坑底、坑壁的定额时间。
清理整修坑底、坑壁基本时间耗时：
$$(7 \times 25 + 5 \times 26 + 6 \times 28 + 4 \times 20) \div (35 + 25 + 30 + 15) = 5.267 \text{min/m}^3$$
清理整修坑底、坑壁定额时间耗时：
$$5.267 \div (1 - 15\%) = 6.196 \text{min/m}^3$$
③计算手推车运土的定额时间。
手推车运土基本时间耗时：
$(7 \times 110 + 8 \times 120 + 6 \times 121 + 4 \times 128) \div (19.8 + 25.9 + 18.7 + 13.4) = 38.149 \text{min/m}^3$
手推车运土定额时间耗时：
$$38.149 \div (1 - 15\%) = 44.881 \text{min/m}^3$$
④计算挖基坑土方的劳动定额。
挖基坑定额时间：
$$137.246 \times 75 + 6.196 \times 36 + 44.881 \times 32 = 11952.698 \text{min/m}^3$$
挖基坑的劳动定额：
$$11952.698 \div 60 \div 8 \div 75 \times 10 = 3.320 \text{ 工日}/10\text{m}^3$$
(2)按算术平均的方法计算
①计算挖土出坑的定额时间。
挖土出坑基本时间耗时：
$(7 \times 446 \div 27 + 11 \times 258 \div 24.1 + 6 \times 262 \div 13.5 + 8 \times 368 \div 25.2) \div 4 = 116.665 \text{min/m}^3$
挖土出坑定额时间耗时：
$$116.665 \div (1 - 15\%) = 137.253 \text{min/m}^3$$
②计算清理整修坑底、坑壁的定额时间。
清理整修坑底、坑壁基本时间耗时：
$$(7 \times 25 \div 35 + 5 \times 26 \div 25 + 6 \times 28 \div 30 + 4 \times 20 \div 15) \div 4 = 5.283 \text{min/m}^3$$
清理整修坑底、坑壁定额时间耗时：
$$5.2683 \div (1 - 15\%) = 6.216 \text{min/m}^3$$
③计算手推车运土的定额时间。
手推车运土基本时间耗时：
$(7 \times 110 \div 19.8 + 8 \times 120 \div 25.9 + 6 \times 121 \div 18.7 + 4 \times 128 \div 13.4) \div 4 = 38.247 \text{min/m}^3$
手推车运土定额时间耗时：
$$38.247 \div (1 - 15\%) = 44.996 \text{min/m}^3$$
④计算挖基坑土方的劳动定额。

挖基坑定额时间：
$$137.253 \times 75 + 6.216 \times 36 + 44.996 \times 32 = 11957.623 \text{min/m}^3$$
挖基坑的劳动定额：
$$11957.623 \div 60 \div 8 \div 75 \times 10 = 3.322 \text{ 工日}/10\text{m}^3$$

【例 3-13】 用工作日写实法测算某项工程的测时数据如表 3-22 所示。

某项工程测时数据　　　　　　　　　　表 3-22

项目	测时编号									
	1	2	3	4	5	6	7	8	9	10
工作量(件)	15	24	30	20	10	15	20	40	20	25
耗时(h)	20.4	25.2	26.4	39.8	17.7	18.6	18.8	28.8	21.4	21.5

问题：(1)计算该工作完成一件产品的平均实耗工时和平均先进实耗工时。

(2)假定非工作耗时(指准备工作时间、合理中断、休息时间及结束整理时间)占定额时间的 15%，请确定施工定额(计算时均取 3 位小数)。

【解】
(1)完成每件产品的耗时如表 3-23 所示。

计算每件产品的耗时　　　　　　　　　　表 3-23

项目	测时编号									
	1	2	3	4	5	6	7	8	9	10
完成每件产品耗时(h)	1.36	1.05	0.88	1.99	1.77	1.24	0.94	0.72	1.07	0.86

(2)完成每件产品的平均耗时：
$$(1.36 + 1.05 + 0.88 + 1.99 + 1.77 + 1.24 + 0.94 + 0.72 + 1.07 + 0.86) \div 10 = 1.188\text{h}$$
(3)完成每件产品的先进平均耗时：
$$(1.05 + 0.88 + 0.94 + 0.72 + 1.07 + 0.86) \div 6 = 0.92\text{h/件}$$
(4)完成每件产品的平均先进耗时：
$$(1.188 + 0.92) \div 2 = 1.054\text{h/件}$$
(5)完成每件产品的施工定额：
$$1.054 \div (1 - 15\%) \div 8 = 0.155 \text{ 工日/件}$$

【例 3-14】 某工作用经验估计法测定定额,聘请了 10 名有各种经验的专家对每完成 1 件产品进行背对背调查,调查结果经初步分析如表 3-24 所示。

调查结果　　　　　　　　　　表 3-24

项目	时间消耗较少的组			时间消耗中等的组				时间消耗较多的组		
专家	1	2	3	4	5	6	7	8	9	10
时间(h)	8.4	8.6	8.8	10.4	10.6	10.8	10.2	15.4	15.6	15.8

问题：根据上述资料,用经验估计法编制施工定额的劳动消耗定额,定额水平为平均先进水平(有 70% 的工人达不到的水平)。已知,完成工作的概率与标准离差系数见表 3-25。

完成工作的概率与标准离差系数　　　　　　　　　　　表 3-25

λ	P(λ)	λ	P(λ)	λ	P(λ)	λ	P(λ)
0.0	0.50	−1.3	0.10	0.0	0.50	1.3	0.90
−0.1	0.46	−1.4	0.08	0.1	0.54	1.4	0.92
−0.2	0.42	−1.5	0.07	0.2	0.58	1.5	0.93
−0.3	0.38	−1.6	0.05	0.3	0.62	1.6	0.95
−0.4	0.34	−1.7	0.04	0.4	0.66	1.7	0.96
−0.5	0.31	−1.8	0.04	0.5	0.69	1.8	0.96
−0.6	0.27	−1.9	0.03	0.6	0.73	1.9	0.97
−0.7	0.24	−2.0	0.02	0.7	0.76	2.0	0.98
−0.8	0.21	−2.1	0.02	0.8	0.79	2.1	0.98
−0.9	0.18	−2.2	0.01	0.9	0.82	2.2	0.99
−1.0	0.16	−2.3	0.01	1.0	0.84	2.3	0.99
−1.1	0.14	−2.4	0.01	1.1	0.86	2.4	0.99
−1.2	0.12	−2.5	0.01	1.2	0.88	2.5	0.99

【解】

(1) 计算乐观时间(a)、悲观时间(b)和正常时间(c):

$$a = (8.4 + 8.6 + 8.8)/3 = 8.6\text{h}$$
$$b = (15.4 + 15.6 + 15.8)/3 = 15.6\text{h}$$
$$c = (10.4 + 10.6 + 10.8 + 10.2)/4 = 10.5\text{h}$$

(2) 计算平均时间：$M = (8.6 + 4 \times 10.5 + 15.6)/6 = 11.03\text{h}$

(3) 计算标准偏差：$\delta = (15.6 - 8.6)/6 = 1.17$

(4) 根据题目要求有70%的工人达不到的水平，即有30%的工人能够达到的水平，查表得 $\lambda = -0.525$，则：

$$T = 11.03 + 1.17 \times (-0.525) = 10.42\text{h}$$

(5) 时间定额 = 10.42 ÷ 8 = 1.303 工日/件

产量定额 = 1 ÷ 1.303 = 0.768 件/工日

【例 3-15】 某工作用统计分析法编制定额，定额编制人员收集了前三年的施工统计资料，将施工统计资料进行了初步筛选，完成 1m³ 隧道洞内工程消耗的人工和机械的作业时间见表 3-26。

1m³ 隧道洞内工程消耗的人工和机械作业时间　　　　　　表 3-26

组数	1	2	3	4	5	6	7	8	9	10	11	12
人工(h)	24	25	23	26	27	30	36	33	35	24	35	26
机械(min)	210	223	226	258	250	261	246	268	272	221	236	246

问题：(1) 根据上述资料编制施工定额的劳动消耗定额和机械消耗定额。

(2) 结合[例 3-14]所给的概率与标准离差系数表，评价定额水平。

【解】

(1) 平均实耗工时的计算：

$$M_R = \frac{24+25+23+26+27+30+36+33+35+24+35+26}{12} = 287.67\text{h}$$

$$M_J = \frac{210+223+226+258+250+261+246+268+272+221+236+246}{12} = 243.08\text{min}$$

(2) 先进平均工时计算：

$$M'_R = \frac{24+25+23+26+27+24+26}{7} = 25\text{h}$$

$$M'_J = \frac{210+223+226+221+236}{5} = 223.2\text{min}$$

(3) 平均先进工时计算：

$$人工：\frac{28.67+25}{2} = 26.84\text{h}$$

$$机械：\frac{243.08+223.2}{2} = 233.14\text{min}$$

(4) 确定施工定额：

人工：   时间定额 $= \dfrac{26.84}{7} = 3.83$ 工日$/\text{m}^3$

产量定额 $= \dfrac{1}{3.83} = 0.26\text{m}^3/$工日

机械：   时间定额 $= \dfrac{233.14}{60 \times 7} = 0.56$ 台班$/\text{m}^3$

产量定额 $= \dfrac{1}{0.56} = 1.79\text{m}^3/$台班

(5) 计算标准偏差，评价定额水平：

由公式 $\delta = \sqrt{\dfrac{\sum_{i=1}^{n}(M-t_i)^2}{n}}$ 得：

人工： $\delta = \sqrt{\dfrac{\sum_{i=1}^{n}(M-t_i)^2}{n}} = \sqrt{\dfrac{\sum_{i=1}^{12}(28.67-t_i)^2}{12}} = 4.66$

$$\lambda = \frac{T-M}{\delta} = \frac{26.84-28.67}{4.66} = -0.39$$

查表得 $P(-0.39) = 34.4\%$，即 34.4% 的工人能够完成定额。

机械： $\delta = \sqrt{\dfrac{\sum_{i=1}^{n}(M-t_i)^2}{n}} = \sqrt{\dfrac{\sum_{i=1}^{12}(243.08-t_i)^2}{12}} = 19.13$

$$\lambda = \frac{T-M}{\delta} = \frac{233.14-243.08}{19.13} = -0.52$$

查表得 $P(-0.52) = 30.2\%$，即 30.2% 的机械能够完成定额。

由上述计算得知：34.4% 的工人能够完成定额，30.2% 的机械能够完成定额，即有 65.6% 的工人和 69.8% 的机械达不到定额水平，证明该定额水平是平均先进水平的，大多数

（60%~80%）工人要经过努力才能达到。

【例 3-16】 测算某工作的施工定额各专家的测时数据表明,完成某工作的所需时间数据如表 3-27 所示。

完成某工作所需时间　　　　　表 3-27

项目内容	组数								
	1	2	3	4	5	6	7	8	9
完成的工程量（件）	15	25	30	10	15	20	25	30	20
总时间（h）	34.5	65	81	21	33	48	68	84	50
平均时间（h）	2.3	2.6	2.7	2.1	2.2	2.4	2.72	2.8	2.5

问题：（1）求出施工定额；

（2）用较高精度的方法求出施工定额；

（3）用评价定额水平的方法求出施工定额。

【解】

（1）求施工定额。

测时数列算术平均值：

$$x = \frac{2.3+2.6+2.7+2.1+2.2+2.4+2.72+2.8+2.5}{9} = 2.48$$

时间定额：$\frac{2.48}{8} = 0.31$ 工日/件

产量定额：$\frac{1}{0.31} = 3.23$ 件/工日

（2）用较高精度的方法求出施工定额。

测时数列加权平均值：

$$\bar{x} = \frac{34.5+65+81+21+33+48+68+84+50}{15+25+30+10+15+20+25+30+20} = 2.55$$

时间定额：$\frac{2.55}{8} = 0.32$ 工日/件

产量定额：$\frac{1}{0.32} = 3.13$ 件/工日

（3）用评价定额水平的方法求出施工定额。

先进平均工时：$\frac{34.5+21+33+48+50}{15+10+15+20+20} = 2.33$

平均先进定额工时：$\frac{2.55+2.33}{2} = 2.44$

时间定额：$\frac{2.44}{8} = 0.305$ 工日/件

产量定额：$\frac{1}{0.305} = 3.28$ 件/工日

$$\delta = \sqrt{\frac{\sum_{i=1}^{n}(M-t_i)^2}{n}} = \sqrt{\frac{\sum_{i=1}^{9}(2.55-t_i)^2}{9}} = 0.24$$

$$\lambda = \frac{T-M}{\delta} = \frac{2.44-2.55}{0.24} = -0.46$$

查完成工作的概率和标准离差系数表得 $P(-0.46)=0.32$,有32%的工人可达到定额水平,有68%的工人达不到定额,证明该定额水平是平均先进,大多数(60%~80%)工人要经过努力才能达到。

【例 3-17】 用工作量写实法,确定自卸汽车运输路基土方(装载机装车)的机械定额。已知各项基础参数如表 3-28 所示。

基础参数时间消耗　　　　　　表 3-28

项目	装车时间	卸车时间	调位时间	等待时间	运行时间	
					重载	空车
时间消耗(min)	3.305	1.325	1.250	1.000	11.952	10.676

问题:(1)假定时间利用系数为 0.9,请问其循环工作时间和台班循环次数是多少?

(2)假定自卸汽车的车厢容积为 $8m^3$,每天施工 12h,每天准备机具和保养等消耗的时间为 10min,试计算其每 $1000m^3$ 时间定额。

【解】

(1)计算循环工作时间。

循环工作时间为装车、卸车、调位、等待、运行所消耗的时间之和,即:

$$3.305+1.325+1.250+1.000+11.952+10.676 = 29.508 \text{min}$$

(2)计算台班循环次数。

台班循环次数 = 台班工作时间 × 时间利用系数 ÷ 循环工作时间,即:

$$8 \times 60 \times 0.9 \div 29.508 = 14.64 \text{ 次}$$

(3)计算时间定额。

每天施工 12h,自卸汽车的循环次数:

$$(12 \times 60 - 10) \times 0.9 \div 29.508 = 21.655 \text{ 次}$$

每天完成的土方数量为:

$$21.655 \times 8 = 173.241 m^3$$

时间定额为:

$$12 \div 8 \div 173.241 \times 1000 = 8.658 \text{ 台班}/1000m^3$$

【例 3-18】 某路基土方工程,设计计算有天然密实方 $6000m^3$,采用 $0.5m^3$ 的反铲挖掘机挖土,载重量 5t 的自卸汽车运土,经现场测试的有关数据如下:

(1)假设土的松散系数为 1.2,松散状态密度为 $1.65t/m^3$;

(2)假设挖掘机的铲斗充盈系数为 1.0,每循环 1 次为 2min,机械时间利用系数为 0.85;

(3)自卸汽车每一次装卸往返需24min,时间利用系数为0.80。(注"时间利用系数"仅限于计算机系定额时使用)

问题:(1)所选挖掘机、自卸汽车的台班产量是多少?

(2)所需挖掘机、自卸汽车各多少个台班?

(3)完成1000m³天然密实土,挖掘机、自卸汽车的时间定额?

(4)如果要求在20天内完成土方工程,至少需要多少台挖掘机和自卸汽车?

【解】

(1)计算挖掘机台班产量:

每小时正常循环次数 = 60 ÷ 2 = 30 次

纯工作1小时正常生产率 = 30 × 0.5 × 1.0 = 15m³/h

时间利用系数 = 0.85

台班产量 = 8 × 0.85 × 15 = 102m³/台班

计算自卸汽车台班产量为:

每小时正常循环次数 = 60 ÷ 24 = 2.5 次

纯工作1小时正常生产率 = 2.5 × 5 ÷ 1.65 = 7.58m³/h

(注:此处注意土壤的质量与体积的换算,即1m³ = 1.65t)

时间利用系数 = 0.80

台班产量 = 8 × 0.80 × 7.58 = 48.51m³/台班

(2)所需挖掘机台班数:

6000 ÷ 102 = 58.82 台班

所需自卸汽车台班数:

6000 × 1.20 ÷ 48.51 = 148.42 台班

(注:此处注意开挖是天然密实方,而运输是按松散状态计算)

(3)每1000m³天然密实土挖掘机的时间定额:

1000 ÷ 102 = 9.804 台班/1000m³

每1000m³天然密实土自卸汽车的时间定额:

1000 × 1.20 ÷ 48.51 = 24.737 台班/1000m³

(4)求在20天内完成土方工程

需要挖掘机台数为:58.82 ÷ 20 = 2.94 台,四舍五入取3台。

需要自卸汽车台数为:148.42 ÷ 20 = 7.42 台,四舍五入取8台。

【例3-19】 某矩形混凝土板,板长10m,板宽1m,高0.4m,采用5cm厚模板预制,考虑底模,支撑用料为模板的20%,按5次周转摊销,锯材的场内运输即操作损耗为15%。

问题:试计算该混凝土板每10m³实体应摊销锯材多少m³?

【解】 预制模板的单位定额用量为:

$$Q = \frac{(10 \times 1 + 2 \times 10 \times 0.4 + 2 \times 1 \times 0.4) \times 0.05 \times (1 + 20\%) \times (1 + 15\%)}{5 \times 10 \times 0.4 \times 1.0} = 0.65 \text{m}^3$$

则每 10m³ 实体的混凝土板应摊销的锯材为 6.5m³。

【例 3-20】 18cm 厚 5% 水泥稳定碎石基层,定额单位 1000m²,已知水泥稳定碎石基层的干密度为 2.1t/m³,碎石的干密度为 1.45t/m³,碎石的堆积密度为 1.5t/m³,碎石和水泥的场内运输及操作损耗率为 2%。

问题:求水泥、碎石的定额用量,并计算材料总重量。

【解】

$$水泥:0.18 \times 1000 \times 2.1 \times 0.05 \times 1.02 = 19.278t$$

$$碎石:\frac{0.18 \times 1000 \times 2.1 \times 0.95}{1.45} \times 1.02 = 252.61 m^3$$

$$材料总重量:19.278 + 252.61 \times 1.5 = 398.193t$$

【例 3-21】 某浆砌料石桥台工程,定额测定资料如下:

(1)完成每立方米浆砌料石桥台工程的基本工作时间为 7.9h。

(2)辅助工作时间、准备与结束时间、不可避免的中断时间和休息时间分别占浆砌料石桥台工程定额时间的 3%、2%、2%、16%。

(3)每 10 浆砌料石桥台需要消耗砌筑 M7.5 水泥砂浆 3.93m³,勾缝 M10 砂浆 0.25m³,细料石 11.0m³,水 0.79m³。

(4)每 10m³ 浆砌料石桥台需要消耗 200L 砂浆搅拌机 0.66 台班。

(5)人工幅度差 10%,机械幅度差 50%。

问题:(1)确定浆砌料石桥台每立方米的人工时间定额和产量定额。

(2)若预算定额的其他用工占基本用工 12%,试编制该分项工程的补充预算定额(定额单位为 10m³)。

【解】 (1)确定浆砌料石桥台每立方米的人工时间定额和产量定额:

假设砌筑每立方米浆砌料石桥台的定额时间为 x,则有

$$x = 7.9 + (3\% + 2\% + 2\% + 16\%)x$$

$$x = 10.26 \text{ 工时}$$

浆砌料石桥台的人工时间定额 $= 10.26/8 = 1.283$ 工日/m³;

产量定额 $= 1/1.283 = 0.779$ m³/工日。

(2)补充预算定额。

每 10m³ 浆砌料石桥台中

人工数量:$1.283 \times (1+12\%) \times (1+10\%) \times 10 = 15.81$ 工日

32.5 级水泥数量:$0.292 \times 3.93 \times (1+2.5\%) + 0.342 \times 0.25 \times (1+4\%) = 1.265t$

水数量:$0.79m^3$

细料石:$11 \times (1+1\%) = 11.11 m^3$

中(粗)砂:$1.09 \times 3.93 \times (1+2.5\%) + 1.07 \times 0.25 \times (1+4\%) = 4.669 m^3$

200L 砂浆搅拌机:$0.66 \times (1+50\%) = 0.99$ 台班

第二节　公路工程预算定额

一、预算定额的概念与作用

1. 预算定额的概念

预算定额,是指在合理的施工组织设计、正常施工条件下,生产一个规定计量单位合格结构构件、分项工程所需的人工、材料和机械台班的社会平均消耗量标准。预算定额是工程建设中的一项重要的技术经济文件,是编制施工图预算的主要依据,也是确定和控制工程造价的基础。

2. 预算定额的作用

(1)预算定额是编制施工图预算、确定建筑安装工程造价的基础。施工图设计一经确定,工程预算造价就取决于预算定额水平和人工、材料及机械台班的价格。预算定额起着控制劳动消耗、材料消耗和机械台班使用的作用,进而起着控制建筑产品价格的作用。

(2)预算定额是编制施工组织设计的依据。施工组织设计的重要任务之一,是确定施工中所需人力、物力的供求量,并作出最佳安排。施工单位在缺乏本企业的施工定额的情况下,根据预算定额,也能够比较精确地计算出施工中各项资源的需要量,为有计划地组织材料采购和预制件加工、劳动力和施工机械的调配提供了可靠的计算依据。

(3)预算定额是施工单位进行经济活动分析的依据。预算定额规定的物化劳动和劳动消耗指标,是施工单位在生产经营中允许消耗的最高标准。施工单位必须以预算定额作为评价企业工作的重要标准,作为努力实现的目标。施工单位可根据预算定额对施工中的劳动、材料、机械的消耗情况进行具体分析,以便找出并克服低功效、高消耗的薄弱环节,提高竞争能力。只有在施工中尽量降低劳动消耗,采用新技术,提高劳动者素质及劳动生产率,才能取得较好的经济效益。

(4)预算定额是编制概算定额的基础。概算定额是在预算定额的基础上综合扩大编制的。利用预算定额作为编制依据,不但可以节省编制工作的大量人力、物力和时间,收到事半功倍的效果,还可以使概算定额在水平上与预算定额保持一致,以免造成执行中的不一致。

(5)预算定额是合理编制招标控制价、投标报价的基础。在深化改革中,预算定额的指令性作用将日益削弱,而对施工单位按照工程个别成本报价的指导性作用仍然存在,因此预算定额作为编制招标控制价的依据和施工企业报价的基础性作用仍将存在,这也是由于预算定额本身的科学性和指导性决定的。

二、预算定额编制原则和依据

1. 预算定额编制原则

为保证预算定额的质量,充分发挥预算定额的作用,方便实际使用,在编制工作中应遵循以下原则。

(1) 按社会平均水平确定预算定额水平的原则

预算定额是确定和控制建筑安装工程造价的主要依据，必须按照价值规律的客观要求，即按生产过程中所消耗的社会必要劳动时间确定定额水平。所以，预算定额的平均水平，是指在正常的施工条件，合理的施工组织和工艺条件、平均劳动熟练程度和劳动强度下，完成单位合格分项工程基本构造要素所需的劳动时间。

(2) 简明适用的原则

简明适用，一是指编制预算定额时，对于那些主要、常用、价值量大的项目，分项工程划分宜细；对于那些次要、不常用、价值量相对较小的项目，则可以粗一些；二是指预算定额要项目齐全，要注意补充那些因采用新技术、新结构、新材料而出现的新的定额项目。如果项目不全，缺项多，就使计价工作缺少充足可靠的依据；三是要求合理确定预算定额的计量单位，简化工程量的计算，尽可能地避免同一种材料用不同的计量单位和一量多用，尽量减少定额附注和换算系数。

(3) 坚持统一性和差别性相结合的原则

所谓统一性，就是从培育全国统一市场规范计价行为出发，计价定额的制订规划和组织实施由国务院建设行政主管部门归口管理，由其负责全国统一定额制订或修订，颁发有关工程造价管理的规章制度办法等。所谓差别性，就是在统一性基础上，各部门和省、自治区、直辖市主管部门可以在自己的管辖范围内，根据本部门和本地区的具体情况，制订部门和地区性定额、补充性制度和管理办法，以适应我国幅员辽阔、地区间部门发展不平衡和差异大的实际情况。

(4) 专家编审的原则

定额编制工作政策性、专业性强，任务重，贯彻专家编审的原则便于对定额水平把握一致；使定额项目全面反映已经技术成熟并采用新工艺、新结构和新材料的项目；有利于定额项目划分实现工程实体消耗与工程施工措施性消耗的分离，以满足企业经济核算和按工程个别成本报价的需要；保证定额编制工作按质、按时的完成，并有利于工作经验的积累和专业人员素质的提高。

(5) 与公路建设相适应的原则

预算定额是为公路建设服务的，必须满足公路建设发展的需要。定额项目要能覆盖当前及今后一时期绝大部分工程项目。当前普遍采用或今后将普遍采用的新技术、新工艺、新材料、新设备都应在定额中得到反映，使预算定额与建设发展相适应。

工程定额是工程实践经验的科学总结，定额中所列工料机消耗量是通过对大量工程实践数据统计、分析、归纳、总结取定的，并体现社会平均水平。因此，工程定额的编制总是相对滞后于工程实践的，应尽量缩短这个时间，使定额项目尽量齐全，适应建设发展的需要，促进新技术的推广。

(6) 贯彻国家政策、法规的原则

预算定额作为工程造价的计价依据，涉及国家、企业和劳动者的利益，具有"责任较大、通用性强、关系公共利益"的特点,必须认真贯彻国家的方针政策,包括技术、经济和安全方面的法规、条例。

2. 预算定额的编制依据

(1)国家的有关规定

编制预算定额必须依据国家关于基本建设的方针、政策和各项管理制度,如基本建设程序、设计文件编制办法、预算管理工作制度等。

(2)技术标准和规范

如公路工程技术标准、设计规范、施工技术及验收规范等。交通运输部缺少的规范,则可采用或参考其他部委的设计与施工规范、规程。

(3)设计施工图纸

以交通运输部批准的标准设计图纸为主,没有标准设计图纸的定额项目,则可选择有代表性的设计图纸或施工详图。至于某些辅助工程(如围堰、施工平台、脚手架等),既无施工详图,又无技术资料可采用时,可根据施工技术规范的要求,绘制简图计算,并附在计算底稿内备查。

(4)公路工程施工定额

根据各有关单位提供的公路工程施工定额资料,通过汇总、平衡、分析提出一个合理的施工定额水平,并得到部主管部门同意后,作为编制预算定额的依据。

(5)其他相关资料

包括现行的预算定额、工料机预算价格及有关文件规定等,过去定额编制过程中积累的基础资料也是编制预算定额的依据和参考。

三、预算定额编制方法

预算定额编制,大致可以分为准备工作、收集资料、编制定额、报批和修改定稿5个阶段。各阶段工作相互有交叉,有些工作还有多次反复。其中,预算定额编制阶段的主要工作如下。

1. 预算定额的项目划分

预算定额要根据交通运输部颁发的《公路工程基本建设项目设计文件编制办法》中规定的施工图设计阶段提供的工程量深度和工程招标工程量清单的深度,以及工程结算的方便和准确来划分项目,并根据各项目的工程内容将施工定额的有关项目进行综合。

公路工程定额分为路基工程、路面工程、隧道工程、桥涵工程、防护工程、交通工程及沿线设施、临时工程等部分。此外,还列有材料采集及加工、材料运输两部分内容,这是公路定额特有的,主要为在边远地区施工单位自行开采、加工施工材料和自办材料运输编制的。

预算定额的项目划分,主要根据施工图的工程构件或部位、材料类别、施工措施以及对工程造价的影响等因素予以划分。例如,路基土石方工程按土石类别、施工方法划分项目;路面工程按工程部位、材料类别、施工方法等因素划分项目;隧道工程按开挖的土质类别、结构部位、衬砌材料类别、施工方法等因素划分项目;桥涵工程根据工程类别、结构部位、施工方法等因素划分项目。

2. 确定预算定额的计量单位

预算定额与施工定额计量单位往往不同。施工定额的计量单位一般按照工序或施工过程自定,而预算定额的计量单位主要是根据分部分项工程和结构构件的形体特征及其变化确定。由于工作内容综合,预算定额的计量单位也具有综合的性质。工程量计算规则的规定应确切反映定额项目所包含的工作内容。预算定额的计量单位关系到预算工作的繁简程度和准确性。因此,要正确地确定各分部分项工程的计量单位。

3. 按典型设计图纸和资料计算工程量

计算工程量的目的,是为了通过分别计算典型设计图纸所包括的施工过程的工程量,以便在编制预算定额时,有可能利用施工定额或劳动定额的劳动、机械和材料消耗指标确定预算定额所含工序的消耗量。将每一个预算定额工程项目按不同施工方法或不同情况分别分解为若干道工序,然后计算每道工序的工程量。

4. 预算定额项目的子目确定

对每一定额的工程项目所包含的各道工序分别查施工定额,并按各道工序的工程数量比例对人工、材料、机械消耗量分别进行综合后,再根据工程的难易程度,即人工、材料、机械消耗量的多少,按综合极限误差来确定是否划分子目。定额子目综合的极限误差应根据公路工程的特点,本着简化与准确相接合的原则,凡是工程量大、影响工程造价较大的项目,误差率应小(± 10%);反之,工程量小、影响工程造价不大的项目,误差率可以适当加大(± 15% ~ ± 20%)。可按照综合误差率对定额单位的工程量与所综合成分中的主要成分的工程量进行综合平衡分析,超过最大误差率的就应划分子目,所以子目平衡分析是编制定额的重要环节。

5. 计算预算定额工料机数量

(1)由施工定额综合为预算定额的幅度差

由施工定额综合为预算定额,考虑到一些琐碎的工作难以一一计算,而且在施工中可能出现一些事先无法估计的工作及影响效率的各种因素,因此人工工日和机械台班数,应以施工定额综合后的数量增加一定的数量。通常将增加的百分比称为幅度差,增加后的数量与增加前的数量之比称为幅度差系数,则:

$$幅度差系数 = 1 + 幅度差 \tag{3-47}$$

①人工幅度差,主要考虑以下各种因素:工序搭接及转移工作面的间断时间;各工种交叉作业的相互影响;工作开始及结束时由于放样交底及任务不饱满而影响产量;配合机械施工及移动管线时发生的操作间歇;检查质量及验收隐蔽工程时影响工时利用;阴雨雪或其他原因需排除故障;其他零星工作,如临时交通指挥、安全警戒、现场挖沟排水修路、材料整理堆放、场地清扫等;由于图纸或施工方法的差异需增加的工序及工作项目。

②机械台班幅度差,包括以下各种因素:正常施工组织情况下不可避免的机械空转、技术中断及合理停置时间;必要的备用台数造成的闲置台班;由于气候关系或排除故障影响台时利用;工地范围内机械转移的台时及自行式机械转移时所需的运载牵引工具;配套机械相

互影响所损失的时间及停车场至工作地点超定额运距所需的时间；施工初期限于条件所造成的效率差及结尾时工程量不饱满所损失的时间；因供电、供水故障及水电线路的移动检修而发生的运转中断；不同厂牌机械的效率差、机械不配套造成的效率低；工程质量检查的影响。

(2) 人工工日消耗量的计算方法

根据预算定额工程项目所包含的工序及其工程量，通过查阅施工定额，可计算出每一个项目的人工工日消耗量，即：

$$人工工日消耗量 = [\sum(施工定额人工工日数 \times 工程数量)] \times 人工幅度差系数 \qquad (3-48)$$

(3) 材料消耗量的计算方法

材料消耗量是指在正常施工条件下所用合格材料，完成单位合格产品所必需消耗的材料数，按用途划分为以下 4 种：

①主要材料，指直接构成工程实体的材料，其中也包括成品、半成品的材料。

②辅助材料，是构成工程实体除主要材料外的其他材料，如垫木钉子、铅丝等。

③周转性材料，指脚手架、模板等多次周转使用的不构成工程实体的摊销性材料。

④其他材料，指用量较少、难以计量的零星用料。

材料损耗量，指在正常施工条件下不可避免的材料损耗，如现场内材料运输损耗及施工操作过程中的损耗等。其关系式如下：

$$材料损耗率 = \frac{材料损耗量}{材料静用量} \times 100\% \qquad (3-49)$$

$$材料损耗量 = 材料消耗量 \times 损耗率 \qquad (3-50)$$

公路工程材料消耗定额为：

$$材料消耗量 = 材料净用量 + 场内运输及操作损耗量 \qquad (3-51)$$

$$材料消耗量 = 材料净用量 \times (1 - 场内运输及操作损耗率) \qquad (3-52)$$

公路工程预算定额中，对主要材料列出材料的规格、名称和消耗量。将在材料费中占比例很小的一些材料综合到其他材料费内；将设备钢材的原值、加工费、每年油漆、修理以及正常损耗等都综合到设备摊销费内。

(4) 机械台班消耗量的确定方法

根据预算定额工程项目所包含的工序及其工程量，通过查阅施工定额，可计算出本项目的机械台班消耗量。一个工程项目可能需要几种施工机械，分别对每一种施工机械的台班消耗量进行计算。

$$机械台班消耗量 = [\sum(施工定额机械台班数 \times 工程数量)] \times 机械台班幅度差系数$$

$$(3-53)$$

公路工程预算定额中，对主要施工机械，列出机械的规格、名称和台班消耗量。将在机械使用费中占比例很小的一些机具，综合到小型机具使用费项内。

6. 计算定额基价

公路工程预算定额基价就是根据定额项目人工、材料、机械台班消耗量，采用统一的人工、材料、机械台班规定单价计算出的直接工程费。统一的人工、材料、机械台班规定单价通常根据定额编制年北京地区的情况取定,其中人工、材料的规定单价列于《公路工程预算定额》附录中,机械台班规定单价则来源于《公路工程机械台班费用定额》的定额基价。

定额基价使全部项目的人工、材料、机械台班消耗量定额统一在一个水平上,便于分析、比较和测算。

四、预算定额的表现形式

预算定额的内容包括:总说明,章、节说明,工程定额表及附录。

1. 预算定额的总说明及各章、节说明

(1)总说明的内容
①预算定额的适用范围、指导思想及作用。
②预算定额的编制原则、主要依据及上级下达的有关定额修编文件。
③对各章、节都适用的统一规定。
④定额所采用的标准及允许抽换定额的原则。
⑤定额中包括的内容。
⑥对定额中未包括的项目需编制补充定额的规定。

(2)章、节说明的内容
①本章、节包括的内容。
②本章、节工程项目的统一规定。
③本章、节工程项目综合的内容及允许抽换的规定。
④本章、节工程项目的工程量计算规则。

2. 预算定额项目表

预算定额项目表的主要内容包括:
(1)工程项目名称及定额单位。
(2)工程项目包括的工程内容。
(3)人工、材料、机械的名称、单位、代号、数量。
(4)定额基价。
(5)表注。有些定额项目下还列有在章节说明中没有包括的仅供本定额项目使用的注释。

3. 定额附录

(1)作用
定额附录是配合定额使用不可缺少的一个重要组成部分。定额附录的作用主要包括:
①了解定额编制时采用的各种统一规定。
②供抽换定额中混凝土强度等级、砂浆强度等级时使用的混凝土、砂浆配合比表。
③编制补充预算定额所需的统一规定,如材料周转次数、规格、单位质量、代号、基价等。
④便于使用单位经过施工实践核定定额水平,并对定额水平提出意见作为修订定额的

重要资料。

(2)内容

定额附录主要包括以下内容:

①路面材料计算基础数据。

②基本定额。基本定额是介于施工定额和预算定额之间的一种扩大施工定额,其项目是按完成某一专项作业将施工定额的有关工序加以综合制订的,根据材料的周转和摊销次数、材料场内运输及操作损耗及人工、机械的幅度差,综合为若干包括人工、材料、机械的基本定额。其目的是避免在编制预算定额时重复计算这些工序,并可统一计算方法和口径,简化计算工作。基本定额以包括定额项目名称、工程内容、定额单位、工料机消耗量表和一些附注说明为表现形式。

基本定额包括:桥涵模板工作;砂浆及混凝土材料消耗;脚手架、踏步、井字架工料消耗;基本定额材料规格与质量。

③材料的周转及摊销。具体包括:混凝土和钢筋混凝土构件、块件模板材料周转及摊销次数;脚手架、踏步、井字架、金属门式吊架、吊盘等摊销次数;临时轨道铺设材料摊销;基础及打桩工程材料摊销次数;灌注桩设备材料摊销;吊装设备材料摊销次数;预制构件和块件的堆放、运输材料摊销次数。

④定额基价人工、材料单位质量、单价表。

第三节 公路工程概算定额

一、概算定额概念和作用

1. 概算定额概念

概算定额,是在预算定额基础上,确定完成合格的单位扩大分项工程或单位扩大结构构件所需消耗的人工、材料和机械台班的数量标准,所以概算定额又称为扩大结构定额。

概算定额是预算定额的综合与扩大,它将预算定额中有联系的若干个分项工程项目综合为一个概算定额项目。

概算定额与预算定额都属于计价定额,不同的是它们在项目划分和综合扩大程度上的差异,以适用于不同设计阶段计价需要。

2. 概算定额的作用

(1)概算定额是初步设计阶段编制建设项目概算和技术设计阶段编制修正概算的依据。

基本建设程序规定,采用两阶段设计时,其初步设计必须编制设计概算;采用三阶段设计时,其技术设计必须编制修正概算,对拟建项目进行总估价。

(2)概算定额是设计方案比较的依据。所谓设计方案比较,目的是选择出技术先进可靠、经济合理的方案,在满足使用功能的条件下,达到降低造价和资源消耗的目的。概算定额采用扩大综合后可为设计方案的比较提供方便的条件。

(3)概算定额是编制主要材料需要量的计算基础。根据概算定额所列材料消耗指标计算工程用料数量,可在施工图设计之前提出供应计划,为材料的采购、供应做好施工准备,提供前提条件。

(4)概算定额是编制建设项目投资估算指标的基础。

(5)在不具备施工图预算的情况下,概算定额还可以作为制订工程标底的基础。

(6)在实行建设项目投资包干时,其项目包干费通常也以概算定额为计算依据。

二、概算定额编制原则和依据

1. 概算定额的编制原则

概算定额是编制初步设计概算和技术设计修正概算的依据,初步设计概算或技术设计修正概算经批准后是控制建设项目投资的依据。概算定额的编制原则与预算定额基本相同,主要包括以下内容:

(1)贯彻社会平均水平的原则

在概预算定额水平之间,应保留必要的幅度差。因此,尽管概算定额和预算定额都是社会平均水平,但概算定额水平较低。

(2)简明适用的原则

概算定额的内容和深度是以预算定额为基础的综合和扩大;在合并中不得遗漏或增加项目,以保证其严密和正确性;概算定额务必做到简化、准确和适用。

(3)专家编审的原则

概算定额编制需要贯彻专家编审的原则、其必要性与预算定额编制相同。

(4)与设计深度相适应的原则

公路初步设计和技术设计的深度是根据交通运输部颁发的《公路工程基本建设项目设计文件编制办法》确定的,包括:设计提供的工程量深度和设计要为建设项目计划提供的人工、材料和机械台班数量的规定。

(5)满足概算能控制工程造价的原则

要满足初步设计概算或技术设计修改概算能起到控制建设项目工程造价的作用,作为概算工程部分的计价依据的概算定额,就要在定额项目上能覆盖建设项目的全部工程。因此,概算定额的编制,要注意取定的图纸、资料有一定代表性,所综合的工程项目不漏项,工程数量准确、合理,平衡、分析、确定水平时留有余地。

(6)贯彻国家政策、法规的原则

2. 概算定额编制依据

概算定额的编制依据也与预算定额基本相同,主要包括以下内容:

(1)国家的有关规定。

(2)技术标准和规范。

(3)设计、施工图纸。以交通运输部批准的标准图和设计图为主,没有标准设计图纸的定额项目,则可选择有代表性的设计图纸或施工详图。概算定额是在预算定额的基础上进行综合的,因此还要收集施工组织设计资料,以掌握常规的施工办法、合理的施工工期、一些附属设施的配备。

(4)公路工程预算定额。

(5)其他相关资料。

三、概算定额编制

概算定额的编制一般分三阶段进行,即准备阶段、编制初稿阶段和审查定稿阶段。

1. 概算定额的项目划分

概算定额的项目主要是根据初步设计或技术设计所能提供的工程量的深度加以划分,由于初步设计或技术设计的深度与施工图设计的深度不同,所以概算定额的项目划分与预算定额的项目划分有很大不同。概算定额只编列了初步设计或技术设计所能提供的主要工程项目,在主要工程项目中综合了在初步设计或技术设计中难以提供的次要工程项目和施工现场设施,以避免漏项。

公路工程概算定额分为:路基工程、路面工程、隧道工程、涵洞工程、桥梁工程、交通工程及沿线设施和临时工程部分。

为了简化计算,概算定额项目划分与预算定额不同,综合程度更高。为了适应厂矿、林业道路编制概算的需要,编列了涵洞扩大定额。

2. 概算定额的子目划分和综合范围

(1)子目划分综合误差

在一个建设项目中工程量较大、对工程造价影响较大的定额项目,如路基土石方、路面、隧道、桥梁、涵洞等工程,子目之间的基价综合误差应控制在10%以内;工程量不大、对工程造价影响较小的定额项目,子目之间的基价综合误差可控制在15%~20%的范围内。

(2)由预算定额综合为概算定额的幅度差

由预算定额综合为概算定额的幅度差,主要考虑以下因素:

①由于概算定额是以主要工程结构部位的工程量与次要结构部位的工程量按一定的比例关系综合编制的,在工程标准、工程量、施工方法等进行综合取定时,必然有一定误差,为留有余地,需要考虑一定的增加量。

②还有一些零星工程项目也难以一一计算,需要适当增加一定幅度的差额。

3. 概算定额的编制方法

(1)收集与整理资料。将确定的各项编制依据、编制方法、子目划分等填写好,主要是设计、施工图纸,施工方案,施工现场布置及施工现场设施安排,施工进度计划等。

(2)计算工程量。根据取定的各项依据和图纸、资料,计算各项目主要工程项目的工程量及所综合的次要工程项目的工程量。

(3)确定概算定额计量单位。计量单位包括计量的名称(如混凝土实体)和数量单位(如$10m^3$)。

(4)划分子目。要按照综合误差率对各定额项目的基价进行综合平衡。超过最大误差率的就应划分子目。

(5)定额消耗量计算。将概算定额所综合的预算定额项目名称、项目名称的代号、工程量,交付电算,得到工、料、机数量和定额基价等。

四、概算定额表现形式

概算定额内容包括:总说明,章、节说明,工程定额表。

1. 概算定额的总说明及各章、节说明

(1)总说明的内容

①概算定额的适用范围及包括的内容。

②对各章、节都适用的统一规定。

③概算定额所采用的标准及抽换的统一规定。

④概算定额的材料名称在预算定额的基础上综合情况的说明以及对应于预算定额材料名称的统一规定。

⑤概算定额中未包括的内容。

⑥概算定额中未包括的项目,须编制补充定额的规定。

(2)章、节说明

包括各章、节的内容,工程项目的统一规定,工程量的计算规则。

2. 概算定额项目表

概算定额项目表形式与预算定额相似。

(1)工程项目名称及定额单位。

(2)工程项目包括的工程内容。

(3)人工、单位、代号、数量。

(4)材料名称、单位、代号、数量。其中,主要材料以定额消耗量或周转使用量表示;主要材料中数量很小的材料及次要材料以其他材料费表示;吊装等金属设备的折旧费以设备摊销费表示。

(5)机械名称、单位、代号、数量。其中,主要机械以台班消耗数量表示;次要机械以小型机具使用费的形式表示。

(6)定额基价。

(7)表注。有些定额项目下还列有在章、节说明中未包括的使用本概算定额项目的注解。

第四节 公路工程估算指标

一、估算指标概念和作用

1. 估算指标概念

估算指标是以独立的建设项目、单项工程或单位工程为对象,投资估算指标作为项目前期服务的一种扩大的技术经济指标,具有较强的综合性、概括性。

投资估算指标是编制建设项目建议书、可行性研究报告等前期工作阶段投资估算的依据,也可以作为编制固定资产长远规划投资额的参考。投资估算指标为完成项目建设的投资估算提供依据和手段,在固定资产的形成过程中起着投资预测、投资控制、投资效益分析的作用,是合理确定项目投资的基础。估算指标的正确制订对于提高投资估算的准确度,对建设项目的合理评估、正确决策具有重要意义。

公路工程估算指标根据基本建设前期工作的深度和要求,分为综合指标和分项指标两类。综合指标是编制建设项目项目建议书投资估算的依据,主要用于在经济上研究建设项目的选择、某条公路或某座桥梁建设的合理性、全国公路网布局的合理性以及建设规模和编制长远发展规划等。分项指标是编制建设项目可行性研究报告投资估算的依据,也可作为技术方案比较的参考,主要用于在经济上确定近期建设方案和建设项目的成本,以便研究经济效益是否可行。

2. 估算指标的作用

(1)在编制项目建议书和可行性研究报告阶段,它是多方案比选、优化设计方案、正确编制投资估算、合理确定项目投资额的重要基础。

(2)在建设项目评价、决策过程中,它是评价建设项目投资可行性、分析投资效益的主要经济指标。

(3)在实施阶段,它是限额设计和工程造价与控制的依据。

二、估算指标编制原则和依据

1. 估算指标编制原则

由于投资估算指标属于项目建设前期进行估算投资的技术经济指标,它不但要反映实施阶段的静态投资,还必须反映项目建设前期和交付使用期内发生的动态投资,也即以投资估算指标为依据编制的投资估算,包含项目建设的全部投资额。这就要求投资估算指标比其他各种计价定额具有更大的综合性和概括性。因此,投资估算指标的编制工作,除应遵循一般定额的编制原则外,还必须坚持以下原则:

(1)投资估算指标项目的确定,应考虑以后几年编制建设项目建议书和可行性研究报告投资估算的需要。

(2)投资估算指标的分类、项目划分、项目内容、表现形式等要结合各专业的特点,并且要与项目建议书、可行性研究报告的编制深度相适应。

(3)投资估算指标的编制内容,典型工程的选择,必须遵循国家的有关建设方针政策,符合国家技术发展方向,贯彻国家高科技政策和发展方向原则,使指标的编制既能反映现实的高科技成果及正常建设条件下的造价水平,也能适应今后若干年的科技发展水平。坚持技术上先进、可行和经济上的合理,力争以较少的投入取得最大的投资效益。

(4)投资估算指标的编制,要反映不同项目和不同工程的特点,投资估算指标要适应项目前期工作深度的需要,而且具有更大的综合性。投资估算指标要密切结合行业特点、项目建设的特定条件,在内容上既要贯彻指导性、准确性和可调性原则,又要有一定的深度和广度。

(5)投资估算指标的编制,要贯彻静态和动态相结合的原则。要充分考虑到市场经济条件下建设条件、实施时间、建设期限等因素的不同,考虑到建设期的动态因素,即价格、建设期利息及涉外工程的汇率等因素的变动导致指标的量差、价差、利息差、费用差等"动态"因素对投资估算的影响,对上述动态因素给予必要的调整办法和调整参数,尽可能减少这些动态因素对投资估算准确度的影响,使指标具有较强的实用性和可操作性。

2. 估算指标编制依据

估算指标的编制工作,是一项涉及面广、情况复杂而又十分具体细致的技术经济基础工作,具有较强的政策性。其编制工作必须依据国家关于基本建设的方针、政策和各项管理制度进行。除编制概预算定额应依据的相关规定外,编制估算指标依据如下:

(1)交通运输部颁发的《水运、公路建设项目可行性研究报告编制办法》。

(2)工程图纸或资料。一般一种结构类型应有两种以上资料,经过分析,提出一份具有代表性的图纸或资料,作为编制指标的依据。如经比较确因条件不同影响造价较大时,可以分别采用不同因素划分子目编制。

(3)施工方案。一般应选用经济合理、有代表性、多数施工企业能做到的施工方案作为编制指标的依据。如因施工条件不同影响造价较大时,可以分别不同因素划分子目编制。

三、估算指标编制

1. 估算指标项目划分和综合范围

估算指标的项目是以不同的公路工程技术等级、不同的地形、不同的结构物类型和不同的施工方法来划分的。为了提高指标的准确性和使用上的方便性,各项目范围内还必须划分子目(有的称步距)。指标的项目和子目划分必须与设计深度相对应。

(1)综合指标的项目划分

综合指标是公路建设项目建议书阶段编制投资估算的依据,根据项目建议书阶段的工作深度,仅通过踏勘和调查研究,提出建设项目的规模、技术标准。考虑到该阶段对工程部分所附图表不作详细的工程量计算。因此,综合指标的项目一般按以下原则划分:按不同的公路工程技术等级分高速公路、一级公路、二级公路、三级公路、四级公路编制;按不同的地形分平原微丘区和山岭重丘区编制。

综合指标的子目一般按行政区域(省、自治区、直辖市)划分,综合指标中的调整指标一般按主要工程项目划分子目编制。

(2)分项指标的项目划分

分项指标是公路建设可行性研究报告阶段编制投资估算的依据,可行性研究报告阶段是通过必要的测量(高等级公路必须做)、地质勘探(大桥、隧道和不良地质地段),在认真调查研究、占有必要资料的基础上,对不同建设方案从经济上、技术上进行综合论证,提出推荐建设方案,所附图表中对主要工程项目都有工程量估算表。根据以上可行性研究报告阶段

的工作深度并确保投资估算能控制投资,分项指标的项目一般按以下原则划分:

①按不同的单项工程(路线、隧道、桥梁等工程)、单位工程(路基、路面等工程)和分部工程(路基土方、路基石方、路面垫层、路面面层等工程)编制。

②按不同的结构形式(空心板、T形梁、连续梁、斜拉桥等)、不同的构成材料(普通钢筋混凝土圬工、预应力混凝土圬工、砌石圬工等)编制。

③按不同的地形分平原微丘区和山岭重丘区编制。

由于路基、路面、隧道、桥涵、交叉工程、安全设施、服务、管理设施等分项指标的综合范围不一,因此子目划分的主要因素各有其本身的特点,但子目划分的原则是一致的,都必须同可行性研究报告阶段的工作深度及工程量提供的可能性结合起来考虑,然后在造价允许误差幅度之内,经分析后划分子目。一般划分子目的主要因素有:公路工程技术等级、地形、地区、施工方法、地质情况、圬工类型、结构形式。

(3)子目划分的允许误差

根据工程项目和工程量的计算数据,以《公路工程概算定额》基价为准,分析求得不同因素的指标基价,其各子目的算术平均综合基价与子目基价比较,一般以误差±15%为划分子目的界限,误差在±15%以内的合并为一个子目,误差在±15%以外的则划分子目编制。但对工程量较大的工程项目(如土、石方等),其允许误差幅度应降低一些(如±10%左右)。

(4)指标综合范围

如前所述,估算指标是一种比概算定额、预算定额更综合、更扩大,适用于基本建设项目前期工作阶段估算工程投资的计价依据。而对于一个建设项目而言,所涉及的工程项目甚多,但并不是所有的工程项目对工程投资都产生重大的影响,因此就需要确定出对工程造价变化影响较大的主要工程项目和对工程造价变化影响不大的次要工程项目。

对次要工程项目一般按两种方法进行处理。当次要工程项目与主要工程项目的规模没有直接关系时,不进行综合,而是单独编制指标;当次要工程项目与主要工程项目的规模直接相关时,则将次要工程项目的工程量按其与主要工程项目的工程量的比例综合在指标中。

2. 估算指标编制方法

投资估算指标的编制一般按以下三个阶段进行。

(1)收集整理资料阶段

收集整理已建成或正在建设的、符合现行技术政策和技术发展方向、有可能重复采用的、有代表性的工程设计施工图、标准设计以及相应的竣工决算或施工图预算资料等。这些资料是编制工作的基础,资料收集越广泛,反映出的问题越多,编制工作考虑越全面,就越有利于提高投资估算指标的实用性和覆盖面。同时,对调查收集到的资料要选择占投资比重大、相互关联多的项目进行认真的分析整理。由于已建成或正在建设的工程的设计意图、建设时间和地点、资料的基础等不同,相互之间的差异很大,需要去粗取精、去伪存真地加以整理,才能重复利用。将整理后的数据资料按项目划分栏目加以归类,按照编制年度的现行定额、费用标准和价格,调整成编制年度的造价水平及相互比例。

(2) 平衡调整阶段

由于调查收集的资料来源不同,虽然经过一定的分析整理,但难免会由于设计方案、建设条件和建设时间上的差异而带来的某些影响,使数据失准或漏项等,因此,必须对有关资料进行综合平衡调整。

估算指标的编制,就是利用已完工程或在建工程的概、预、决算资料,在概算定额项目划分的基础上,进行适当的综合和扩大,其关键环节就是指标中综合的工程项目的工程量含量的确定。因此,指标的编制方法也就是基础资料工程量含量分析取定的方法。一般有如下三种:

①算术平均取值法。对收集到的每个建设项目的资料进行必要的分析,对不合理的内容予以剔除,最后将属于同一指标子母的各建设项目的工程细目的工程量进行算术平均,求得指标子目的工程量组合。

②加权平均取值法。将属于同一子目的各建设项目的工程细目的工程量进行加权平均,最后求得指标子目的工程量组合。

③典型工程取值法。在计算出指标子目的算术平均值或加权平均值的基础上,选用某一与算术平均值或加权平均值指标子目基价接近的建设项目的工程含量,或某几个建设项目工程含量的平均值作为取定指标子目的工程量组合的依据。

上述三种取值方法各有其特点,在指标编制时,要根据不同指标项目的特点选用合适的编制方法。

(3) 测算审查阶段

测算是将新编的指标和选定工程的概、预算在同一价格条件下进行比较,检验其"量差"的偏离程度是否在允许偏差的范围之内。如偏差过大,则要查找原因,进行修正,以保证指标的确切、实用。测算也是对指标编制质量进行的一次系统检查,应由专人进行,保持测算口径的统一。在此基础上,组织有关专业人员全面审查定稿。

由于投资估算指标的编制计算工作量非常大,在现阶段计算机已经广泛普及的条件下,应尽可能地应用电子计算机进行投资估算指标的编制工作。

3. 估算指标表现形式

(1) 估算指标的内容

根据指标的适用阶段及设计深度的不同,综合指标包括建设项目的路基、路面、桥涵、交叉、安全设施、服务、管理设施等主要工程。

分项指标则分别按路基、路面、隧道、涵洞、小桥、大(中)桥、交叉工程及沿线设施等主要工程项目编制。

(2) 估算指标的表现形式

估算指标与概算定额、预算定额一样,是以活劳动、物化劳动的消耗量为基础表现的,即以人工工日消耗量、主要材料消耗量、其他材料、设备摊销费、主要机械台班消耗量、小型机具使用费、基价等实物指标为表现形式。实物指标作为计算具体建设项目造价和提供人工、材料数量用。

第五节 公路工程机械台班费用定额

一、概　　述

1. 概念和作用

公路工程机械台班费用定额是公路工程预算定额和公路工程概算定额的配套定额,是编制公路基本建设工程概算、预算的依据。公路工程造价中,最基本的费用是直接工程费,即人工费、材料费和施工机械使用费。公路工程预算定额和公路工程概算定额是确定人工、材料和施工机械台班消耗量的依据;公路工程机械台班费用定额则是确定施工机械台班预算价格的依据。

公路工程施工机械每台(艘)班一般按8h计算;潜水设备每台班按6h计算;变压器和配电设备每昼夜按一个台班计算。

定额的费用项目划分为不变费用和可变费用两类。不变费用包括折旧费、大修理费、经常修理费、安装拆卸及辅助设施费。可变费用包括人工费、动力燃料费、车船使用税。

2. 内容

按作业对象将公路工程施工机械划分为以下11类:

(1)土石方工程机械。

(2)路面工程机械。

(3)混凝土及灰浆机械。

(4)水平运输机械。

(5)起重及垂直运输机械。

(6)打桩、钻孔机械。

(7)泵类机械。

(8)金属、木、石加工机械。

(9)动力机械。

(10)工程船舶。

(11)其他机械。

每一类机械又分为不同的机型和规格。

公路工程机械台班费用定额包括11类(共746种)机械。

机械自管理部门至工地或自某一工地至另一工地的运杂费,不包括在机械台班费用定额中。

加油及油料过滤的损耗和由变电设备至机械之间的输电线路电力损失,在编制机械台班费用定额的动力消耗量时应予以考虑。

3. 公路工程机械台班费用定额的表现形式

(1)机械的代号、机械名称、主机型号。

(2)不变费用包括:折旧费、大修理费、经常修理费、安装拆卸及辅助设施费、小计。

(3)可变费用包括:机上人工工日消耗量、动力燃料消耗量等。

(4)定额基价。

定额基价是不变费用和可变费用的合计数。其中,可变费用计算采用的人工费、动力燃料费价格与现行《公路工程预算定额》和《公路工程概算定额》计算定额基价的规定单价相同。

定额基价仅供参考比较之用,不作为编制公路工程基本建设项目概算、预算的依据。

机械台班费用定额一般采用公路工程中常用的施工机械的规格进行编制,规格与之相同或相似的,均应直接采用。在实际应用中,对于交通运输部颁布的机械台班费用定额中未包括的机械项目,各省、自治区、直辖市交通运输厅(局、委)可按规定编制相应的补充定额。

二、计算方法及基本数据的取定

1. 折旧费

折旧费的计算公式为:

$$台班折旧费 = \frac{机械预算价格 \times (1 - 残值率)}{耐用总台班} \quad (3-54)$$

(1)机械预算价格。由机械出厂(或到岸完税)价格和从生产厂(销售单位交货地点或口岸)运至使用单位机械管理部门验收入库的全部费用组成,即:

国产机械预算价格 = 出厂(或销售)价格 + 供销部门手续费 + 一次性运杂费 (3-55)

国产运输机械预算价格 = 出厂(或销售)价格 × (1 + 购置附加费率) + 供销部门手续费 + 一次性运杂费 (3-56)

进口机械预算价格 = 到岸价格 + 关税 + 增值税 + 外贸部门手续费 + 银行财务费 + 国内一次性运杂费 (3-57)

进口运输机械预算价格 = (到岸价格 + 关税 + 增值税) × (1 + 购置附加费率) + 外贸部门手续费 + 银行财务费 + 国内一次性运杂费 (3-58)

国产机械的出厂(或销售)价格主要是按照机械生产厂家询价、市场价格以及各地公路施工企业的实购价格经分析后合理确定的。

国产机械的供销部门手续费和一次性运杂费按机械出厂(或销售)价格的7%计算。

进口机械的到岸价格主要是依据机械到岸价格的外币值乘以定额编制期国家公布的外汇汇率计算。

进口机械的国内一次性运杂费,按机械到岸完税价格的3%计算。

机械预算价格中有关关税、增值税、车辆购置附加费、外贸部门手续费、银行财务费,按现行国家规定计算。

(2)残值率。施工机械报废时,其回收残余价值占机械原值的比率,一般为2%~5%。其中,运输机械残值率为2%;特大型机械残值率为3%;中小型机械残值率为4%;掘进机械残值率为5%。

(3)各类施工机械的折旧年限按财政部、中国人民建设银行(1993)财预字第6号通知颁布的《施工、房地产开发企业财务制度》中企业固定资产分类折旧年限表的规定取值。

(4) 年工作台班。机械在规定的使用期内,每年应作业的平均台班数。其数值根据国家的有关规定和公路施工企业的调查资料确定。年工作台班数据的取定,考虑了北方地区因气候寒冷施工期短而进行两班作业的因素。

(5) 耐用总台班。机械设备从开始投入使用至报废前所使用的总台班数。

$$耐用总台班 = 年工作台班 \times 折旧年限 \tag{3-59}$$

(6) 大修理间隔台班。机械从开始投入使用至第一次大修理或自上次大修理起至下次大修理止的使用台班数。

$$大修理间隔台班 = 耐用总台班 \div 使用周期 \tag{3-60}$$

(7) 使用周期。即大修理周期,是指机械在正常施工作业的条件下,在其寿命期(耐用总台班)内,按规定的大修理次数划分的工作周期数。

$$使用周期 = 大修理次数 + 1 \tag{3-61}$$

大修理间隔台班、大修理次数根据《技术经济定额》的规定,结合公路工程的施工作业特点取定。

2. 大修理费

大修理费的计算公式为:

$$台班大修理费 = \frac{大修理一次费用 \times (使用周期 - 1)}{耐用总台班} \tag{3-62}$$

大修理一次费用是指机械设备按规定的大修理范围,修理工作内容所需更换零、配件、消耗材料及机械和工时、送修运杂费等。

大修理一次费用可依据《技术经济定额》中的有关数据,按定额编制期的配件、辅料及工时等市场价格计算。对于少量的目前尚无大修理一次费用资料的机械项目,按同类或相近机械的大修理一次费用占机械预算价格的比例予以取定。

3. 经常修理费

经常修理费的计算公式为:

$$台班经常修理费 = \frac{\sum(大修理内各级保养一次费用 \times 保养次数) + 临时故障排除费用}{大修理间隔台班} +$$

$$\frac{[替换设备及工具附具费用 \times (1 - 残值率)] + 替换设备及工具附具维护费用}{替换设备及工具附具耐用台班} + \sum 例保辅料费$$

$$\tag{3-63}$$

替换设备及工具附具包括轮胎、电缆、蓄电池、运转皮带、钢丝绳、胶皮管、履带、刀片、斗齿、锯片等消耗性设备和随机配备的全套工具附具。

台班经常修理费的计算方法是:典型机械采用按照确定经常修理范围、内容等测算的办法计算;其余机械则采用典型机械测算的台班经常修理费与台班大修理费的比值(K 值)的办法推算。

计算公式为:

$$K = \frac{典型机械台班经常修理费测算值}{典型机械台班大修理费测算值} \tag{3-64}$$

即：

$$台班经常修理费 = 台班大修理费 \times K \tag{3-65}$$

4. 安装拆卸及辅助设施费

安装拆卸及辅助设施费的计算公式为：

$$台班安装拆卸及辅助设施费 = \frac{机械一次安装拆卸费 \times 年平均安装拆卸次数}{年工作台班} +$$

$$台班辅助设施费 \tag{3-66}$$

5. 人工消耗

指随机操作人员的数量,根据机械规格型号及有关资料确定。

6. 动力燃料消耗

指机械在运转施工作业中所耗用的电力、固体燃料(煤、木柴)、液体燃料(汽油、柴油、重油)和水等。

定额动力燃料消耗量按以下方法确定：

(1)施工现场实测数据和施工企业的统计资料。

(2)机械规格与《技术经济定额》中相同的机械项目按相应的燃料动力消耗量,结合公路的施工特点和机械燃料动力消耗的调查资料分析平衡后取定。

(3)对于无法取得上述资料的机械项目,其电力台班消耗量和燃油台班消耗量可按经验公式计算。

7. 车船使用税

按各省、自治区、直辖市及国务院有关部门的规定标准计算公式如下：

$$台班车船使用税 = \frac{车船使用税 \times 计算吨位}{年工作台班} \tag{3-67}$$

$$计算吨位 = 征费计量标准 \times 应征系数 \tag{3-68}$$

征费计量标准执行交通部、国家物价局(91)交工字789号通知公布的《公路汽车征费标准计量手册》的有关规定。

应征系数执行各省、自治区、直辖市的有关规定。

第六节 工程造价指数的编制

一、指数概念和种类

1. 指数概念

指数是用来统计研究社会经济现象数量变化幅度和趋势的一种特有的分析方法和手段。指数有广义和狭义之分。广义的指数指反映社会经济现象变动与差异程度的相对数,如产值指数、产量指数、出口额指数等。而狭义的指数是用来综合反映社会经济现象复杂总体数量变动状况的相对数。所谓复杂总体,是指数量上不能直接加总的总体。例如,不同的产品和商品,有不同的使用价值和计量单位,不同商品的价格也以不同的使用价值和计量单位为基础,都是不同度量的事物,是不能直接相加的。但通过狭义的指数就可以反映出不同度量的事物所构成的特殊总体变动或差异程度,如物价总指数、成本总指数等。

2. 指数分类

(1)指数按其所反映的现象范围的不同,分为个体指数、总指数。个体指数是反映个别现象变动情况的指数,如个别产品的产量指数、个别商品的价格指数等。总指数是综合反映不能同度量的现象动态变化的指数,如工业总产量指数、社会商品零售价格总指数等。

(2)指数按其所反映的现象的性质不同,分为数量指标指数和质量指标指数。数量指标指数是综合反映现象总的规模和水平变动情况的指数,如商品销售量指数、工业产品产量指数、职工人数指数等。质量指标指数是综合反映现象相对水平或平均水平变动情况的指数,如产品成本指数、价格指数、平均工资水平指数等。

(3)指数按照采用的基期不同,可分为定基指数和环比指数。当对一个时间数列进行分析时,计算动态分析指标通常用不同时间的指标值作对比。在动态对比时作为对比基础时期的水平,称为基期水平。所要分析的时期(与基期相比较的时期)的水平,称为报告期水平或计算期水平。定基指数是指各个时期指数都是采用同一固定时期为基期计算的,表明社会经济现象对某一固定基期的综合变动程度的指数。环比指数是以前一时期为基期计算的指数,表明社会经济现象对上一期或前一期的综合变动的指数。定基指数或环比指数可以连续将许多时间的指数按时间顺序加以排列,形成指数数列。

(4)指数按其所编制的方法不同,分为综合指数和平均数指数。综合指数是通过确定同度量因素,把不能同度量的现象过渡为可以同度量的现象,采用科学方法计算出两个时期的总量指标并进行对比而形成的指数。平均数指数是从个体指数出发,通过对个体指数加权平均计算而形成的指数。

①综合指数是总指数的基本形式。计算总指数的目的,在于综合测定由不同度量单位的许多商品或产品所组成的复杂现象总体数量方面的总动态。综合指数的编制方法是先综合后对比。因此,综合指数主要解决不同度量单位的问题,使不能直接加总的不同使用价值的各种商品或产品的总体,改变成为能够进行对比的两个时期的现象的总体。综合指数可以把各种不能直接相加的现象还原为价值形态,先综合(相加),然后再进行对比(相除),从而反映观测对象的变化趋势。

②平均数指数是综合指数的变形。综合指数虽然能最完整地反映所研究现象的经济内容,但其编制时需要全面资料,即对应的两个时期的数量指标和质量指标的资料。但在实践中,要取得这样全面的资料往往是困难的。因此,实践中可用平均数指数的形式来编制总指数。所谓平均数指数,是以个体指数为基础,通过对个体指数计算加权平均数编制的总指数。

二、工程造价指数及其特性分析

1. 工程造价指数概念及其编制的意义

随着我国经济体制改革,特别是价格体制改革的不断深化,设备、材料价格和人工费的变化对工程造价的影响日益增大。在建筑市场供求和价格水平发生经常性波动的情况下，建设工程造价及其各组成部分也处于不断变化之中，这不仅使不同时期的工程在"量"与"价"两方面都失去可比性，也给合理确定和有效控制造价造成了困难。根据工程建设的特点，编制工程造价指数是解决这些问题的最佳途径。以合理方法编制的工程造价指数，不仅能够较好地反映工程造价的变动趋势和变化幅度，而且可剔除价格水平变化对造价的影响，正确反映建筑市场的供求关系和生产力发展水平。

工程造价指数是反映一定时期由于价格变化对工程造价影响程度的一种指标，它是调整工程造价价差的依据。工程造价指数反映了报告期与基期相比的价格变动趋势，利用它来研究实际工作中的下列问题很有意义：

（1）可以利用工程造价指数分析价格变动趋势及其原因。

（2）可以利用工程造价指数估计工程造价变化对宏观经济的影响。

（3）工程造价指数是工程承发包双方进行工程估价和结算的重要依据。

2. 工程造价指数包括的内容及其特性分析

根据第一章所描述的工程造价的构成，工程造价指数的内容应该包括以下几种：

（1）各种单项价格指数。这其中包括了反映各类工程的人工费、材料费、施工机械使用费报告期价格对基期价格的变化程度的指标。可利用它研究主要单项价格变化的情况及其发展变化的趋势。其计算过程可以简单地表示为报告期价格与基期价格之比。依此类推，可以把各种费率指数也归入其中，如措施费指数、间接费指数，甚至工程建设其他费用指数等。这些费率指数的编制可以直接用报告期费率与基期费率之比求得。很明显，这些单项价格指数都属于个体指数，其编制过程相对比较简单。

（2）设备、工具、器具价格指数。设备、工具、器具的种类、品种和规格很多。设备、工具、器具费用的变动通常是由两个因素引起的，即设备、工具、器具单件采购价格的变化和采购数量的变化。同时工程所采购的设备、工具、器具是由不同规格、不同品种组成的，因此设备、工具、器具价格指数属于总指数。由于采购价格与采购数量的数据无论是基期还是报告期都比较容易获得，因此设备、工具、器具价格指数可以用综合指数的形式来表示。

（3）建筑安装工程造价指数。建筑安装工程造价指数也是一种综合指数，其中包括了人工费指数、材料费指数、施工机械使用费指数以及措施费、间接费等各项个体指数的综合影响。由于建筑安装工程造价指数相对比较复杂，涉及的方面较广，利用综合指数来进行计算分析难度较大。因此，可以通过对各项个体指数的加权平均，用平均数指数的形式来表示。

（4）建设项目或单项工程造价指数。该指数是由设备、工具、器具指数、建筑安装工程造价指数、工程建设其他费用指数综合得到的。它也属于总指数，并且与建筑安装工程造价指数类似，一般也用平均数指数的形式来表示。

当然，根据造价资料的期限长短来分类，也可以把工程造价指数分为时点造价指数、月指数、季指数和年指数等。

三、工程造价指数的编制

1. 各种单项价格指数编制

(1) 人工费、材料费、施工机械使用费等价格指数的编制。这种价格指数的编制可以直接用报告期价格与基期价格相比后得到。其计算公式如下:

$$\text{人工费(材料费、施工机械使用费)价格指数} = P_n/P_0 \quad (3\text{-}69)$$

式中: P_0——基期人工日工资单价(材料价格、机械台班单价);

P_n——报告期人工日工资单价(材料价格、机械台班单价)。

(2) 措施费、间接费及工程建设其他费等费率指数的编制。其计算公式如下:

$$\text{措施费(间接费、工程建设其他费)费率指数} = P_n/P_0 \quad (3\text{-}70)$$

式中: P_0——基期措施费(间接费、工程建设其他费)费率;

P_n——报告期措施费(间接费、工程建设其他费)费率。

2. 设备、工具、器具价格指数编制

如前所述,设备、工具、器具价格指数是用综合指数形式表示的总指数。运用综合指数计算总指数时,一般要涉及两个因素:一是指数所要研究的对象,称为指数化因素;二是将不能同度量现象过渡为可以同度量现象的因素,称为同度量因素。当指数化因素是数量指标时,这时计算的指数称为数量指标指数;当指数化因素是质量指标时,这时的指数称为质量指标指数。很明显,在设备、工具、器具价格指数中,指数化因素是设备、工具、器具的采购价格,同度量三素是设备、工具、器具的采购数量。因此,设备、工具、器具价格指数是一种质量指标指数。

(1) 同度量因素的选择。既然已经明确了设备、工具、器具价格指数是一种质量指标指数,那么同度量因素应该是数量指标,即设备、工具、器具的采购数量,这样就会面临一个新的问题,即是应该选择基期计划采购数量为同度量因素,还是选择报告期实际采购数量为同度量因素。因同度量因素选择的不同,可分为拉斯贝尔体系和派许体系。拉斯贝尔体系主张采用基期指标作为同度量因素;而派许体系主张采用报告期指标作为同度量因素。根据统计学的一般原理,确定同度量因素的一般原则是:质量指标指数应当以报告期的数量指标作为同度量因素,即使用派氏公式,计算公式为:

$$K_p = \frac{\sum q_1 p_1}{\sum q_1 p_0} \quad (3\text{-}71)$$

而数量指标指数则应以基期的质量指标作为同度量因素,即使用拉氏公式,计算公式为:

$$K_q = \frac{\sum q_1 p_0}{\sum q_0 p_0} \quad (3\text{-}72)$$

(2) 设备、工具、器具价格指数的编制。考虑到设备、工具、器具的采购品种很多,为简化起见,计算价格指数时可选择其中用量大、价格高、变动多的主要设备、工具、器具的购置数量和单价进行计算,按照派氏公式进行计算如下:

$$设备、工具、器具价格指数 = \frac{\sum(报告期设备、工具、器具单价 \times 报告期购置数量)}{\sum(基期设备、工具、器具单价 \times 报告期购数量)} \quad (3-73)$$

3. 建筑安装工程价格指数

与设备、工具、器具价格指数类似,建筑安装工程价格指数也属于质量指标指数,所以也应用派氏公式计算。但考虑到建筑安装工程价格指数的特点,所以用综合指数的变形即平均数指数的形式表示。

(1)平均数指数。从理论上说,综合指数是计算总指数的比较理想的形式,因为它不仅可以反映事物变动的方向与程度,而且可以用分子与分母的差额直接反映事物变动的实际经济效果。然而,在利用派氏公式计算质量指标指数时,需要掌握$\sum p_0 q_1$(基期价格乘报告期数量之积的和)是比较困难的。而相比而言,基期和报告期的费用总值($\sum p_0 q_0$,$\sum p_1 q_1$)却是比较容易获得的资料。因此,我们就可以在不违反综合指数的一般原则的前提下,改变公式的形式而不改变公式的实质,利用容易掌握的资料来推算不容易掌握的资料,进而再计算指数,在这种背景下所计算的指数即为平均数指数。利用派氏综合指数进行变形后计算得出的平均数指数称为加权调和平均数指数。其计算过程如下:

设$K_p = p_1/p_0$表示个体价格指数,则派氏综合指数可以表示为:

$$派氏价格指数 = \frac{\sum q_1 p_1}{\sum q_1 p_0} = \frac{\sum q_1 p_1}{\sum \frac{1}{K_p} q_1 p_1} \quad (3-74)$$

(2)建筑安装工程造价指数的编制。根据加权调和平均数指数的推导公式,可得建筑安装工程造价指数的公式如下(由于利润率和税率通常不会变化,可以认为其单项价格指数为1):

建筑安装工程造价指数 =

$$\frac{报告期建筑安装工程费}{\frac{报告期人工费}{人工费指数} + \frac{报告期材料费}{材料费指数} + \frac{报告期施工机械使用费}{施工机械使用费指数} + \frac{报告期措施费}{措施费指数} + \frac{报告期间接费}{间接费指数} + 利润 + 税金}$$

(3-75)

4. 建设项目或单项工程造价指数编制

建设项目或单项工程造价指数是由建筑安装工程造价指数,设备、工具、器具价格指数和工程建设其他费用指数综合而成的。与建筑安装工程造价指数相类似,其计算也应采用加权调和平均数指数的推导公式。其计算公式如下:

建设项目或单项工程指数 =

$$\frac{报告期建设项目或单项工程造价}{\frac{报告期建筑安装工程费}{建筑安装工程造价指数} + \frac{报告期设备、工具、器具费}{设备、工具、器具价格指数} + \frac{报告期工程建设其他费用}{工程建设其他费用指数}} \quad (3-76)$$

编制完成的工程造价指数有很多用途,如可以作为政府对建设市场宏观调控的依据,也可以作为工程估算以及概预算的基本依据。当然,其最重要的作用是在建设市场的交易过程中,为承包商提出合理的投标报价提供依据,此时的工程造价指数也可称为是投标价格指数。

第四章 施工预算

施工预算是施工单位用以确定单位工程人工、机械、材料和资金需要量的计划文件。施工预算以施工定额为编制基础,既要反映设计图纸的要求,也要考虑在现有条件下可能采取的节约人工、材料和降低成本的各项具体措施。这就能够更合理地组织施工生产,有效地控制施工中人力、物力消耗,节约成本开支。

施工中人工、机械和材料的费用,是构成工程成本中直接费用的主要内容,对间接费用的开支也有着很大的影响。严格执行施工定额可以起到控制成本、降低费用开支、加强经济核算、班组核算和增加盈利的作用。

第一节 人工工日、机械台班计算

一、直接套用

当工程项目的设计要求、施工条件及施工方法与定额项目的内容、条件及规定完全一致时,可直接套用。

【例 4-1】 某路基开挖工程,其中人工挖运槽外土方 $200m^3$,均为硬土,手推车运输 50m。试计算需多少工日?

【解】 (1)查《公路工程施工定额》,第 2 章路基工程、第 2 节人工挖运土方。定额见表 4-1。

2-2 人工挖运土方

工作内容:挖运:挖、装、运 20m,卸土、空回。
　　　　　增运:平运 10m,空回。

每 $1m^3$ 的劳动定额　　　　　表 4-1

项 目	第一个 20m 挖运						每增运 10m		序号
	槽外			槽内					
	松土	普通土	硬土	松土	普通土	硬土	挑运	手推车	
时间定额	0.158	0.231	0.33	0.177	0.269	0.379	0.025	0.01	一
每工产量	6.329	4.329	3.03	5.65	3.717	2.639	40	100	
编号	1	2	3	4	5	6	7	8	

(2)计算所需工日

槽外土方 $200m^3$ 第一个 20m 挖运硬土,定额为 2-2-3,$0.33 \times 200 = 66$ 工日

增运定额为 2-2-8,增运距应为 $50-20=30m$,$0.01 \times \frac{30}{10} \times 200 = 6$ 工日

则：$66+6=72$ 工日 故本项工程共需 72 工日。

【例 4-2】 某路面 $5720m^2$,拟采用手扶自行式划线车进行划线,要求 10 天完成任务,试确定所需施工人数和机械台数。

【解】（1）查《公路工程施工定额》,第 3 章路面工程、第 33 节路面标线。定额见表 4-2。

3-33 路面标线

工作内容：清扫放线,喷漆划线,维护交通。

每 $100m^2$ 标线面积的劳动、机械定额　　　　表 4-2

项　目		喷漆划线		汽车式划线车	序号
		人工划线	手扶自行式划线车		
劳动定额		$\frac{5}{0.2}$	$\frac{4.71}{0.212}$	$\frac{2.07}{0.483}$	一
机械定额	2.2kW 以内手扶自行式划线车	—	$\frac{0.524}{1.908}$	—	二
	55kW 以内汽车式划线车	—	—	$\frac{0.312}{3.205}$	三
编　号		1	2	3	

采用手扶自行式划线车进行划线的施工定额为 3-33-2。

(2) 定额单位数量：

$$5720 \div 100 = 57.2 \text{ 个}$$

(3) 计算施工人数：

$$57.20 \div (0.212 \times 10) = 27 \text{ 人}$$

(4) 计算 2.2kW 以内手扶自行式划线车台数：

$$57.20 \div (1.908 \times 10) = 3 \text{ 台}$$

二、换算调整

当工程项目的设计要求、施工条件、施工方法与定额项目的内容及规定不完全一致时,应当按定额总说明、章说明或表注有关规定换算调整。具体方法有系数调整和增减调整等。

【例 4-3】 某路基土方工程,其中有 $3000m^3$（天然密实方）拟采用斗容量 $10m^3$ 以内的自行式铲运机铲运,土质为普通土,平均运距为 200m。试确定所需机械台班数量。

【解】（1）查《公路工程施工定额》第 2 章路基工程、第 9 节拖式铲运机铲运土方,定额见表 4-3。

2-9 拖式铲运机铲运土方

工作内容：铲土,运土,卸车,空回,推土机整理卸土。

每 100m³ 的机械定额 表 4-3

项　目		第一个 100m			每增运 50m			序号
		松土	普通土	硬土	松土	普通土	硬土	
铲运机斗容量 （m³）	8 以内	0.273 3.663	0.337 2.967	0.419 2.387	0.054 18.519	0.0602 16.611	0.0673 14.859	一
	10 以内	0.214 4.673	0.264 3.788	0.33 3.03	0.0423 23.641	0.0473 21.142	0.0529 18.904	二
	12 以内	0.144 6.944	0.188 5.319	0.229 4.367	0.0315 31.746	0.035 28.571	0.0386 25.907	三
编号		1	2	3	4	5	6	

注：①采用自行式铲运机铲运土方时，时间定额乘以 0.70 系数。
②铲土区土层的平均厚度应不小于 30cm，若小于 30cm 时，时间定额乘以 1.18 系数。
③铲运含石量大于 30% 的土壤或爆破后的软石，时间定额按硬土定额乘以 1.11 系数。
④用 75kW 推土机配合施工，松土、普通土每 7 台铲运机配 1 台，硬土每 5 台铲运机配 1 台。

采用斗容量 10m³ 以内的自行式铲运机铲运普通土的施工定额为 2-9-2-二和 2-9-5-二。

(2) 定额单位数量

$$3000 \div 100 = 30 \text{ 个}$$

(3) 计算机械台班数量

$$(0.264 + 0.0473 \times \frac{200-100}{50}) \times 30 = 10.758 \text{ 台班}$$

根据定额表注第 1 条，还应乘以调整系数 0.70，则斗容量 10m³ 以内的自行式铲运机机械台班数量为：

$$10.758 \times 0.70 = 7.53 \text{ 台班}$$

【例 4-4】 某桩基础人工夯打，土质为砂类土，桩为斜圆木桩，直径在 15cm 以下，桩共有 15 根，每根入土 3m，试求劳动消耗为多少？

【解】 (1) 查《公路工程施工定额》第 6 章打桩工程、第 6 节人工打、拔圆木桩，见表 4-4。

工作内容　打桩：50m 以内取运料，移动桩架，搭拆脚手板，安桩靴，安卸桩箍，吊桩，定位，打桩，校正，松紧缆风绳，锯桩头。

拔桩：安移扒杆，用扒杆绞盘或手动戎芒拔起，50 以内运料堆放。

表列单位的劳动定额 表 4-4

项　目	桩径（cm）						桩入土（m）		序号
	15 以内	23 以内	28 以内	15 以内	23 以内	28 以内	6 以内	6 以外	
	Ⅰ组土			Ⅱ组土					
	每根入土 1m						根		
拉锤打桩	0.173 5.78	0.564 1.773	0.67 1.493	0.317 3.155	0.855 1.17	1.04 0.962	—	—	一
拔桩	—	—	—	—	—	—	1.22 0.82	1.98 0.505	二
编号	1	2	3	4	5	6	7	8	

注：用人工夯打桩径 15cm 以下圆木桩时，时间额定乘以 0.65 系数。

(2)计算劳动工日数

本施工的定额为 6-2-1。根据 6 章说明"打桩定额均为直桩,打斜桩时,其时间定额中机械乘以 1.2 系数、人工乘以 1.08 系数。"及表注"用人工夯打桩径 15cm 以下圆木桩时,时间定额乘以 0.65 系数",计算如下:

$$0.173 \times 3 \times 15 \times 0.65 \times 1.08 = 5.47 \text{ 工日}$$

【例 4-5】 某桥梁基础工程需浇筑混凝土 20m³,拟采用手推车运输、扒杆吊运、人工捣固的施工方法,试确定需劳动工日数。

【解】(1)查《公路工程施工定额》第 11 章混凝土及钢筋混凝土工程、第 4 节卷扬机或扒杆吊运浇筑混凝土,见表 4-5。

工作内容 卷扬机或扒杆配吊斗浇筑混凝土,振捣、抹平等。

每 1m³ 的劳动、机械定额　　　　表 4-5

项目	现浇混凝土								管桩填心	轻型、薄壁墩台		序号
	天然基础、承台	支撑梁(人工捣固)	沉井				灌注桩 桩长(m)			高度(m)		
			井壁	封底	填心	封顶	30 以内	30 以外		10 以内	20 以内	
劳动定额	0.559/1.789	2.25/0.444	1.15/0.87	1.78/0.562	0.788/1.269	1.24/0.806	1.39/0.719	1.45/0.69	3.35/0.299	1.41/0.709	1.75/0.571	一
机械定额	—	—	—	—	—	—	0.087/11.494	0.091/10.989	—	0.088/11.364	0.109/9.174	二
编号	1	2	3	4	5	6	7	8	9	10	11	

项目	现浇混凝土							墩台帽、盖梁、拱座	耳墙、背墙	矩形板、连接板	板拱、护拱	序号
	重力式墩台		柱式墩台		空心墩	框架式墩台						
	高度(m)											
	10 以内	20 以内	10 以内	20 以内	20 以内	10 以内	20 以内					
劳动定额	1.07/0.935	1.32/0.758	1.41/0.709	1.75/0.571	1.97/0.508	2.1/0.476	2.5/0.4	1.59/0.629	2.37/0.422	1.02/0.98	1.32/0.758	一
机械定额	0.067/14.925	0.083/12.048	0.088/11.364	0.109/9.174	0.123/8.13	0.131/7.634	0.156/6.41	0.099/10.101	0.148/6.757	—	—	二
编号	12	13	14	15	16	17	18	19	20	21	22	

(2)计算劳动工日数

本施工的定额为 11-4-1。

根据 11 章说明中关于"定额中混凝土捣固除注明者外,均为机械捣固。如需人工捣固时,每 m³ 混凝土增加 0.1 工日"的规定,则有:

$$(0.559 + 0.1) \times 20 = 13.18 \text{ 工日}$$

第二节　施工材料消耗量计算

公路施工项目材料消耗量计算,可直接根据公路工程施工定额附录直接计算得来。

【例 4-6】 某公路工程 M7.5 浆砌片石护脚墙 20m³,不勾缝。试计算该项目材料消耗量。

【解】 (1)查《公路工程施工定额》附录,砌筑工程石料及砂浆消耗,见表4-6。

砌筑工程石料及砂浆消耗　　　　表4-6

项目	单位	浆砌工程						干砌工程	
		片石	卵石	块石	粗料石	细料石	青(红)砖	片石、卵石	块石
片石、卵石	m³	1.15	1.15	—	—	—	—	1.25	—
块石	m³	—	—	1.05	—	—	—	—	1.15
粗料石	m³	—	—	—	0.90	—	—	—	—
细料石	m³	—	—	—	—	0.92	—	—	—
青(红)砖	100块	—	—	—	—	—	0.531	—	—
砂浆	m³	0.35	0.38	0.27	0.20	0.13	0.24	—	—

注:①浆砌工程中的砂浆用量不包括勾缝用量。
　②砌筑混凝土预制块同砌筑细料石。
　③表列用量已包括场内运输及操作损耗。
　④表列各种材料用量指1m³砌体的用量。

$$片石消耗量 = 1.15 \times 20 = 23 m^3$$
$$M7.5 砂浆消耗量 = 0.35 \times 20 = 7 m^3$$

(2)查《公路工程施工定额》附录,砌筑砂浆配合比表(表4-7),得:

砌筑砂浆配合比　　　　表4-7

项目	单位	水泥砂浆									
		砂浆强度等级									
		M5	M7.5	M10	M12.5	M15	M20	M25	M30	M35	M40
		水泥强度等级									
		32.5	32.5	32.5	32.5	32.5	32.5	32.5	32.5	32.5	32.5
水泥	kg	218	266	311	345	393	448	527	612	693	760
中(粗)砂	m³	1.12	1.09	1.07	1.07	1.07	1.06	1.02	0.99	0.98	0.95
生石灰	kg	—	—	—	—	—	—	—	—	—	—

项目	单位	水泥砂浆				混合砂浆				石灰砂浆
		砂浆强度等级								水泥浆
		1:1	1:2	1:2.5	1:3	M2.5	M5	M7.5	M10	M1
		水泥强度等级								
		32.5	32.5	32.5	32.5	32.5	32.5	32.5	32.5	32.5
水泥	kg	780	553	472	403	165	210	253	290	—	1348
中(粗)砂	m³	0.67	0.95	1.01	1.04	1.04	1.04	1.04	1.04	1.10	1.10
生石灰	kg	—	—	—	—	127	94	61	29	207	—

注:①表列用量已包括场内运输及操作损耗。
　②表列各种材料用量指1m³砂浆的用量

$$32.5 号水泥消耗量 = 266 \times 7 = 1862 m^3$$
$$中(粗)砂消耗量 = 1.09 \times 7 = 7.63 m^3$$

第五章 施工图预算

第一节 公路工程概预算编制办法

一、总　　则

（1）为构建节约型公路行业，适应公路交通建设发展的需要，合理确定和有效控制工程造价，提高公路建设项目工程造价的编制质量，规范工程造价文件的编制，根据建设部、财政部发布的《建筑安装工程费用项目组成》（建标［2003］206号）的规定，结合公路行业的特点，制订《公路基本建设工程概算、预算编制办法》（以下简称"本办法"）。

（2）本办法适用于新建和改建的公路工程基本建设项目工程概算、预算的编制和管理。农村公路可参照本办法执行，具体计算方法和计费标准由各省、自治区、直辖市交通运输主管部门制定。

（3）概算或修正概算是初步设计文件或技术设计文件的重要组成部分。概算应控制在批准的建设项目可行性研究报告投资估算允许幅度范围内，概算经批准后是基本建设项目投资最高限额，是编制建设项目计划、确定和控制建设项目投资的依据，是控制施工图预算的依据，是衡量设计方案经济合理性和选择最佳设计方案的依据，是考核建设项目投资效果的依据。设计单位应按不同的设计阶段编制概算和修正概算。编制概算或修正概算，应全面了解工程所在地的建设条件，掌握各项基础资料，正确引用规定的定额、取费标准、工资单价和材料设备价格，按本办法的规定进行编制，使概算能完整、准确地反映设计内容。

以批准的初步设计进行施工招标的工程，其标底应在批准的总概算范围内。

（4）预算是施工图设计文件的重要组成部分，是设计阶段控制工程造价的主要指标，预算经审定后，是确定工程造价、编制或调整固定资产投资计划和考核工程成本的依据。预算应根据施工图设计的工程量和施工方法，按照规定的定额、取费标准、工资单价、材料设备预算价格依本办法在开工前编制并报请批。

以施工图设计进行施工招标的工程，经审定后的施工图预算是编制标段清单预算、工程标底或造价控制值的依据，也是分析、考核施工企业投标报价合理性的参考；对不宜实行招标而采用施工图预算加调整价结算的工程，经审定后的施工图预算可作为确定合同价款的基础或作为审查施工企业提出的施工预算的依据。

施工图预算是考核施工图设计经济合理性的依据。施工图设计应控制在批准的初步设计及其概算范围之内。如单位工程预算突破相应概算时，应分析原因，对施工图设计中不合理部分进行修改,对其合理部分应在总概算投资范围内调整解决。

(5)概算、预算均由有资格的设计、工程(造价)咨询单位负责编制,编制、审核人员必须持有公路工程造价人员执业资格证书,并对工程造价文件的编制质量负责。

当一个建设项目有几个设计(咨询)单位共同承担设计时,各设计(咨询)单位应负责编制所承担设计的单项或单位工程概(预)算,主体设计(咨询)单位应负责编制原则和依据、工程设备与材料价格、取费标准等的协调与统一,汇编总概(预)算,并对全部概(预)算的编制质量负责。

(6)公路管理、养护及服务房屋应执行工程所在地的地区统一定额及相应的其他工程费和间接费定额,但其费用应按本办法中的项目划分及计算办法编制。

(7)概算和预算编制必严格执行国家的方针、政策和有关制度,符合公路设计、施工技术规范。文件应达到的质量要求是:符合规定、结合实际、经济合理、提交及时、不重不漏、计算正确、字迹打印清晰、装订整齐完善。

(8)设计(咨询)单位应加强基本建设经济管理工作,配备和充实公路工程造价人员,切实做好概、预算的编制工作。公路工程造价人员应不断提高专业素质,掌握设计、施工情况,做好设计方案的经济比较,使技术工作和经济工作结合起来,全面、有效地提高设计质量,合理确定工程造价。

(9)各省、自治区、直辖市交通运输主管部门,可在本办法的基础上结合当地实际情况制定补充规定,并报交通运输部备案。

二、概、预算编制办法

公路工程建设项目概算、预算应分别以《公路工程概算定额》(JTG/T B06-01—2007)、《公路工程预算定额》(JTG/T B06-02—2007)为依据。编制概、预算时,应根据概、预算定额规定的各工程项目的人工、材料、机械台班消耗量和按本办法规定的概、预算编制年工程所在地的人工费工日单价、材料预算单价和机械台班单价计算出各工程项目的工、料、机费用,并按本办法的规定计算各项费用。概、预算的材料、机械台班单价及各项费用的计算都应通过规定的表格反映。

各种表格的计算顺序和相互关系如图5-1所示。

1. 概、预算编制依据

1)概算(修正概算)编制依据

(1)国家发布的有关法律、法规、规章、规程等。

(2)现行的《公路工程概算定额》(JTG/T B06-01—2007)、《公路工程预算定额》(JTG/T B06-02—2007)、《公路工程机械台班费用定额》(JTG/T B06-03—2007)及本办法。

(3)工程所在地省级交通运输主管部门发布的补充计价依据。

(4)批准的可行性研究报告(修正概算时为初步设计文件)等有关资料。

(5)初步设计(或技术设计)图纸等设计文件。

(6)工程所在地的人工、材料、机械及设备预算价格等。

(7)工程所在地的自然、技术、经济条件等资料。

(8)工程施工方案。

(9)有关合同、协议等。

(10)其他有关资料。

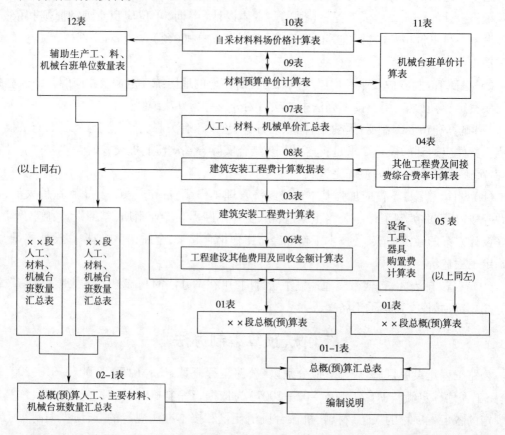

图 5-1 各种表格的计算顺序和相互关系

2)预算编制依据

(1)国家发布的有关法律、法规、规章、规程等。

(2)现行的《公路工程预算定额》(JTG/T B06-02—2007)、《公路工程机械台班费用定额》(JTG/T B06-03—2007)及本办法。

(3)工程所在地省级交通主管部门发布的补充计价依据。

(4)批准的初步设计文件(或技术设计文件,若有)等有关资料。

(5)施工图纸等设计文件。

(6)工程所在地的人工、材料、设备预算价格等。

(7)工程所在地的自然、技术、经济条件等资料。

(8)工程施工组织设计或施工方案。

(9)有关合同、协议等。

(10)其他有关资料。

2. 概、预算文件组成

概、预算文件由封面及目录,概、预算编制说明及全部概、预算计算表格组成。

(1)封面及目录

概、预算文件的封面和扉页应按《公路工程基本建设项目设计文件编制办法》中的规定制作,扉页的次页应有建设项目名称,编制单位,编制、复核人员姓名并加盖资格印章,编制日期及第几册共几册等内容。目录应按概、预算表的表号顺序编排。

(2)概、预算编制说明

概、预算编制完成后,应写出编制说明,文字力求简明扼要。应叙述的内容一般有:

①建设项目设计资料的依据及有关文号,如建设项目可行性研究报告批准文件号、初步设计和概算批准文号(编修正概算及预算时),以及根据何时的测设资料及比选方案进行编制的等。

②采用的定额、费用标准,人工、材料、机械台班单价的依据或来源,补充定额及编制依据的详细说明。

③与概、预算有关的委托书、协议书、会议纪要的主要内容(或将抄件附后)。

④总概、预算金额,人工、钢材、水泥、木料、沥青的总需要量情况,各设计方案的经济比较,以及编制中存在的问题。

⑤其他与概、预算有关但不能在表格中反映的事项。

(3)概、预算表格

公路工程概、预算应按统一的概、预算表格计算,其中概、预算相同的表式,在印制表格时,应将概算表与预算表分别印制。

(4)甲组文件与乙组文件

概、预算文件是设计文件的组成部分,按不同的需要分为两组,甲组文件为各项费用计算表,乙组文件为建筑安装工程费各项基础数据计算表(只供审批使用),甲、乙组文件应按《公路工程基本建设项目设计文件编制办法》关于设计文件报送份数,随设计文件一并报送。报送乙组文件时,还应提供"建筑安装工程费各项基础数据计算表"的电子文档和编制补充定额的详细资料,并随同概、预算文件一并报送。

乙组文件中的"建筑安装工程费计算数据表"(08-1表)和"分项工程概(预)算表"(08-2表)应根据审批部门或建设项目业主单位的要求全部提供或仅提供其中的一种。

概、预算应按一个建设项目[如一条路线或一座独立大(中)桥、隧道]进行编制。当一个编制项目需要分段或分部编制时,应根据需要分别编制,但必须汇总编制"总概(预)算汇总表"。

甲、乙组文件包括的内容如下:

甲组文件:

　　①编制说明;
　　②总概(预)算汇总表(01-1表);
　　③总概(预)算人工、主要材料、机械台班数量汇总表(02-1表);

④总概(预)算(01表);
⑤人工、主要材料、机械台班数量汇总表(02表);
⑥建筑安装工程费计算表(03表);
⑦其他直接费、现场经费及间接综合费率计算表(04表);
⑧设备、工具、器具购置费计算表(05表);
⑨工程建设其他费用及回收金额计算表(06表);
⑩人工、材料、机械台班单价汇总表(07表)。

乙组文件:
①建筑安装工程费计算数据表(08-1表);
②分项工程概(预)算表(08-2表);
③材料预算单价计算表(09表);
④自采材料料场价格计算表(10表);
⑤机械台班单价计算表(11表);
⑥辅助生产工、料、机械台班单位数量表(12表)。

3. 概、预算项目

概、预算项目应按项目表的序列及内容编制,如实际出现的工程和费用项目与项目表的内容不完全相符时,一、二、三部分和"项"的序号应保留不变,"目"、"节"、"细目"可随需要增减,并按项目表的顺序以实际出现的"目"、"节""细目"依次排列,不保留缺少的"目"、"节"、"细目"序号。如第二部分,设备、工具、器具购置费在该项工程中不发生时,第三部分工程建设其他费用仍为第三部分。同样,路线工程第一部分第六项为隧道工程,第七项为公路设施及预埋管线工程,若路线中无隧道工程项目,但其序号仍保留,公路设施及预埋管线工程仍为第七项。但如"目"或"节"或"细目"发生这种情况时,可依次递补改变序号。路线建设项目中的互通式立体交叉、辅道、支线,如工程规模较大时,也可按概、预算项目表单独编制建筑安装工程,然后将其概、预算建安工程总金额列入路线的总概、预算表中相应的项目内。

概、预算项目主要包括以下内容:

第一部分　建筑安装工程

第一项　临时工程

第二项　路基工程

第三项　路面工程

第四项　桥梁涵洞工程

第五项　交叉工程

第六项　隧道工程

第七项　公路设施及预埋管线工程

第八项　绿化及环境保护工程

第九项　管理、养护及服务房屋

第二部分　设备及工具、器具购置费

第三部分　工程建设其他费用

4. 概、预算费用的组成

概、预算费用的组成如图 5-2～图 5-6 所示。

图 5-2　概(预)算费用组成

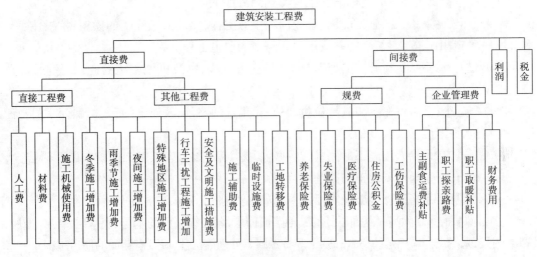

图 5-3　建筑安装工程费组成

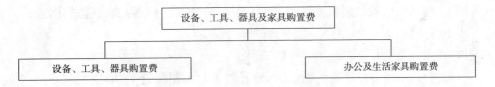

图 5-4　设备、工具、器具及家具购置费组成

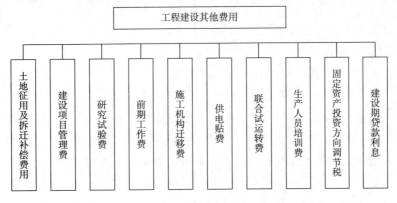

图 5-5　工程建设其他费用组成

图 5-6 预留费组成

三、概、预算费用标准和计算方法

1. 建筑安装工程费

建筑安装工程费包括直接费、间接费、利润及税金。

其他工程费及间接费取费标准的工程类别划分如下：

①人工土方：系指人工施工的路基、改河等土方工程，以及人工施工的砍树、挖根、除草、平整场地、挖盖山土等工程项目，并适用于无路面的便道工程。

②机械土方：系指机械施工的路基、改河等土方工程，以及机械施工的砍树、挖根、除草等工程项目。

③汽车运土：系指汽车、火车、拖拉机、马车运用送的路基、改河土(石)方，路面基层和面层混合料、水泥混凝土及预制构件、绿化苗、木等。

④人工石方：系指人工施工的路基、改河等石方工程，以及人工施工的挖盖山石项目。

⑤机械石方：系指机械施工的路基、改河等石方工程(机械打眼即属机械施工)。

⑥高级路面：系指沥青混凝土路面、厂拌沥青碎石路面和水泥混凝土路面的面层。

⑦其他路面：系指除高级路面以外的其他路面面层，各等级路面的基层、底基层、垫层、透层、黏层、封层，采用结合料稳定的路基和软土等特殊路基处理等工程，以及有路面的便道工程。

⑧构造物Ⅰ：系指无夜间施工的桥梁、涵洞、防护(包括绿化)及其他工程，交通工程及沿线设施工程(设备安装及金属标志牌、防撞钢护栏、防眩板(网)、隔离栅、防护网除外)，以及临时工程中的便桥、电力电讯线路、轨道铺设等工程项目。

⑨构造物Ⅱ：系指有夜间施工的桥梁工程。

⑩构造物Ⅲ：系指商品混凝土(包括沥青混凝土和水泥混凝土)的浇筑和外购构件及设备的安装工程。商品混凝土和外购构件及设备的费用不作为其他工程费和间接费的计算基数。

⑪技术复杂大桥：系指单孔跨径为120m及以上和基础水深为10m及以上的大桥主桥部分的基础、下部和上部工程。

⑫隧道：系指隧道工程的洞门及洞内土建工程。

⑬钢材及钢结构：系指钢桥及钢吊桥的上部构造，钢沉井、钢围堰、钢套箱及钢护筒等基础工程，钢索塔，钢锚箱，钢筋及预应力钢材，模数式及橡胶板式伸缩缝，钢盆式橡胶支座，四氟板式橡胶支座，金属标志牌、防撞钢护栏、防眩板(网)、隔离栅、防护网等工程项目。

购买路基填料的费用不作为其他工程费和间接费的计算基数。

1) 直接费

直接费是由直接工程费和其他工程费组成。

(1)直接工程费

直接工程费是指施工过程中耗费的构成工程实体和有助于工程形成的各项费用,包括人工费、材料费、施工机械使用费。

①人工费,系指列入概、预算定额的直接从事建筑安装工程施工的生产工人开支的各项费用,内容包括:

a. 基本工资,系指发放生产工人的基本工资,流动施工津贴和生产工人劳动保护费,以及职工缴纳的养老、失业、医疗保险费和住房公积金等。

生产工人劳动保护费系指按国家有关部门规定标准发放的劳动保护用品的购置费及修理费,徒工服装补贴,防暑降温费,在有碍身体健康环境中施工的保健费用等。

b. 工资性补贴,系指按规定标准发放的物价补贴,煤、燃气补贴,交通补贴,地区津贴等。

c. 生产工人辅助工资,系指生产工人年有效施工天数以外非作业天数的工资,包括开会和执行必要的社会义务时间的工资,职工学习,培训期的工资,调动工作、探亲、休假期间的工资,因气候影响停工期的工资,女工哺乳时间的工资,病假在6个月以内的工资及产、婚、丧假期的工资。

d. 职工福利费,系指按国家规定标准计提的职工福利费。

人工费以概、预算定额人工工日数乘以每工日人工费计算。

人工费标准按照本地区公路建设项目的人工工资统计情况并结合工种组成、定额消耗、最低工资标准以及公路建设劳务市场情况进行综合分析确定,由各省、自治区、直辖市交通运输厅(局、委)审批并公布。

人工费单价仅作为编制概、预算的依据,不作为施工企业实发工资的依据。

②材料费,系指施工过程中耗用的构成工程实体的原材料、辅助材料、构(配)件、零件、半成品、成品的用量和周转材料的摊销量,按工程所在地的材料预算价格计算的费用。

材料预算价格由材料原价、运杂费、场外运输损耗、采购及仓库保管费组成。

$$材料预算价格 = (材料原价 + 运杂费) \times (1 + 场外运输损耗率) \times (1 + 采购及保管费率) - 包装品回收价值 \tag{5-1}$$

a. 材料原价。各种材料原价按以下规定计算:

外购材料:国家或地方的工业产品,按工业产品出厂价格或供销部门的供应价格计算,并根据情况加计供销部门手续费和包装费。如供应情况、交货条件不明确时,可采用当地规定的价格计算。

地方性材料:主要包括外购的砂、石材料等,按实际调查价格或当地主管部门规定的预算价格计算。

自采材料:自采的砂、石、黏土等到自采材料,按定额中开采单价加辅助生产间接费和矿产资源税(如有)计算。

材料原价应按实计取。各省、自治区、直辖市公路(交通)工程造价(定额)管理站应通过调查,编制本地区的材料价格信息,供编制概、预算使用。

b. 运杂费,指材料自供应地点至工地仓库(施工地点存放材料的地方)的运杂费用,包括装卸费、运费,如果发生,还应计囤存费及其他杂费(如过磅、标签、支撑加固、路桥通行等费用)。

通过铁路、水路和公路运输部门运输的材料,按铁路、航运和当地交通运输部门规定的运价计算运费。

施工单位自办的运输,单程运距15km以上的长途汽车运输按当地交通运输部门规定的统一运价计算运费;单程运距5~15km的汽车运输按当地交通运输部门规定的统一运价计算运费。当工程所在地交通不便、社会运输力量缺乏时,如边远地区和某些山岭区,允许按当地交通运输部门规定的统一运价加50%计算运费;单程运距5km及以内的汽车运输以及人力场外运输,按预算定额计算运费,其中人力装卸和运输另按人工费加计辅助生产间接费。

一种材料如有两个以上的供应点时,都应根据不同的运距、运量、运价采用加权平均的方法计算运费。

由于预算定额中汽车运输台班已考虑工地便道特点,以及定额中已计入了"工地小搬运"项目,因此平均运距中汽车运输便道里程不得乘调整系数,也不得在工地仓库或堆料场之外再加场内运距或二次倒运的运距。

有容器或包装的材料及长大轻浮材料,应按表5-1规定的毛重计算。桶装沥青、汽油、柴油按每吨摊销一个旧汽油桶计算包装费(不计回收)。

材料毛重系数及单位毛重 表5-1

材 料 名 称	单位	毛重系数	单位毛重
爆破材料	t	1.35	—
水泥、块状沥青	t	1.01	—
铁钉、铁件、焊条	t	1.10	—
液体沥青、液体燃料、水	t	桶装1.17,油罐车装1.00	—
木料	m³	—	1.000t
草袋	个	—	0.004t

c. 场外运输损耗。系指有些材料在正常的运输过程中发生的损耗,这部分损耗应摊入材料单价内。材料场外运输操作损耗率见表5-2。

材料场外运输操作损耗率(%) 表5-2

材 料 名 称		场外运输(包括一次装卸)	每增加一次装卸
块状沥青		0.5	0.2
石屑、碎砾石、砂砾、煤渣、工业废渣、煤		1.0	0.4
砖、瓦、桶装沥青、石灰、黏土		3.0	1.0
草 皮		7.0	3.0
水泥(袋装、散装)		1.0	0.4
砂	一般地区	2.5	1.0
	多风地区	5.0	2.0

注:汽车运水泥如运距超过500km时,增加损耗率:袋装0.5%。

d. 采购及保管费,系指材料供应部门(包括工地仓库以及各级材料管理部门)在组织采购、供应和保管材料过程中,所需的各项费用及工地仓库的材料储存损耗。

材料采购及保管费,以材料的原价加运杂费及场外运输损耗的合计数为基数,乘以采购保管费率计算。材料的采购及保管费费率为2.5%。

外购的构件、成品及半成品的预算价格,其计算方法与材料相同,但构件(如外购的钢桁梁、钢筋混凝土构件及加工钢材等半成品)的采购保管费率为1%。

商品混凝土预算价格的计算方法与材料相同,但其采购保管费率为零。

③施工机械使用费,系指列入概、预算定额的施工机械台班数量,按相应的机械台班费用定额计算的施工机械使用费和小型机具使用费。

施工机械台班预算价格应按交通部公布的《公路工程机械台班费用定额》(JTG/T B06-03—2007)计算,台班单价由不变费用和可变费用组成。不变费用包括折旧费、大修理费、经常修理费、安装拆卸及辅助设施费等;可变费用包括机上人员人工费、动力燃料费、养路费及车船使用税。可变费用中的人工工日数及动力燃料消耗量,应以机械台班费用定额中的数值为准。台班人工费工日单价同生产工人人工费单价。动力燃料费用则按材料费的计算规定计算。

当工程用电为自行发电时,电动机械每千瓦时(度)电的单价可由下述近似公式计算:

$$A = 0.24K/N \tag{5-2}$$

式中:A——每千瓦时电单价(元);

K——发电机组的台班单价(元);

N——发电机组的总功率(kW)。

(2)其他工程费

其他工程费系指直接费以外施工过程中发生的直接用于工程的费用。内容包括冬季施工增加费、雨季施工增加费、夜间施工增加费、特殊地区施工增加费、行车干扰工程施工增加费、施工标准化与安全措施费、临时设施费、施工辅助费、工地转移费等9项。公路工程中的水、电费及因场地狭小等特殊情况而发生的材料二次搬运等其他工程费已包括在概、预算定额中,不再另计。

①冬季施工增加费,系指按照公路工程施工及验收规范所规定的冬季施工要求,为保证工程质量和安全生产所需采取的防寒保温设施,工效降低和机械作业率降低以及技术操作过程的改变等所增加的有关费用。

冬季施工增加费的主要内容包括:

a. 因冬季施工所需增加的一切人工、机械与材料的支出。

b. 施工机具所需修建的暖棚(包括拆、移),增加油脂及其他保温设备费用。

c. 因施工组织设计确定,需增加的一切保温、加温及照明等有关支出。

d. 与冬季施工有关的其他各项费用,如清除工作地点的冰雪等费用。

冬季气温区的划分是根据气象部门提供的满15年以上的气温资料确定的。每年秋冬第一次连续5d出现室外日平均温度在5℃以下、日最低温度在-3℃以下的第一天算起,至第二年春夏最后一次连续 5d 出现同样温度的最末一天为冬季期。冬季期内平均气温在 -1℃ 以上者为冬一区,-1~-4℃ 者为冬二区,-4~-7℃ 者为冬三区,-7~-10℃ 者为冬四区,-10~-14℃ 者为冬五区,-14℃ 以下为冬六区。冬一区内平均气温低于 0℃ 的连续天数在 70d 以内的为Ⅰ副区,70d 以上的为Ⅱ副区,冬二区内平均气温低于 0℃ 的连续天数在 100d 以内的为Ⅰ副区,100d 以上的为Ⅱ副区。

气温高于冬一区,但砖石混凝土工程施工须采取一定措施的地区为准冬季区。准冬季区分两个副区,简称准一区、准二区。凡一年内日最低气温在 0℃ 以下的天数多于 20d,日平均气温在 0℃ 以下的天数少于 15d 的为准一区,多于 15d 的为准二区。

冬季施工增加费的计算方法,是根据各类工程的特点,规定各气温区的取费标准。为了简化计算手续,采用全年平均摊销的方法,即不论是否在冬季施工,均按规定的取费标准计取冬季施工增加费。一条路线穿过两个以上的气温区时,可分段计算或按各区的工程量比例求得全线的平均增加率,计算冬季施工增加费。

冬季施工增加费以各类工程的直接工程费之和为基数,按工程所在地的气温区选用表 5-3 的费率计算。

冬季施工增加费费率(%) 表 5-3

气温区	冬季期平均温度(℃)								准一区	准二区
	-1 以上		-1~-4		-4~-7	-7~-10	-10~-14	-14 以下		
	冬一区		冬二区		冬三区	冬四区	冬五区	冬六区		
工程类别	Ⅰ	Ⅱ	Ⅰ	Ⅱ						
人工土方	0.28	0.44	0.59	0.76	1.44	2.05	3.07	4.61	—	—
机械土方	0.43	0.67	0.93	1.17	2.21	3.14	4.71	7.07	—	—
汽车运土	0.08	0.12	0.17	0.21	0.40	0.56	0.84	1.27	—	—
人工石方	0.06	0.10	0.13	0.15	0.30	0.44	0.65	0.98	—	—
机械石方	0.08	0.13	0.18	0.21	0.42	0.61	0.91	1.37	—	—
高级路面	0.37	0.52	0.72	0.81	1.48	2.00	3.00	4.50	0.06	0.16
其他路面	0.11	0.20	0.29	0.37	0.62	0.80	1.20	1.80		
构造物Ⅰ	0.34	0.49	0.66	0.75	1.36	1.84	2.76	4.14	0.06	0.15
构造物Ⅱ	0.42	0.60	0.81	0.92	1.67	2.27	3.40	5.10	0.08	0.19
构造物Ⅲ	0.83	1.18	1.60	1.81	3.29	4.46	6.69	10.03	0.15	0.37
技术复杂大桥	0.48	0.68	0.93	1.05	1.91	2.58	3.87	5.81	0.08	0.21
隧道	0.10	0.19	0.27	0.35	0.58	0.75	1.12	1.69		
钢材及钢结构	0.02	0.05	0.07	0.09	0.15	0.19	0.29	0.43	—	—

②雨季施工增加费,系指雨季期间施工为保证工程质量和安全生产所需采取的防雨、排水、防潮和防护措施、工效降低和机械作业率降低以及技术作业过程的改变,所需增加的有关费用。

雨季施工增加费的主要内容包括:

a. 因雨季施工所需增加的工、料、机费用的支出,包括工作效率的降低及易被雨水冲毁的工程所增加的工作内容等(如基坑坍塌和排水沟等堵塞的清理、路基边坡冲沟的填补等)。

b. 路基土方工程的开挖和运输,因雨季施工(非土壤中水影响)而影响的黏附工具,降低工效所增加的费用。

c. 因防止雨水必须采取的防护措施的费用,如挖临时排水沟、防止基坑坍塌所需的支撑、挡板等。

d. 材料因受潮设备的费用。

e. 增加防雨、防潮设备的费用。

f. 其他有关雨季施工所需增加的费用,如因河水高涨致使工作困难而增加的费用等。

雨量区和雨季期的划分,是根据气象部门提供的满15年以上的降雨资料确定的。凡月平均降雨天数在10d以上,月平均日降雨量在3.5~5mm之间者为Ⅰ区。月平均日降雨量在5mm以上者为Ⅱ区。

雨季施工增加费的计算方法。是将全国划分为若干雨量区和雨季期,并根据各类工程的特点规定各雨量区和雨季期的取费标准,采用全年平均摊销的方法,即不论是否在雨季施工,均按规定的取费标准计取雨季施工增加费。

一条路线通过不同的雨量区和雨季期时,应分别计算雨季施工增加费或按工程量比例求得平均的增加率,计算全线雨季施工增加费。

雨季施工增加费以各类工程的直接工程费之和为基数,按工程所在地的雨量区、雨季期选用表5-4的费率计算。

室内管道及设备安装工程不计雨季施工增加费。

③夜间施工增加费,系指根据设计、施工的技术要求和合理的施工进度要求,必须在夜间连续施工而发生的工效降低、夜班津贴以及有关照明设施(包括所需照明设施的安拆、摊销、维修及油燃料、电)等增加的费用。

夜间施工增加费按夜间施工工程项目(如桥梁工程项目包括上、下部构造全部工程)的直接工程费之和为基数,按表5-5的费率计算。

注:设备安装工程及金属标志牌、防撞钢护栏、防眩板(网)、隔离栅、防护网等不计夜间施工增加费。

④特殊地区施工增加费,包括高原地区施工增加费、风沙地区施工增加费和沿海地区增加费三项。

a. 高原地区施工增加费,系指在海拔高度1500m以上地区施工,由于受气候、气压的影响,致使人工、机械效率降低而增加的费用。该费用以各类工程人工费和机械使用费之和为基数,按表5-6的费率计算。

一条路线通过两个以上(含两个)不同的海拔高度分区时,应分别计算高原地区施工增加费或按工程量比例求得平均的增加率,计算全线高原地区施工增加费。

b. 风沙地区施工增加费,系指在沙漠地区施工时,由于受风沙影响,按照施工及验收规范的要求,为保证工程质量和安全生产而增加的有关费用,内容包括防风、防沙及气候影响的措施费,材料费,人工、机械效率降低增加的费用,以及积沙、风蚀的清理修复等费用。

雨季施工增加费费率(%)

表 5-4

雨季期(月数) 工程类别 区	1	1.5	2		2.5		3		3.5		4		4.5		5		6		7	8
	Ⅰ	Ⅰ	Ⅰ	Ⅱ	Ⅰ	Ⅱ	Ⅰ	Ⅱ	Ⅰ	Ⅱ	Ⅰ	Ⅱ	Ⅰ	Ⅱ	Ⅰ	Ⅱ	Ⅰ	Ⅱ	Ⅱ	Ⅱ
人工土方	0.04	0.05	0.07	0.11	0.09	0.13	0.11	0.15	0.13	0.17	0.15	0.20	0.17	0.23	0.19	0.26	0.21	0.31	0.36	0.42
机械土方	0.04	0.05	0.07	0.11	0.09	0.13	0.11	0.15	0.13	0.17	0.15	0.20	0.17	0.23	0.19	0.27	0.22	0.32	0.37	0.43
汽车运土	0.04	0.05	0.07	0.11	0.09	0.13	0.11	0.16	0.13	0.19	0.15	0.22	0.17	0.25	0.19	0.27	0.22	0.32	0.37	0.43
人工石方	0.02	0.03	0.05	0.07	0.06	0.09	0.07	0.11	0.08	0.13	0.09	0.15	0.10	0.17	0.12	0.19	0.15	0.23	0.27	0.32
机械石方	0.03	0.04	0.06	0.10	0.08	0.12	0.10	0.14	0.12	0.16	0.14	0.19	0.16	0.22	0.18	0.25	0.20	0.29	0.34	0.39
高级路面	0.03	0.04	0.06	0.10	0.08	0.13	0.10	0.15	0.12	0.17	0.14	0.19	0.16	0.22	0.18	0.25	0.20	0.29	0.34	0.39
其他路面	0.03	0.04	0.06	0.09	0.08	0.12	0.09	0.14	0.10	0.16	0.12	0.18	0.14	0.21	0.16	0.24	0.19	0.28	0.32	0.37
构造物Ⅰ	0.03	0.04	0.05	0.08	0.06	0.09	0.07	0.11	0.08	0.13	0.10	0.15	0.12	0.17	0.14	0.19	0.16	0.23	0.27	0.31
构造物Ⅱ	0.03	0.04	0.05	0.08	0.07	0.10	0.08	0.12	0.09	0.14	0.11	0.16	0.13	0.18	0.15	0.21	0.17	0.25	0.30	0.34
构造物Ⅲ	0.06	0.08	0.11	0.17	0.14	0.21	0.17	0.25	0.20	0.30	0.23	0.35	0.27	0.40	0.31	0.45	0.35	0.52	0.60	0.69
技术复杂大桥	0.03	0.05	0.07	0.10	0.08	0.12	0.10	0.14	0.12	0.16	0.14	0.19	0.16	0.22	0.18	0.25	0.20	0.29	0.34	0.39
隧道	—	—	—	—	—	—	—	—	—	—	—	—	—	—	—	—	—	—	—	—
钢材及钢结构	—	—	—	—	—	—	—	—	—	—	—	—	—	—	—	—	—	—	—	—

夜间施工增加费费率(%)　　　　　　　　　表5-5

工程类别	费率	工程类别	费率
构造物Ⅱ	0.35	技术复杂大桥	0.35
构造物Ⅲ	0.70	钢材及钢结构	0.35

高原地区施工增加费费率(%)　　　　　　　表5-6

工程类别	海拔高度(m)							
	1501~2000	2001~2500	2501~3000	3001~2500	3501~4000	4001~4500	4501~5000	5000以上
人工土方	7.00	13.25	19.75	29.75	43.25	60.00	80.00	110.00
机械土方	6.56	12.60	18.66	25.60	36.05	49.08	64.72	83.80
汽车运土	6.50	12.50	18.50	25.00	35.00	47.50	62.50	80.00
人工石方	7.00	13.25	19.75	29.75	43.25	60.00	80.00	110.00
机械石方	6.71	12.82	19.03	27.01	38.50	52.80	69.92	92.72
高级路面	6.58	12.61	18.69	25.72	36.26	49.41	65.17	84.58
其他路面	6.73	12.84	19.07	27.15	38.74	53.17	70.44	93.60
构造物Ⅰ	6.87	13.06	19.44	28.56	41.18	56.86	75.61	102.47
构造物Ⅱ	6.77	12.90	19.17	27.54	39.41	54.18	71.85	96.03
构造物Ⅲ	6.73	12.85	19.08	27.19	38.81	53.27	70.57	93.84
技术复杂大桥	6.70	12.81	19.01	26.94	38.37	52.61	69.65	92.27
隧道	6.76	12.90	19.16	27.50	39.35	54.09	71.72	95.81
钢材及钢结构	6.78	12.92	19.20	27.66	39.62	54.50	72.30	96.80

风沙地区的划分,根据《公路自然区划标准》《沙漠地区公路建设成套技术研究报告》的公路自然区划和沙漠公路区划,结合风沙地区的气候状况将风沙地区分为三区九类。半干旱、半湿润沙地为风沙一区,干旱、极干旱寒冷沙漠地区为风沙二区,极干旱炎热沙漠地区为风沙三区;根据覆盖度(沙漠中植被、戈壁等覆盖程度)又将每区分为固定沙漠(覆盖度大于50%),半固定沙漠(覆盖度为10%~50%)、流动沙漠(覆盖度小于10%)三类,覆盖度由工程勘探设计人员在公路工程勘察设计时确定。

一条路线穿过两个以上不同风沙区,按路线长度经过不同的风沙区加权计算项目全线风沙地区施工增加费。

风沙地区施工增加费以各类工程的人工费和机械使用费之和为基数,根据工程所在地的风沙区划及类别,按表5-7的费率计算。

c.沿海地区工程施工增加费,系指工程项目在沿海地区施工受海风、海浪和潮汐的影响,致使人工、机械效率降低等所需增加的费用。本项费用,由沿海各省、自治区、直辖市交通运输厅(局)制定具体的适用范围(地区),并抄送交通运输部公路局备案。

沿海地区工程施工增加费以各类工程的直接工程费之和为基数,按表5-8的费率计算。

⑤行车干扰工程施工增加费,系指由于边施工边维护通车,受行车干扰的影响,致使人工、机械效率降低而增加的费用。该费用以受行车影响部分的工程项目的人工费和机械使用费之和为基数,按表5-9的费率计算。

风沙地区施工增加费费率(%) 表5-7

风沙区划	风沙一区			风沙二区			风沙三区		
工程类别 \ 沙漠类型	固定	半固定	流动	固定	半固定	流动	固定	半固定	流动
人工土方	6.00	11.00	18.00	7.00	17.00	26.00	11.00	24.00	37.00
机械土方	4.00	7.00	12.00	5.00	11.00	17.00	7.00	15.00	24.00
汽车运输	4.00	8.00	13.00	5.00	12.00	18.00	8.00	17.00	26.00
人工石方	—	—	—	—	—	—	—	—	—
机械石方	—	—	—	—	—	—	—	—	—
高级路面	0.50	1.00	2.00	1.00	2.00	3.00	2.00	3.00	5.00
其他路面	2.00	4.00	7.00	3.00	7.00	10.00	4.00	10.00	15.00
构造物Ⅰ	4.00	7.00	12.00	5.00	11.00	17.00	7.00	16.00	24.00
构造物Ⅱ	—	—	—	—	—	—	—	—	—
构造物Ⅲ	—	—	—	—	—	—	—	—	—
技术复杂大桥	—	—	—	—	—	—	—	—	—
隧道	—	—	—	—	—	—	—	—	—
钢材及钢结构	1.00	2.00	4.00	1.00	3.00	5.00	2.00	5.00	7.00

沿海地区工程施工增加费费率(%) 表5-8

工程类别	费率	工程类别	费率
构造物Ⅱ	0.15	技术复杂大桥	0.15
构造物Ⅲ	0.15	钢材及钢结构	0.15

行车干扰工程施工增加费费率(%) 表5-9

工程类别	施工期平均每昼夜双向行车次数(汽车兽力车合计)							
	51~100	101~500	501~1000	1001~2000	2001~3000	3001~4000	4001~5000	5000以上
人工土方	1.64	2.46	3.28	4.10	4.76	5.29	5.86	6.44
机械土方	1.39	2.19	3.00	3.89	4.51	5.02	5.56	6.11
汽车运土	1.36	2.09	2.85	3.75	4.35	4.84	5.36	5.89
人工石方	1.66	2.40	3.33	4.06	4.71	5.24	5.81	6.37
机械石方	1.16	1.71	2.38	3.19	3.70	4.12	4.56	5.01
高级路面	1.24	1.87	2.50	3.11	3.61	4.01	4.45	4.88
其他路面	1.17	1.77	2.36	2.94	3.41	3.79	4.20	4.62
构造物Ⅰ	0.94	1.41	1.89	2.36	2.74	3.04	3.37	3.71
构造物Ⅱ	0.95	1.43	1.90	2.37	2.75	3.06	3.39	3.72
构造物Ⅲ	0.95	1.42	1.90	2.37	2.75	3.05	3.38	3.72
技术复杂大桥	—	—	—	—	—	—	—	—
隧道	—	—	—	—	—	—	—	—
钢材及钢结构	—	—	—	—	—	—	—	—

⑥安全与文明施工措施费,系指工程施工期间为满足安全生产、施工标准化、规范化、精细化所发生的费用。不包括施工期间为保证交通安全而设置的临时安全设施和标志、标牌的费用,需要时,应根据设计要求计算。该费用也不包括预制场、拌和站、临时便道、临时便桥的施工标准化费用,应根据施工组织标准化要求单独计算。施工标准化与安全措施费以各类工程的直接工程费之和为基数,按表5-10的费率计算。

安全及文明施工措施费费率(%) 表5-10

工程类别	费率	工程类别	费率
人工土方	0.59	构造物Ⅰ	0.72
机械土方	0.59	构造物Ⅱ	0.78
汽车运输	0.21	构造物Ⅲ	1.57
人工石方	0.59	技术复杂大桥	0.86
机械石方	0.59	隧道	0.73
高级路面	1.00	钢材及钢结构	0.53
其他路面	1.02		

⑦临时设施费,系指施工企业为进行建筑安装工程施工所必需的生活和生产用的临时建筑物、构筑物和其他临时设施及标准化的费用等,但不包括概、预算定额中临时工程在内。

临时设施包括:临时生活及居住房屋(包括职工家属房屋及探亲房屋)、文化福利及公用房屋(如广播室、文体活动室等)和生产、办公房屋(如原材料、半成品、成品存放场及库房、加工厂、钢筋加工厂、发电站、变电站、空压机站、停机棚等),工地范围内的各种临时的工作便道(包括汽车、畜力车、人力车道)、人行便道,工地临时用水、用电的水管支线和电线支线,临时构筑物(如水井、水塔等)以及其他小型临时设施。

临时设施费用内容包括临时设施的搭设、维修、拆除费或摊销费。

临时设施费以各类工程的直接工程费之和为基数,按表5-11的费率计算。

临时设施费费率(%) 表5-11

工程类别	费率	工程类别	费率
人工土方	1.57	构造物Ⅰ	2.65
机械土方	1.42	构造物Ⅱ	3.14
汽车运输	0.92	构造物Ⅲ	5.81
人工石方	1.60	技术复杂大桥	2.92
机械石方	1.97	隧道	2.57
高级路面	1.92	钢材及钢结构	2.48
其他路面	1.87		

⑧施工辅助费,包括生产工具用具使用费、检验试验费和工程定位复测、工程点交、场地清理等费用。

生产工具用具使用费系指施工所需不属于固定资产的生产工具、检验、试验用具及仪器、仪表等的购置、摊销和维修费,以及支付给工人自备工具的补贴费。

检验试验费系指对建筑材料、构件和建筑安装工程进行一般鉴定、检查所发生的费用,包括自设试验室进行试验所耗用的材料和化学药品的费用,以及技术革新和研究试验费,但不包括新结构、新材料的试验费和建设单位要求对具有出厂合格证明的材料进行检验、对构件破坏性试验及其他特殊要求检验的费用。

施工辅助费以各类工程的直接工程费之和为基数,按表 5-12 的费率计算。

施工辅助费费率(%)　　　　　　　　　　　　表 5-12

工程类别	费率	工程类别	费率
人工土方	0.89	构造物 I	1.30
机械土方	0.49	构造物 II	1.56
汽车运输	0.16	构造物 III	3.03
人工石方	0.85	技术复杂大桥	1.68
机械石方	0.46	隧道	1.23
高级路面	0.80	钢材及钢结构	0.56
其他路面	0.74		

⑨工地转移费,系指施工企业根据建设任务的需要,由已竣工的工地或后方基地迁至新工地的搬迁费用,其内容包括:

a. 施工单位全体职工及随职工迁移的家属向新工地转移的车费、家具行李运费、途中住宿费、行程补助费、杂费及工资与工资附加费等。

b. 公物、工具、施工设备器材、施工机械的运杂费,以及外租机械的往返费及本工程内部各工地之间施工机械、设备、公物、工具的转移费等。

c. 非固定工人进退场及一条路线中各工地转移的费用。

工地转移费以各类工程的直接工程费之和为基数,按表 5-13 的费率计算。

工 地 转 移 费 率(%)　　　　　　　　　　表 5-13

工程类别	工地转移距离(km)					
	50	100	300	500	1000	每增加 100
人工土方	0.15	0.21	0.32	0.43	0.56	0.03
机械土方	0.50	0.67	1.05	1.37	1.82	0.08
汽车运输	0.31	0.40	0.62	0.82	1.07	0.05
人工石方	0.16	0.22	0.33	0.45	0.58	0.03
机械石方	0.36	0.43	0.74	0.97	1.28	0.06
高级路面	0.61	0.83	1.30	1.70	2.27	0.12
其他路面	0.56	0.75	1.18	1.54	2.06	0.10
构造物 I	0.56	0.75	1.18	1.54	2.06	0.11
构造物 II	0.66	0.89	1.40	1.83	2.45	0.13
构造物 III	1.31	1.77	2.77	3.62	4.85	0.25
技术复杂大桥	0.75	1.01	1.58	2.06	2.76	0.14
隧道	0.52	0.71	1.11	1.45	1.94	0.10
钢材及钢结构	0.72	0.97	1.51	1.97	2.64	0.13

转移距离以工程承包单位(如工程处、工程公司等)转移前后驻地距离或两路线中点的距离为准;编制概(预)算时,如施工单位不明确时,高速、一级公路及独立大桥、隧道按省城(自治区首府)至工地的里程,二级及以下公路按地(市、盟)至工地的里程计算工地转移费;工地转移里程数在表列里程之间时,费率可内插计算。工地转移距离在50km以内的工程不计取本项费用。

2)间接费

间接费由规费和企业管理费两项组成。

(1)规费

规费系指政府和有关权力部门规定施工企业必须缴纳的费用(简称规费)。主要包括:

①养老保险费,系指施工企业按规定标准为职工缴纳的基本养老保险费。

②失业保险费,系指施工企业按国家规定标准为职工缴纳的失业保险费。

③医疗保险费,系指施工企业按规定标准为职工的基本医疗保险费和生育保险费。

④住房公积金,系指施工企业按规定标准为职工缴纳的住房公积金。

⑤工伤保险费,系指施工企业按规定标准为职工缴纳的工伤保险费。

各项规定以各类工程的人工费之和为基数,按国家或工程所在地法律、法规、规章、规程规定的标准计算。

(2)企业管理费

企业管理费由基本费用、主副食运费补贴、职工探亲路费、职工取暖补贴和财务费用五项组成。

①基本费用,系指施工企业为组织施工生产和经营管理所需的费用,主要内容包括:

a.管理人员工资,系指管理人员的基本工资、工资性补贴、职工福利费、劳动保护费以及缴纳的养老、失业、医疗、生育、工伤保险费和住房公积金等。

b.办公费,系指企业办公文具、纸张、账表、印刷、邮电、书报、会议、水、电、烧水和集体取暖(包括现场临时宿舍取暖)用煤(气)等费用。

c.差旅交通费,系指职工因公出差和工作调动(包括随行家属的旅费)的差旅费,住勤补助费,市内交通及误餐补助费,职工探亲路费,劳动力招募费,职工离退休、退职一次性路费,工伤人员就医路费,以及管理部门使用的交通工具油料、燃料、牌照及养路费等。

d.固定资产使用费,系指管理和试验部门及附属生产单位使用的属于固定资产的房屋、设备、仪器等的折旧,大修、维修或租赁费等。

e.工具用具使用费,系指企业管理使用的不属于固定资产的生产工具、用具、家具、交通工具和检验、试验、测绘、消防用具等的购置、维修和摊销费。

f.劳动保险费,系指企业支付离退休职工的易地安家补助费、职工退休金、6个月以上病假人员工资、职工死亡丧葬补助费、抚恤费、按规定支付给离休干部的各项经费。

g.工会经费,系指企业按职工工资总额计提的工会经费。

h.职工教育经费,系指企业为职工学习先进技术和提高文化水平,按职工工资总额计提的费用。

i. 保险费,系指企业财产保险、管理用车辆等保险费用。

j. 工程保修费,系指工程竣工交付使用后,在规定保修期以内的修理费用。

k. 工程排污费,系指施工现场按规定缴纳的排污费用。

l. 税金,系指企业按规定交纳的房产税、车船使用税、土地使用税、印花税及土地使用费。

m. 其他费用,系指上述项目以外的其他必要的费用支出,包括技术转让费、技术开发费、业务招待费、绿化费、广告费、投标费、公证费、定额测定费、法律顾问费、审计费、咨询费等。

基本费用以各类工程的直接费之和为基数,按表5-14的费率计算。

基本费用费率(%) 表5-14

工程类别	费 率	工程类别	费 率
人工土方	3.36	构造物Ⅰ	4.44
机械土方	3.26	构造物Ⅱ	5.53
汽车运输	1.44	构造物Ⅲ	9.79
人工石方	3.45	技术复杂大桥	4.72
机械石方	3.28	隧道	4.22
高级路面	1.91	钢材及钢结构	2.42
其他路面	3.28		

②主副食运费补贴,系指施工企业在远离城镇及乡村的野外施工购买生活必需品所需的费用。该费用以各类工程的直接费之和为基数,按表5-15的费率计算。

主副食运费补贴费费率(%) 表5-15

工程类别	综合里程(km)										
	1	3	5	8	10	15	20	25	30	40	50	每增加10
人工土方	0.17	0.25	0.31	0.39	0.45	0.56	0.67	0.76	0.89	1.06	1.22	0.16
机械土方	0.13	0.19	0.24	0.30	0.35	0.43	0.52	0.59	0.69	0.81	0.95	0.13
汽车运输	0.14	0.20	0.25	0.32	0.37	0.45	0.55	0.62	0.73	0.86	1.00	0.14
人工石方	0.13	0.19	0.24	0.30	0.34	0.42	0.51	0.58	0.67	0.80	0.92	0.12
机械石方	0.12	0.18	0.22	0.28	0.33	0.41	0.49	0.55	0.65	0.76	0.89	0.12
高级路面	0.08	0.12	0.15	0.20	0.23	0.28	0.33	0.38	0.44	0.52	0.60	0.08
其他路面	0.09	0.12	0.15	0.20	0.22	0.28	0.33	0.38	0.44	0.52	0.61	0.09
构造物Ⅰ	0.13	0.18	0.23	0.29	0.32	0.40	0.49	0.55	0.65	0.76	0.89	0.12
构造物Ⅱ	0.14	0.20	0.25	0.30	0.35	0.43	0.52	0.60	0.70	0.83	0.96	0.13
构造物Ⅲ	0.25	0.36	0.45	0.55	0.64	0.79	0.96	1.09	1.28	1.51	1.76	0.24
技术复杂大桥	0.11	0.16	0.20	0.25	0.29	0.36	0.43	0.49	0.57	0.68	0.79	0.11
隧道	0.11	0.16	0.19	0.24	0.28	0.34	0.42	0.48	0.56	0.66	0.77	0.10
钢材及钢结构	0.11	0.16	0.20	0.26	0.30	0.37	0.44	0.50	0.59	0.69	0.80	0.11

综合里程 = 粮食运距×0.06 + 燃料运距×0.09 + 蔬菜运距×0.15 + 水运距×0.70

(5-3)

粮食、燃料、蔬菜、水的运距均为全线平均运距;综合里程数在表列里程之间时,费率可内插;综合里程在1km以内的工程不计取本项费用。

③职工探亲路费,系指按照有关规定施工企业在探亲期间发生的往返车船费、市内交通费和途中住宿费等费用。该费用以各类工程的直接费之和为基数,按表5-16的费率计算。

职工探亲路费费率(%)　　　　　表5-16

工程类别	费率	工程类别	费率
人工土方	0.10	构造物Ⅰ	0.29
机械土方	0.22	构造物Ⅱ	0.34
汽车运输	0.14	构造物Ⅲ	0.55
人工石方	0.10	技术复杂大桥	0.20
机械石方	0.22	隧道	0.27
高级路面	0.14	钢材及钢结构	0.16
其他路面	0.16		

④职工取暖补贴,系指按规定发放给职工的冬季取暖或在施工现场设置的临时取暖设施的费用。该费用以各类工程的直接费之和为基数,按工程所在地的气温区选用表5-17的费率计算。

职工取暖补贴费费率(%)　　　　　表5-17

工程类别	气温区						
	准二区	冬一区	冬二区	冬三区	冬四区	冬五区	冬六区
人工土方	0.03	0.06	0.10	0.15	0.17	0.26	0.31
机械土方	0.06	0.13	0.22	0.33	0.44	0.55	0.66
汽车运输	0.06	0.12	0.21	0.31	0.41	0.51	0.62
人工石方	0.03	0.06	0.10	0.15	0.17	0.25	0.31
机械石方	0.05	0.11	0.17	0.26	0.35	0.44	0.53
高级路面	0.04	0.07	0.13	0.19	0.25	0.31	0.38
其他路面	0.04	0.07	0.12	0.18	0.24	0.30	0.36
构造物Ⅰ	0.06	0.12	0.19	0.28	0.36	0.46	0.56
构造物Ⅱ	0.06	0.13	0.20	0.30	0.41	0.51	0.62
构造物Ⅲ	0.11	0.23	0.37	0.56	0.74	0.93	1.13
技术复杂大桥	0.05	0.10	0.17	0.26	0.34	0.42	0.51
隧道	0.04	0.08	0.14	0.22	0.28	0.36	0.43
钢材及钢结构	0.04	0.07	0.12	0.19	0.25	0.31	0.37

⑤财务费用,系指施工企业为筹集资金而发生的各项费用,包括企业经营期间发生的短期贷款利息净支出、汇兑净损失、调剂外汇手续费、金融机构手续费,以及企业筹集资金发

生的其他财务费用。

财务费用以各类工程的直接费之和为基数,按表5-18的费率计算。

财务费用费率(%)   表5-18

工程类别	费率	工程类别	费率
人工土方	0.23	构造物Ⅰ	0.37
机械土方	0.21	构造物Ⅱ	0.40
汽车运输	0.21	构造物Ⅲ	0.82
人工石方	0.22	技术复杂大桥	0.46
机械石方	0.20	隧道	0.39
高级路面	0.27	钢材及钢结构	0.48
其他路面	0.30		

(3)辅助生产间接费

辅助生产间接费系指由施工单位自行开采加工的砂、石等自采材料及施工单位自办的人工装卸和运输的间接费。

辅助生产间接费按人工费的5%计。该项费用并入材料预算单价内构成材料费,不直接出现在概(预)算中。

高原地区施工单位的辅助生产,可按其他工程费中高原地区施工增加费费率,以直接工程费为基数计算高原地区施工增加费(其中:人工采集、加工材料、人工装卸、运输材料按人工土方费率计算;机械采集、加工材料按机械石方费率计算;机械装、运输材料按汽车运输费率计算)。辅助生产高原地区施工增加费不作为辅助生产间接费的计算基数。

3)利润

利润系指施工企业完成所承包工程应取得的盈利。利润按直接费与间接费之和扣除规费的7%计算。

4)税金

税金系指按国家税法规定应计入建筑安装工程造价内的营业税、城市维护建设税及教育费附加等。

计算公式如下:

$$综合税金额 = (直接工程费 + 间接费 + 利润) \times 综合税率 \tag{5-4}$$

其中,综合税率为:

①纳税地点在市区的企业:

$$综合税率(\%) = \left[\frac{1}{1 - 3\% - (3\% \times 7\%) - (3\% \times 3\%)} - 1\right] \times 100 = 3.41\%$$

②纳税地点在县城、乡城的企业:

$$综合税率(\%) = \left[\frac{1}{1 - 3\% - (3\% \times 5\%) - (3\% \times 3\%)} - 1\right] \times 100 = 3.35\%$$

③纳税地点不在市区、县城、乡镇的企业:

$$综合税率(\%) = \left[\frac{1}{1 - 3\% - (3\% \times 1\%) - (3\% \times 3\%)} - 1\right] \times 100 = 3.22\%$$

2. 设备、工具、器具及家具购置费

1）设备购置费

设备购置费系指为满足公路的营运、管理、养护需要，购置的构成固定资产标准的设备和虽低于固定资产标准但属于设计明确列入设备清单的设备的费用。包括渡口设备；隧道照明、消防、通风的动力设备；高等级公路的收费、监控、通信、供电设备，养护用的机械、设备和工具、器具等的购置费用。

设备购置费应由设计单位列出计划购置的清单（包括设备的规格、型号、数量），以设备原价加综合业务费和运杂费按以下公式计算：

$$设备购置费 = 设备原价 + 运杂费(运输费 + 装卸费 + 搬动费) + $$
$$运输保险费 + 采购及保管费 \tag{5-5}$$

需要安装的设备，应在第一部分建筑安装工程费的有关项目内另计设备的安装工程费。

（1）国产设备原价的构成及计算

国产设备的原价一般是指设备制造厂的交货价，即出厂价或订货合同价。它一般根据生产厂或供应商的询价、报价、合同价的确定，或采用一定的方法计算确定。内容包括按专业标准规定的在运输过程中不受损失的一般包装费，及按产品设计规定配带的工具、附件和易损件的费用。即：

$$设备原价 = 出厂价(或供货地点价) + 包装费 + 手续费 \tag{5-6}$$

（2）进口设备原价的构成及计算

进口设备的原价是指进口设备的抵岸价，即抵达买方边镜港口或边境车站，且交完关税为止形成的价格。即：

$$进口设备原价 = 货价 + 国际运费 + 运输保险费 + 银行财务费 + 外贸手续费 + 关税 + 增值税 + 消费税 + 商检费 + 检疫费 + 车辆购置附加费 \tag{5-7}$$

①货价。一般指装运港船上交货价（FOB，习惯称"离岸价"）。设备货价分为原币货价和人民币货价，原币货价一律折算为美元表示，人民币货价按原币货价乘以外汇市场美元兑换人民币的中间价确定。进口设备货价按有关生产厂商询价、报价、订货合同价计算。

②国际运费。即从装运港（站）到达我国抵达港（站）的运费。即：

$$国际运费 = 原币货价(FOB 价) \times 运费费率 \tag{5-8}$$

我国进口设备大多采用海洋运输，小部分采用铁路运输，个别采用航空运输。运费费率参照有关部门或进出口公司的规定执行，海运费费率一般为 6%。

③运输保险费。对外贸易货物运输保险是由保险人（保险公司）与被保险人（出口人或进口人）订立保险契约，在被保险人交付议定的保险费后，保险人根据保险契约的规定对货物在运输过程中发生的承保责任范围内的损失给予经济上的补偿。这是一种财产保险。计算公式为：

$$运输保险费 = [原币货价(FOB 价) + 国际运费] \div (1 - 保险费费率) \times 保险费费率 \tag{5-9}$$

保险费费率是按保险公司规定的进口货物保险费费率计算，一般为 0.35%。

④银行财务费。一般指中国银行手续费,可按下式简化计算:

$$银行财务费 = 人民币货价(FOB 价) \times 银行财务费费率 \quad (5\text{-}10)$$

银行财务费费率一般为 0.4%~0.5%。

⑤外贸手续费。指按规定计取的外贸手续费,计算公式为:

$$外贸手续费 = [人民币货价(FOB 价) + 国际运费 + 运输保险费] \times 外贸手续费费率 \quad (5\text{-}11)$$

外贸手续费费率一般为 1%~1.5%。

⑥关税。指海关对进出国境或关境的货物和物品征收的一种税。计算公式为:

$$关税 = [人民币货价(FOB 价) + 国际运费 + 运输保险费] \times 进口关税税率 \quad (5\text{-}12)$$

进口关税税率按我国海关总署发布的进口关税税率计算。

⑦增值税。是对从事进口贸易的单位和个人,在进口商品报关进口后征收的税种。按《中华人民共和国增值税条例》的规定,进口应税产品均按组成计税价格和增值税税率直接计算应纳税额。即:

$$增值税 = [人民币货价(FOB 价) + 国际运费 + 运输保险费 + 关税 + 消费税] \times 增值税税率 \quad (5\text{-}13)$$

增值税税率根据规定的税率计算,目前进口设备适用的税率为 17%。

⑧消费税。对部分进口设备(如轿车、摩托车等)征收,一般计算公式为:

$$应纳消费税额 = [人民币货价(FOB 价) + 国际运费 + 运输保险费 + 关税] \div (1 - 消费税税率) \times 消耗费税率 \quad (5\text{-}14)$$

消耗税税率根据规定的税率计算。

⑨商检费。指进口设备按规定付给商品检查部门和进口设备检验鉴定费。其计算公式为:

$$商检费 = [人民币货价(FOB 价) + 国际运费 + 运输保险费] \times 商检费费率 \quad (5\text{-}15)$$

商检费费率一般为 0.8%。

⑩检疫费。指进口设备按规定付给商品检疫部门的进口设备检验鉴定费。其计算公式为:

$$检疫费 = [人民币货价(FOB 价) + 国际运费 + 运输保险费] \times 检疫费费率 \quad (5\text{-}16)$$

检疫费费率一般为 0.17%。

⑪车辆购置附加费。指进口车辆需缴纳的进口车辆购置附加费,计算公式为:

$$进口车辆购置附加费 = [人民币货价(FOB 价) + 国际运费 + 运输保险费 + 关税 + 消费税 + 增值税] \times 进口车辆购置附加费费率 \quad (5\text{-}17)$$

在计算进口设备原价时,应注意工程项目的性质,有无按国家有关规定减免进口环节税的可能。

(3)设备运杂费的构成及计算

国产设备运杂费指由设备制造厂交货地点起至工地仓库(或施工组织设计指定的需要安装设备的堆放地点)止所发生的运费和装卸费;进口设备运杂费指由我国到岸港口或边境

车站起至工地仓库(或施工组织设计指定的需要安装设备的堆放地点)止所发生的运费和装卸费。其计算公式为:

$$运杂费 = 设备原价 \times 运杂费费率 \quad (5-18)$$

设备运杂费费率见表5-19。

设备运杂费费率 表5-19

运输里程 (km)	100以内	101~ 200	201~ 300	301~ 400	401~ 500	501~ 750	751~ 1000	1001~ 1250	1251~ 1500	1501~ 1750	1751~ 2000	2000 以上每 增250
费率(%)	0.8	0.9	1.0	1.1	1.2	1.5	1.7	2.0	2.2	2.4	2.6	0.2

(4)设备运输保险费的构成及计算

设备运输保险费指国内运输保险费,其计算公式为:

$$运输保险费 = 设备原价 \times 保险费费率 \quad (5-19)$$

设备运输保险费费率一般为1%。

(5)设备采购及保管费的构成及计算

设备采购及保管费指采购、验收、保管和收发设备所发生的各种费用,包括设备采购人员、保管人员和管理人员的工资、工资附加费、办公费、差旅交通费,设备部门办公和仓库所占固定资产使用费、工具用具使用费、劳动保护费、检验试验费等。其计算公式为:

$$采购及保管费 = 设备原价 \times 采购及保管费费率 \quad (5-20)$$

需要安装的设备的采购保管费费率为2.4%,不需要安装的设备的采购保管费费率为1.2%。

2)工器具及生产家具(简称工器具)购置费

工器具购置费系指建设项目交付使用后为满足初期正常营运必须购置的第一套不构成固定资产的设备、仪器、仪表、工卡模具、器具、工作台(框、架、柜)等的费用。不包括:构成固定资产的设备、工器具和备品、备件;已列入设备购置费中的专用工具和备品、备件。

3)办公和生活用家具购置费

办公和生活用家具购置费系指为保证新建、改建项目初期正常生产、使用和管理所必须购置的办公和生活用家具、用具的费用。

范围主要包括行政、生产部门的办公室、会议室、资料档案室、阅览室、单身宿舍及生活福利设施等的家具、用具。

办公和生活用家具购置费按表5-20的规定计算。

办公和生活用家具购置费标准 表5-20

工程所在地	路线(元/km)				有看桥房的独立大桥(元/座)	
	高速公路	一级公路	二级公路	三、四级公路	一般大桥	技术复杂大桥
内蒙古、黑龙江、青海、新疆、西藏	21500	15600	7800	4000	24000	60000
其他省、自治区、直辖市	17500	14600	5800	2900	19800	49000

注:改建工程按表列数80%计。

3. 工程建设其他费用

1) 土地征用及拆迁补偿费

土地征用及拆迁补偿费系指按照《中华人民共和国土地管理法》及《中华人民共和国土地管理法实施条例》、《中华人民共和国基本农田保护条例》等法律、法规的规定，为进行公路建设需征用土地所支付的土地征用及拆迁补偿费等费用。

(1) 费用内容

①土地补偿费。指被征用土地地上、地下附着物及青苗补偿费，征用城市郊区的菜地等缴纳的菜地开发建设基金，租用土地费，耕地占用税，用地图编制费及勘界费，征地管理费等。

②征用耕地安置补助费。指征用耕地需要安置农业人口的补助费。

③拆迁补偿费。指被征用或占用土地上的房屋及附属构筑物、城市公用设施等拆除、迁建补偿费，拆迁管理费等。

④复耕费。指临时占用的耕地、鱼塘等，待工程竣工后将其恢复到原有标准所发生的费用。

⑤耕地开垦费。指公路建设项目占用耕地的，应由建设项目法人(业主)负责补充耕地所发生的费用；没有条件开垦或者开垦的耕地不符合要求的，按规定缴纳的耕地开垦费。

⑥森林植被恢复费。指公路建设项目需要占用、征用或者临时占用林地的，经县级以上林业主管部门审核同意或批准，建设项目法人(业主)单位按照有关规定向县级以上林业主管部门预缴的森林植被恢复费。

(2) 计算方法

土地征用及拆迁补偿费应根据审批单位批准的建设工程用地和临时用地面积及其附着物的情况，以及实际发生的费用项目，按国家有关规定及工程所在地的省(自治区、直辖市)人民政府颁发的有关规定和标准计算。

森林植被恢复费应根据审批单位批准的建设工程占用林地的类型及面积，按国家有关规定及工程所在地的省(自治区、直辖市)人民政府颁发的有关规定和标准计算。

当与原有的电力电讯设施、水利工程、铁路及铁路设施互相干扰时，应与有关部门联系，商定合理的解决方案和赔偿金额，也可由这些部门按规定编制费用以确定赔偿金赔偿金额。

2) 建设项目管理费

建设项目管理费包括建设单位(业主)管理费、工程监理费、设计文件审查费和竣(交)工验收试验检测费。

(1) 建设单位(业主)管理费

建设单位(业主)管理费系指建设单位(业主)为建设项目的立项、筹建、建设、竣(交)工验收、总结等工作所发生的管理费用。不包括应计入设备、材料预算价格的建设单位采购及保管设备、材料所需的费用。

费用内容包括：工作人员的工资、工资性补贴、施工现场津贴、社会保障费用(基本养老、基本医疗、失业、工伤保险)、住房公积金、职工福利费、工会经费、劳动保护费、办公费、差旅交通费、固定资产使用费(包括办公及生活房屋折旧、维修或租赁费、车辆折旧、维修、使用或租赁费,通信设备购置、使用费、测量、试验设备仪器折旧、维修或租赁费、其他设备折旧、维修或租赁费等)、零星固定资产购置费、招募生产工人费;技术图书资料费、职工教育经费、工程招标费(不含招标文件及标底或造价控制值编制费);合同契约公证费、法律顾问费、咨询费、建设单位的临时设施费、完工清理费、竣(交)工验收费(含其他行业或部门要求的竣工验收费用)、各种税费(包括房产税、使船使用税、印花税)、建设项目审计费、境内外融资费用(不含建设期贷款利息)、业务招待费和其他管理费性开支。

由施工企业代建设单位(业主)办理"土地、青苗等补偿费"的工作人员所发生的费用,应在建设单位(业主)管理费项目中支付。当建设单位(业主)委托有资质的单位代理招标时,其代理费应在建设单位(业主)管理费中支出。

建设单位(业主)管理费以建筑安装工程费总额为基数,按表5-21的费率,以累进办法计算。

建设单位管理费费率　　表5-21

第一部分　建筑安装工程费(万元)	费率(%)	算　例(万元)	
		建筑安装工程费	建设单位(业主)管理费
500以下	3.48	500	500×3.48% = 17.4
501~1000	2.73	1000	17.4+500×2.73% = 31.05
1001~5000	2.18	5000	31.05+4000×2.18% = 118.25
5001~10000	1.84	10000	118.25+5000×1.84% = 210.25
10001~30000	1.52	30000	210.25+20000×1.52% = 514.25
30001~50000	1.27	50000	514.25+20000×1.27% = 768.25
50001~100000	0.94	100000	768.25+50000×0.94% = 1238.25
100001~150000	0.76	150000	1238.25+50000×0.76% = 1618.25
150001~200000	0.59	200000	1618.25+50000×0.59% = 1913.25
200001~300000	0.43	300000	1913.25+100000×0.43% = 2343.25
300000以上	0.32	310000	2343.25+10000×0.32% = 2375.25

水深大于15m、跨径大于等于400m的斜拉桥和跨径大于等于800m的悬索桥等独立特大型桥梁工程的建设单位(业主)管理费按表5-21中的费率乘以1.0~1.2的系数计算;海上工程[指由于风浪影响,工程施工期(不包括封冻期)全年月平均工作日少于15天的工程]的建设单位(业主)管理费按表5-21中的费率乘以1.0~1.3的系数计算。

(2)工程监理费

工程监理费系指建设单位(业主)委托具有公路工程监理资格证书的单位,按施工监理规范进行全面的监督与管理所发生的费用。

费用内容包括:工作人员的基本工资、工资性津贴、社会保障费用(基本养老、基本医疗、失业、工伤保险)、住房公积金、职工福利费、工会经费、劳动保护费;办公费、会议费、差旅交通费、固定资产使用费(包括办公及生活房屋折旧、维修或租赁费,车辆折旧、维修、使用或租赁费,通信设备购置、使用费,测量、试验、检测设备仪器折旧、维修或租赁费、其他设备折旧、维修或租赁费等)、零星固定资产购置费、招募生产工人费；技术图书资料费、职工教育经费、投标费用；合同契约公证费、咨询费、业务招待费；财务费用、监理单位的临时设施费、各种税费和其他管理性开支。

工程监理费以建筑安装工程费总额为基数，按表5-22的费率计算。

工程监理费费率　　　　　　　　　　　　　　　　　表5-22

工程类别	高速公路	一级及二级公路	三级及四级公路	桥梁及隧道
费率(%)	2.0	2.5	3.0	2.5

表5-22中的桥梁系指水深大于15m、斜拉桥和悬索桥等独立特大型桥梁工程；隧道指水下隧道工程。

建设单位(业主)管理费和工程监理费均为实施建设项目管理费用，执行时可根据建设单位(业主)和施工监理单位所实际承担的工作内容和工作量统筹使用。

(3) 设计文件审查费

设计文件审查费系指国家和省级交通主管部门在项目审批前，为保证勘察设计工作的质量，组织有关专家或委托有资质的单位，对设计单位提交的建设项目可行性研究报告和勘察设计文件以及对设计变更、调整概算进行审查所需要的相关费用。

设计文件审查费以建筑安装工程费总额为基数，按0.1%计算。

(4) 竣(交)工验收试验检测费

竣(交)工验收试验检测费系指在公路建设项目交工验收和竣工验收前，由建设单位(业主)或工程质量监督机构委托有资质的公路工程质量检测单位按照有关规定对建设项目的工程质量进行检测，并出具检测意见所需要的相关费用。

竣(交)工验收试验检测费按表5-23的规定计算。

竣(交)工验收试验检测费标准　　　　　　　　　　　　　　　　　表5-23

项目	路线(元/公路公里)				独立大桥(元/座)	
	高速公路	一级公路	二级公路	三、四公路	一般大桥	技术复杂大桥
试验检测费	15000	12000	10000	5000	30000	100000

竣(交)工验收试验检测费高速公路、一级公路按四车道计算，二级及以下等级公路按二车道计算，每增加一条车道，按表5-23的费用增加10%。

3) 研究试验费

研究试验费系指为本建设项目提供或验证设计数据、资料进行必要的研究试验和按照设计规定在施工过程中必须进行试验所需的费用，以及支付科技果、先进技术的一次性技术转让费。不包括：

①应由科技三项费用(即新产品试制费、中间试验费和重要科学研究补助费)开支的项目。

②应由施工辅助费开支的施工企业对建筑材料、构件和建筑物进行一般鉴定、检查所发和的费用及技术革新研究试验费。

③应由勘察设计费或建筑安装工程费用中开支的项目。

计算方法:按照设计提出的研究试验内容和要求进行编制,不需验证设计基础资料的不计本项费用。

4）建设项目前期工作费

建设项目前期工作费系指委托勘察设计、咨询单位对建设项目进行可行性研究、工程勘察设计,以及设计、监理、施工招标文件及招标标底或造价控制值文件编制时,按规定应支付的费用。主要包括：

①编制项目建议书(或预可行性研究报告)、可行性研究报告、投资估算,以及相应的勘察、设计、专题研究等所需的费用。

②初步设计和施工图设计的勘察费(包括测量、水文调查、地质勘探等)、设计费、概(预)算及调整概算编制费等。

③设计、监理、施工招标文件及招标标底(或造价控制值或清单预算)文件编制费等。

计算方法:依据委托合同计列,或按国家颁发的收费标准和有关规定进行编制。

5）专项评价（估）费

专项评价(估)费系指依据国家法律、法规规定须进行评价(评估)、咨询,按规定应支付的费用。包括环境影响评价费、水土保持评估费、地震安全性评价费、地质灾害危险性评价费、压覆重要矿床评估费、文物勘察费、通航认证费、行洪认证(评估)费、使用林地可行性研究报告编制费、用地预审报告编制费等费用。

计算方法:按国家颁发的收费标准和有关规定进行编制。

6）施工机构迁移费

施工机构迁移费系指施工机构根据建设任务的需要,经有关部门决定成建制地(指工程处等)由原驻地迁移到另一地区所发生的一次性搬迁费用。不包括:应由施工企业自行负担的,在规定距离范围内调动施工力量以及内部平衡施工力量所发生的迁移费用；

①由于违反基建程序,盲目调迁队伍所发生的迁移费。

②因中标而引起施工机构迁移所发生的迁移费。

费用内容包括:职工及随同家属的差旅费,调迁期间的工资,施工机械、设备、工具、用具和周转性材料的搬运费。

计算方法:施工机构迁移费应经建设项目的主管部门同意按实计算,但计算施工机构迁移费后,如迁移地点即新工地地点(如独立大桥),则其他工程费内的工地转移费应不再计算；如施工机构迁移地点至新工地地点尚有部分距离,则工地转移费的距离,应以施工机构新地点为计算起点。

7）供电贴费

供电贴费系指按照国家规定,建设项目应交付的供电工程贴费、施工临时用电贴费。

计算方法:按国家有关规定计列(目前停止征收)。

8）联合试运转费

联合试运转费指新建、改(扩)建工程项目,在竣工验收前按照设计规定的工程质量标准,进行动(静)载荷载实验所需的费用,或进行整套设备带负荷联合试运转期间所需的全部费用抵扣试车期间收入的差额。不包括应由设备安装工程项下开支的调试费的费用。

费用内容包括：联合试动转期间所需的材料、油燃料和动力的消耗,机械和检测设备使用费,工具用具和低值易耗品费,参加联合试运转人员工资及其他费用等。

联合试运转费以建筑安装工程费总额为基数,独立特大型桥梁按 0.075%、其他工程按 0.05% 计算。

9）生产人员培训费

生产人员培训费指新建、改（扩）建公路工程项目,为保证生产的正常运行,在工程竣工验收交付使用前对运营部门生产人员和管理人员进行培训所必需的费用。

费用内容包括：培训人员的工资、工资性补贴、职工福利费、差旅交通费、劳动保护费、培训及教学实习费等。

生产人员培训费按设计定员和 2000 元/人的标准计算。

10）固定资产投资方向调节税

固定资产投资方向调节税系指为了贯彻国家产业政策,控制投资规模,引导投资方向,调整投资结构,加强重点建设,促进国民经济持续稳定协调发展,依照《中华人民共和国固定资产投资方向调节税暂行条例》规定,公路建设项目应缴纳的固定资产投资方向调节税。

计算方法：按国家有关规定计算（目前暂停征收）。

11）建设期贷款利息

建设期贷款利息系指建设项目中分年度使用国内贷款或国外贷款部分,在建设期间内应归还的贷款利息。费用内容包括各种金融机构贷款、企业集资、建设债券和外汇贷款等利息。

计算方法：根据不同的资金来源按需付息的分年度投资计算。

计算公式如下：

建设期贷款利息 = Σ（上年末付息贷款本息累计 + 本年度付息贷款额 ÷ 2）× 年利率,即

$$S = \sum_{n=1}^{N}(F_{n-1} + b_n \div 2) \cdot i \tag{5-21}$$

式中：S——建设期贷款利息；

N——项目建设期（年）；

n——施工年度；

F_{n-1}——建设期第 $(n-1)$ 年末需付息贷款本息累计；

b_n——建设期第 n 年度付息贷款额；

i——建设期贷款年利率。

4. 预备费

预备费由价差预备费及基本预备费两部分组成。在公路工程建设期限内,凡需动用预备费时,属于公路交通运输部门投资的项目,需经建设单位提出,按建设项目隶属关系,报交通运输部或交通运输厅（局、委）基建主管部门核定批准；属于其他部门投资的建设项目,按其隶属关系报有关部门核定批准。

1)价差预备费

价差预备费系指设计文件编制年至工程竣工年期间,第一部分费用的人工费、材料费、机械使用费、其他工程费、间接费等以及第二、三部分费用由于政策、价格变化可能发生上浮而预留的费用及外资贷款汇率变动部分的费用。

(1)计算方法。价差预备费以概(预)算或修正概算第一部分建筑安装工程费总额为基数,按设计文件编制年始至建设项目工程竣工年终的年数和年工程造价增长率计算。计算公式如下:

$$价差预备费 = P \cdot [(1+i)^{n-1} - 1] \tag{5-22}$$

式中:P——建筑安装工程费总额(元);

i——年工程造价增长率(%);

n——设计文件编制年至建设项目开工年 + 建设项目建设期限(年)。

(2)年工程造价增长率按有关部门公布的工程投资价格指数计算,或由设计单位会同建设单位根据该工程人工费、材料费、施工机械使用费、其他工程费、间接费以及第二、三部分费用可能发生的上浮因素,以第一部分建安费为基数进行综合分析预测。

(3)设计文件编制至工程完工在一年以内的工程,不列此项费用。

2)基本预备费

基本预备费系指经初步设计和概算中难以预料的工程和费用,其用途如下:

①要进行技术设计、施工图设计和施工过程中,在批准的初步设计和概算范围内所增加的工程费用。

②在设备订货时,由于规格、型号改变的价差,材料货源变更、运输距离或方式的改变以及因规格不同而代换使用等原因发生的价差。

③由于一般自然灾害所造成的损失和预防自然灾害所采取的措施费用。

④在项目主管部门组织竣(交)工验收时,验收委员会(或小组)为鉴定工程质量必须开挖和修复隐蔽工程的费用。

⑤投保的工程根据工程特点和保险合同发生的工程保险费用。

计算方法:以第一、二、三部分费用之和(扣除固定资产投资方向调节税和建设期贷款利息两项费用)为基数按下列费率计算:设计概算按5%计列;修正概算按4%计列;施工图预算按3%计列。

采用施工图预算加系数包干承包的工程,包干系数为施工图预算中直接费与间接费之和的3%。施工图预算包干费用由施工单位包干使用。该包干费用的内容为:

①在施工过程中,设计单位对分部分项工程修改设计而增加的费用。但不包括因水文地质条件变化造成的基础变更、结构变更、标准提高、工程规模改变而增加的费用。

②预算审定后,施工单位负责采购的材料由于货源变更、运输距离或方式的改变以及规格不同而代换使用等原因发生的价差。

③由于一般自然灾害所造成的损失和预防自然灾害所采取的措施费用(例如一般防台风、防洪的费用)等。

5. 回收金额（表5-24）

概、预算定额所列材料一般不计回收，只对按全部材料计价的一些临时工程项目和由于工程规模或工期限制达不到规定周转次数的拱盔、支架及施工金属设备的材料计算回收金额。

回 收 率　　　　　　　　　　　　　　　　　　表5-24

回收项目	使用年限成周转次数				计算基数
	1年或1次	2年或2次	3年或3次	4年或4次	
临时电力、电讯线路	50%	30%	10%	—	材料原价
拱盔、支架	60%	45%	30%	15%	
施工金属设备	65%	65%	50%	30%	

注：施工金属设备指钢壳沉井、钢护筒等。

6. 公路工程建设各项费用的计算程序及计算方式（表5-25）

公路工程建设各项费用的计算程序及计算方式　　　　表5-25

代号	项　目	说　明　及　计　算　式
一	直接工程费（即工、料、机费）	按编制年工程所在地的预算价格计算
二	其他工程费	（一）×其他工程费综合费率或各类工程人工费和机械费之和×其他工程费综合费率
三	直接费	（一）+（二）
四	间接费	各类工程人工费×规费综合费率+（三）×企业管理费综合费率
五	利润	[（三）+（四）－规费]×利润率
六	税金	[（三）+（四）+（五）]×综合税率
七	建筑安装工程费	（三）+（四）+（五）+（六）
八	设备、工具、器具购置费（包括备品备件）办公和生活用家具购置	Σ（设备、工具、器具购置数量×单价+运杂费）×（1+采购保管费率）按有关定额计算
九	工程建设其他费用	
	土地征用及拆迁补偿费	按有关规定计算
	建设单位（业主）管理费	（七）×费率
	工程监理费	（七）×费率
	设计文件审查费	（七）×费率
	竣（交）工验收试验检测费	按有关规定计算
	研究试验费	按批准的计划编制
	前期工作费	按有关规定计算
	专项评价（估）费	按有关规定计算
	施工机构迁移费	按实计算
	供电贴费	按有关规定计算
	联合试运转费	（七）×费率
	生产人员培训费	按有关规定计算

续上表

代号	项 目	说明及计算式
	固定资产投资方向调节税	按有关规定计算
	建设期贷款利息	按实际贷款数及利率计算
十	预备费	包括价差预备费和基本预备费两项
	价差预备费	按规定的公式计算
	基本预备费	[(七)+(八)+(九)-固定资产投资方向调节税-建设期贷款利息]×费率
	预备费中施工图预算包干系数	[(三)+(四)]×费率
十一	建设项目总费用	(七)+(八)+(九)+(十)

7. 编制办法局部修订公告(2011年第83号)**及营改增计价调整**(交办公路[2016]66号)

2011年交通运输部针对《公路工程基本建设项目概算预算编制办法》(JTG B06—2007)进行了局部修订。为适应国家税制改革要求,落实《财政部 国家税务总局关于全面推开营业税改征增值税试点的通知》[财税(2016)36号]关于建筑业自2016年5月1日起纳入营业税改征增值税试点范围的规定,交通运输部出台了《公路工程营业税改征增值税计价依据调整方案》。概预算编制需注意根据相关文件对相关取费标准进行修改和调整。

第二节 公路工程造价编制的一般步骤和工作内容

工程造价的编制步骤和工作内容,概括起来就是:拟订工作方案,确定编制原则;现场调查与资料搜集;熟悉设计图纸资料,核对主要工程量;选择施工方法;划分工程子目;摘取工程数量;计算各项费用。

一、拟订编制方案,确定编制原则

(1)拟订编制方案的重点之一是要有明确的时间表。如在熟悉设计图纸和核对工程数量的基础上,确定工程数量和人工、材料、机械台班预算价格的计算,分项工程费用的计算等,以及造价文件的出版工作,对具体的进度作出计划安排,做到目标明确,心中有数。

(2)确定编制原则

①要根据建设资金的筹资方式,项目的实施方法,施工单位的资质要求等,正确合理地采用工程计价依据。

②要严格遵守国家的方针、政策和有关制度,尤其是工程造价管理的各项规定和要求。

③要遵循价值规律的客观要求,结合建设项目的实际情况与市场行情,从实际出发,采用先进合理的施工方法。

④要贯彻国家的技术政策、行业规定,做到技术先进,经济合理,从而合理确定工程

造价。

⑤要认真做好造价分析,有步骤、有目的地配合设计人员开展限额设计和优化设计,使设计更加经济合理,从而有效地进行工程造价的控制,以利建设项目的顺利实施。

二、现场调查与资料搜集

在编制工程造价之前,造价工程师必须进行现场调查,搜集有关资料。实践证明,现场调查时,往往能发现降低工程费用的更佳施工方法和结合实际的技术组织措施。这是编好工程造价的一个重要工作环节和必要手段。

熟悉设计图纸资料与现场调查是公路工程造价编制的两项重要工作。这两项工作不是截然分开的,并不是在前者完成之后,然后才进行后者,实际上是互相交错进行的。在一般情况下,除在勘察期间,造价工程师应随同勘察队进行工程造价必须掌握的各种基础资料调查外,还应在熟悉设计内容的基础上,检验现场实施的可能性和经济的合理性,对有关编制工程造价所需的各种基础资料应密切结合设计内容开展调查工作。根据编制公路工程造价的要求,应进行如下各项现场调查并搜集相关的资料。

1. 社会条件

社会条件是指建设工程所在地的政治、历史、区情、风俗以及社会、经济的发展情况,对此应进行必要的调查了解,它对建设工程的顺利实施有着极其重要的影响。

2. 自然条件

自然条件包括沿线地形、地质、水文及气候等,是直接影响建设工程实施可能性的重要因素,必须进行细致和充分的调查研究。凡遗漏或不全的,均应加以补充和完善,要认真细致,务必使所搜集的资料真实可靠。

(1)地形情况。包括地貌、河流、交通及附近建筑物、构筑物等情况。因公路是一种线形建筑工程,往往要穿越各种各样的地带,如城镇居民地区;地形起伏不定,河流纵横交错的复杂地区;亦可能是沙漠、草原、原始森林或地质不良的地区。此外,在实施过程中或建成后,可能遭遇到山洪、冰川、雪崩和塌陷等自然灾害的影响。通过深入调查研究,做到情况清楚,就能从实际当发,确定合理可靠的设计方案和工程造价,从而避免建设资金的浪费和对人们的生产、生活产生不利的影响。

(2)土壤地质情况。如土壤的性质和类别,不良地质地区的特征,泥石流、滑坡以及地震级别等。其中土的类别等是计价的信息资料,如果不实,就会使工程造价脱离实际,影响工程的顺利实施。

(3)水文资料。包括河流的流量、流速、漂浮物情况,水质、最高洪水位,枯水期水位,以及之下水等,这些都是确定编制工程造价及安排施工计划的客观依据,应深入群众中了解收集。

(4)气象资料。如气温、季节风、雨量、积雪、冰冻深度等,以及雨季和冬季的期限。应向沿线气象部门调查搜集所需资料,若与概预算编制办法中有关冬雨季的规定要求有较大出入时,可作为调整计算冬雨季费用的依据。

3. 技术经济条件

如技术物资、生活资料、劳务、社会运力、市场行情，以及当地政府颁布的经济法规等多方面的经济信息，是工程计价极其重要的信息资料。应做到资料准确，某些资料尚应取得协议书面文件。

(1)运输道路情况。工程施工时，沿线可利用的场地、运输道路和桥梁，在使用前和使用过程中，必要的改建加固和维修，以及需要支付的补偿费等情况。除应搜集各项具体数据外，一般应与物主取得协议。

(2)建筑材料。对工程所在地的各种建筑材料的供应能力，流通渠道，供应地点，管理部门和大型建材市场等进行多方面的调查，并搜集市场动态，掌握价格的发展趋势。对于地方性的砂、石材料，重点是根据设计人员确定的料场，探明储存量和开采条件。当地有无工业废料(如粉煤灰)，以及数量、质量、价格及其利用的可能性等情况。进行料场价格调查时，在价格中应包括所有应支付的费用，如砂石场的管理费等。并要注意调查价与实际购买价可能产生的价差。

进行调查时要根据预算定额所规定的材料规格，结合工程项目实际情况，确定调查的内容，如供应地点、出厂价或市场价、运距、运输方式、运价、装卸费、路况及其他费用等。

为了建立和完善工程价格信息资料的管理机制，规范工程计价行为，以利加强宏观调控。近年来各省、自治区、直辖市的公路(交通)工程定额(造价管理)站，根据国家赋予造价管理的行政职能，都定期发布指令性的建筑材料价格信息，故在进行建筑材料价格调查时，原则上应以此为依据，结合所搜集的建设工程所在地的价格信息资料，征询建设单位的意见，进行必要的分析研究，合理取定。

(3)社会运力。当地可能提供的运输方式(如汽车、火车、船舶等)、能力，转运情况，以及运杂费标准，如过路费、过桥费、各种装卸费和车船使用税征收标准等。除应向当地交通运输主管部门调查了解外，还应注意运输市场情况的调查研究。

(4)劳务。一是要调查建设工程所在地可资利用的社会劳动力资源的情况，如数量、技术水平、分包的可能性；二是要搜集工人工资的资料。人工费的单价也同上述材料价格一样，是由各地的公路(交通)工程定额(造价管理)站统一发布的，但是有些特殊的规定，如地区生活补贴、特殊津贴等，是否已包括在统一的单价内，要注意调查了解有关这些方面的情况和规定，以免遗漏。

(5)用水、用电。当地供水、供电能力和管线设施情况，收费标准，以及提供通信的可能程度。个别地区供水、供电对工程造价有较大的影响，应尽可能做好相关的各项资料的搜集。

(6)生活资料。如主副食、日用生活品的可供情况，以及医疗卫生、文化教育、消防治安等社会服务机构的支援能力。主副食运输要分别调查主食、副食、煤、生活用水等供应地以及运距，如有几个供应点，应调查各点供应数量的比重，以便计算综合里程。

(7)市场行情。要通过对市场情况的调查，了解其发展趋势，进行综合预测，确定年工程造价增涨率，以便计算工程造价增涨预备费。

(8)筹资方式。应向工程建设主管部门或建设单位了解兴建工程筹集建设资金的方式,若系贷款项目,则应明确所需贷款总额、资金来源、年利率、建设年限,以及年度贷款的分配比例等,以便计算建设期的贷款利息。

(9)实施方法。要向工程建设主管部门或建设单位了解建设项目是否实行招标,或其他方法选定施工单位,对施工单位应具备的资质等级的要求和初步选定施工单位的意向,以及施工方案、标段的划分和机械化程度等。这不仅是确定工地转移费用的依据,也是确定其他各项有关计价依据的重要条件。既要考虑施工单位的承受能力,也要考虑市场竞争的影响因素,总之,要正确处理好两者之间的关系。

(10)征地、拆迁。要向沿线当地人民政府的土地管理部门调查了解工程建设征用和租用的土地,被征用土地上青苗的铲除,经济林木的砍伐,房屋、水井等建筑物的拆除,应予支付补偿的标准,以及土地征收管理费、耕地占用税的有关规定。同时,要搜集各种农作物的平均年产量,人均占有耕地亩数,农作物的市场价格,占地新政策,综合地价和统一年产值标准,房屋拆迁市场评估价,以及地方有关政策标准等资料。

在路线范围内,所有建筑物、树木等均要进行调查,建筑物不但包括地面以上的、埋在地面以下的建筑物(如水管、电缆等)这些都要调查清楚,以便采取必要的工程措施。

进行调查时,要全面收集以下有关各项原始数据资料:
①需迁移的建筑物要详细注明路线桩号、左右距离。
②电杆迁移必须注明形式、负荷量、几线等,是木质还是钢筋混凝土的。
③电杆要注明与路中心线的交角,确定拆迁数量要充分考虑由于迁移使两端受影响的数量,一并计入迁移数量中。
④所有拆迁的建筑物必须注明结构形式、材料情况以及新旧程度。
⑤对于树木的调查,必须分清树种、直径,经济林还应调查其产量及单价等。

至于电力、电信设施的迁移,以及水利工程、铁路及铁路设施互相干扰时,应与有关部门联系,商定合理的解决方案和赔偿标准。

此外,因确定公路征用土地的面积,都是按照横断面双边需占地的宽度加上规定的预留宽度来计算的,往往产生一些田边、地角等不在计算的范围内等情况,即一整块耕地被征用之后,尚剩下一个小角落,不在被征用范围内,而客观上已无法再作为耕地使用。所以,在以往实际执行过程中,一般都一并计入征用补偿范围,故在现场调查时,也不可忽略这些情况。

(11)临时工程

临时工程包括两个方面的内容:一是为保证施工企业正常施工,施工现场必须设置的各种临时设施;二是为主体工程的施工必须修建的临时工程。

临时设施是指各种生活、生产用房、工作便道、人行便桥、临时用水、用电的水管支线、电力支线和其他小型临时设施等,其所需费用,根据不同的工程项目、不同的地区类别,是以费率形式进行计算的。

临时工程包括电力、电信、汽车便道、便桥等,要根据工程项目所确定的施工方案和路线所经现场的实际情况,确定预制厂、沥青混合料、水泥混凝土集中拌和的拌和场,现场管理机构、施工点等的位置和范围,以此确定临时占地数量和各种临时工程数量。

进行调查时,要按如下有关要求分别收集有关资料:

①临时占地数量。临时占地数量包括施工企业施工工地所需的生产、生活用房占地、预制场、沥青混合料拌和厂、水泥混凝土拌和场、路面稳定土拌和场、材料堆放场、仓库、临时便道及其他临时设施等所需临时占地数量,以及处理复耕土地所需的费用等资料。

数量可根据工程规模大小、工期长短按施工方案的安排确定。如工程规模不大,占地数量应小;但考虑必需的房屋、设备、设施等,其数量需相应加大;再如由于特殊要求,安排工期较短,一些临时设施相应也会加大,占地数量也相应增多。

②临时电力、电信。在考虑临时电力、电信线路的接线位置和长度时,要与被接线单位协商确定,尽量就近考虑。

临时电力线路为从变压器到接线处的电力干线长度,从变压器到用电点的接线为电力支线,桥梁施工现场、拌和场等场内用的电力支线其费用已综合在规定的临时设施费用中,不再另列。

③临时汽车便道。临时汽车便道是指运输材料、构件、半成品到工地和砂、石材料从料场至公路以及预制场、拌和场内部汽车公路均为需修建的汽车便道,以及大型的施工机械进场的道路。

④临时汽车便桥。临时汽车便桥是为修建汽车便道而必须相应修建的便桥,以及桥梁施工时材料、机械设备过河需修建的汽车便桥,便桥的高度与长度按施工现场实际情况和工期安排确定。

⑤临时轨道铺设。临时轨道按需要分轻、重轨。重轨又分为路基上、桥上两种。轻轨铺在预制场,用于运输混凝土、预制构件横移。路基上重轨指从预制场至桥头在路基上铺设的长度,在桥上为在桥面上运梁铺设的长度。

其中临时占用土地,如需恢复耕种的,要了解分析复耕所需的费用情况,并计入工程造价。

(12)其他。如沿线文物、管线交叉方案等。

在现场调查和搜集资料过程中,凡涉及下列事项时,应取得书面协议文件:

①与地方政府就砂石料场的开采使用、运输以及取土场、弃土堆的意向协议。

②拆迁建筑物、构筑物与物主协商的处理方案。

③与原有的电力、电信设施、水利工程、铁路及铁路设施互相干扰的处理方案。

④施工中利用电网供电的协议。

⑤当地环境保护对公路建设工程的特殊要求。

凡调查所搜集的各种基础资料或协议,均应制作成书面文件,装订成册,作为设计和造价文件的必要附件。

三、熟悉设计图纸资料,核对主要工程量

设计图纸是计算工程量的主要依据。所谓计算工程量,就是指按照设计图纸上的尺寸

计算实物工程数量,而所计算的工程量是编制工程造价的基础数据资料。所以,对设计图纸资料全面情况的熟悉了解,是准、快、全地编制工程造价的前提条件。因为设计图纸资料除表示各种不同的构造、大小尺寸外,而作为计价的基础资料的各种工程量,基本上都反映在图表上,而有些又是隐含在图纸内,如混凝土和砂浆的强度等级、石砌工程的规格种类以及施工要求等。凡难以在图纸上表示的项目内容,往往多在文字说明内加以规定。通常用图形表现的设计图纸和用文字叙述的工程说明书,确定工程的数量和施工方法。故熟悉设计图纸资料,尤其是文字说明内容,对工程造价的编制质量,是一种极其重要的影响因素。

为了使所提供的和搜集的工程计价的基础数据合理可靠,确保工程造价的编制质量,在编制公路工程造价之前,应熟悉设计图纸资料和文字说明,了解设计意图和工程全貌。核对主要工程量时应注意的有关事项如下:

(1)公路建设工程技术日趋复杂,新材料、新结构、新工艺日益被广泛应用,而作为指导建设项目实施的各种设计图纸资料,也越来越多,所以要按照《公路工程基本建设项目设计文件编制办法》规定的一个建设项目必有的图表资料,进行清点,如有短缺,要查明落实,以免漏项。

(2)核对各种图纸,如构造物的平面、立面、结构大样图等,相互之间是否有矛盾和错误。各部尺寸、高程等是否有彼此不对口的,文字说明是否有含糊不清等情况,凡影响到计价的都要核对清楚。

(3)图与表所反映的工程量是否一致,分计、总计是否相符,都应进行核对;或与图上的文字说明存在相互矛盾的,要提请设计人员予以纠正、澄清。

(4)各种设计工程量的分部分项工程名称、计量单位,应符合采用的计价定额标准的要求,若不相符时,要进行调整与修正。

(5)对工程造价影响较大的关键部位或量大价高的工程量,必要时应重新进行复核计算,以验证是否计算正确。

(6)当个别工程量超出一般常规情况时,如钻孔灌注桩,一般每立方米混凝土的含钢筋量在90kg左右,若图表上所反映的数字出入较大或在工程质量上超出国家施工技术规范规定的要求时,都应进行分析研究,并将情况反馈给设计人员,予以处理。

(7)在熟悉设计图纸资料和核对工程量的过程中,要结合过去的历史工程造价资料和兴建工程的实际情况,如路面的结构形式、圬工类别等,重点分析施工的可能性和经济的合理性,据以向设计人员提出建议,使设计更加经济合理。

(8)要熟悉国家颁发的各种设计图集。因为一般标准图集的一些规定,具体的设计图纸不一定全部表示出来,往往又是作为计价的依据。同时也可作为比较的参考,便于发现问题。

由于公路建设工程有其特殊的技术经济特征和设计文件编制的特殊方法,从而决定了核对工程量是工程造价编制的一个关键环节。因此,作为具体实施工程造价编制工作的工程师,应结合长期的实践经验,遵循一定的工作程序,深入熟悉设计图纸资料,做好工程量的核对工作。它是确保工程造价编制质量的有效手段,对工程造价的合理可靠性也会产生重要的影响。实际上也是造价工程师不断学习、提高业务能力和工作水平的一个过程。对工程造价的编制,无论是采用手工或应用计算机软件进行,熟悉设计图纸资料,核对主要工程量,都是必不可少的。

四、选择施工方法

在公路工程设计和建设中,施工方法的选择是非常重要的,必须依据工程条件和经济合理的原则进行多方面的比较,选择既经济又适用的施工方法。

在设计阶段,一般情况下,施工方法是设计人员在施工组织设计中提出的,但对具体机械设备的配置,仍然需要概、预算编制人员根据经验选择。

1. 路基施工方法的选择

路基工程中,土石方工程量很大,采用何种施工方法,人工、机械消耗数量差异很大。目前,高等级公路为了满足施工质量和工期要求一般都是采用机械施工,而低等级公路多采用人工机械组合施工。在机械施工中,尤应关注作业种类和机械经济运距选择机械的问题。

2. 路面施工方法的选择

路面基层主要采用路拌或厂拌,面层有热拌、冷拌、厂拌、层铺法等。当路面结构一定时,不同的施工方法工程成本消耗不同。选择路面施工方法时,应结合公路的技术等级、工程规模、质量和工期的要求以及造价进行综合分析后确定。

3. 构造物施工方法的选择

公路工程构造物是指路基土石方和路面工程以外的桥梁、涵洞、防护工程等。由于构造物种类多,结构各异,所以其施工方法也各不相同。

20 世纪 70 年代以来,随着预应力混凝土的广泛应用,施工机械设备的不断发展,桥梁施工方法也多种多样,如现浇、预制安装、悬臂施工、顶推施工等。但就其施工工艺的全过程来看,可以归纳为两类:一是就地砌筑或浇筑;二是预制安装或悬拼。基础和墩台工程的施工,基本上都是采用前一种施工方法,而上部构造多采用后一种施工方法。为了使桥梁上部构造具有较好的整体性能,在安装或悬拼完成后,还有适量的现浇接缝混凝土。

涵洞的类型按照其洞身形状可分为圆管涵、盖板涵、拱涵和箱涵 4 种。

圆管涵的基础一般采用石砌混凝土,当地基承载力符合要求时,管身可直接搁置在天然基础上,管身一般采用预制安装施工方法。为避免破坏已建成的路基和影响交通时,圆管涵也可采用顶进法施工。

盖板涵有石盖板和钢筋混凝土盖板两种。目前多采用钢筋混凝土盖板涵,其涵身和基础多采用石砌圬工,钢筋混凝土盖板则采用预制后运至现场安装,安装一般使用扒杆或汽车式起重机进行。

拱式涵洞多为石拱涵,多采用半圆拱结构,施工工艺要求与石拱桥基本一致。施工方法一般是用拱盔、支架或土胎作支撑,现场砌筑拱圈。

箱涵是一种刚架结构,采用钢筋混凝土建造,施工方法有现浇和预制两种。预制钢筋混凝土箱涵通常采用顶进法施工,多用作拟建公路与原有铁路、公路相交的情况。

隧道的施工方法主要有新奥法和矿山法两种。现行概、预算定额是按照一般凿岩机钻爆法施工的开挖方法进行编制。

五、划分工程子目

公路工程概、预算的直接工程费是以分项工程直接工程费汇总而来,所以将一项工程划分为若干工程子目是概、预算编制工作中一项重要的基础工作。一般划分时需要考虑以下要求:

(1)按照概、预算项目表的要求进行

概、预算项目表是将一个复杂的建设项目分解成许多分项工程的一种科学划分方法,项目层次的划分应按照规范进行。

(2)符合定额项目表的要求

定额项目表是不同工程子目的定额消耗数量表,划分的工程子目必须能够在定额项目表中直接查到。因此,在概、预算项目表划分的基础上,按照施工方法、材料类型进一步划分为定额项目表中的某一子目。

【例5-1】 某工程项目的粗粒式沥青混凝土面层下层(厚5cm),沥青拌和站距施工现场平均运距为2km。根据工期安排,采用160t/h沥青拌和设备拌和,15t自卸汽车运料。试划分预算子目。

【解】 (1)按照概、预算项目表划分,见表5-26。

项目层次划分　　　　　　表5-26

项	目	节	细目	工程或费用名称	单位
三				路面	公路公里
	1			…	
	…			…	
	5			沥青混凝土面层	m^2
		1		粗粒式沥青混凝土面层	m^2
			1	厚50mm	m^2

(2)根据定额项目表进一步划分

沥青混凝土路面的施工包括:拌和、运输和铺筑,现行定额将其划分为三个项目表,即2-2-11 沥青混合料拌和、2-2-13 沥青混合料运输、2-2-14 沥青混合料路面铺筑。同时沥青混凝土施工还应考虑沥青混合料拌和设备安装、拆除工作。因此,编制粗粒式沥青混凝土预算的子目划分见表5-27。

子 目 划 分　　　　　　表5-27

定额表号	工 作 内 容	单 位
2-2-11-4	160t/h沥青拌和设备拌和粗粒式	1000m^3路面实体
2-2-13-21	15t自卸汽车运第一个1km	1000m^3路面实体
2-2-13-22	15t自卸汽车增运1km	1000m^3路面实体
2-2-14-42	沥青混合料摊铺、碾压	1000m^3路面实体
2-2-15-4	沥青拌和设备安、拆	1座

六、摘取工程数量

公路工程概算、预算的作用和要求虽然不同,但其编制程序和方法基本上是相同的,所以,作为计价基础资料的工程量的摘取方法是类似的。施工图预算时的工程量计算方法和计算规则与设计概算时的工程量计算方法和计算规则基本相同。因为作为计价的概算定额只是在预算定额的基础上有所综合和扩大。

从编制概、预算的角度考虑,工程量可以划分为:主体工程工程量和辅助工程工程量两类。

主体工程是指公路构造物本身,即路基、路面、桥梁、涵洞以及隧道工程。这部分工程数量通常是设计人员在完成设计图纸的同时就已进行计算,在编制概、预算时,基本上不需要根据设计图纸再重新计算工程量,但是设计图纸所提供的工程数量与定额表中给出的工程量不完全一致,需要编制人员按照定额的要求从设计图表中摘取计价工程量。所以,确定主体工程量,实际上是根据定额规定的工程量计算规则,将设计图表中提供的工程量进行分类、统计、汇总后,得出符合定额表要求的计价工程量。这是一项十分细致和烦琐的工作,为了确保正确摘取工程量,做到不重不漏,编制人员必须十分熟悉定额,明确定额规定的工程内容与适用范围,对各章、节说明及定额表附注应十分清楚,才能正确确定工程数量。

辅助工程是指为了保证主体工程的形成和质量,施工中必须采取的措施或修建的一些临时工程。这部分工程一般在施工完成后,也随之拆除或消失。辅助工程的工程数量,主要依靠概、预算编制人员的工作经验、施工组织设计及工程实际情况来确定。

在编制概、预算时,需要考虑辅助工程的工程量主要包括:
(1)构造物的挖基、排水。
(2)清除表土或零填地段的基底压实、耕地填前碾压的回填数量。
(3)因路基沉陷增加的数量。
(4)为保证路基边缘压实而加宽填筑的数量。
(5)临时工程(如汽车便道、便桥、轨道铺设、临时电力、电信设施等)。
(6)桥梁工程中的围堰、护筒、工作平台、吊装设备、混凝土构件运输、预制厂及设施(底座、张拉台座等)、拌和站、蒸汽养生设施等。

七、计算各项费用

1.单价的分析汇总
(1)人工费单价的分析取定。
(2)机械台班单价计算。
(3)自采材料料场单价计算。
(4)材料预算单价计算
(5)人工、材料、机械台班单价汇总。

(6)辅助生产工料、机械台班单位数量计算。

2. 套用定额计算直接工程费

根据划分的工程子目和选择的施工方法,可以确定应套用的定额。

定额规定了完成一定计量单位该工程子目所需消耗的人工、材料、机械台班的数量,定额与该工程子目的工程量及工、料、机单价相乘后即得相应的直接工程费,即:

$$某工程细目人工费 = 人工单价 \times 定额值 \times 工程量 \quad (5-23)$$

$$某工程细目材料费 = \sum(材料单价 \times 定额值 \times 工程量) \quad (5-24)$$

$$某工程细目机械费 = \sum(机械台班单价 \times 定额值 \times 工程量) \quad (5-25)$$

3. 确定费率,计算建筑安装工程费

确定各种费率的收费标准,进行其他工程费、间接费综合费率计算。按照《公路工程基本建设项目概算预算编制办法》的规定计算其他各项费用。

(1)分项工程预算计算。

(2)建筑安装工程费计算。

4. 计算其他各项费用

(1)计算设备、工具、器具购置费。

(2)计算工程建设其他费用及回收金额。

5. 编制总预算

(1)总预算计算(分段)。

(2)总预算汇总计算。

(3)辅助生产所需人工、材料、机械台班数量计算。

(4)临时设施所需人工、材料及冬季、雨季和夜间施工增加工计算。

(5)分段人工、主要材料、机械台班数量统计汇总。

(6)总预算人工、主要材料、机械台班数量统计汇总。

(7)编写预算编制说明书。

第三节 施工图预算编制

当建设项目采用两阶段或三阶段设计时,施工图预算是初步设计概算的进一步深化。概算经批准后,建设项目的设计方案即被确定下来,概算的总投资额即成为国家编制建设计划、控制投资的依据,是工程建设项目投资的最高限额。施工图预算要控制在初步设计概算或技术设计修正概算所确定下来的建设规模、技术标准、建筑结构、施工方案的范围以内进行编制,施工图预算不能任意突破已批准的概算。如果单位工程预算突破相应的概算,应分析原因,对施工图设计中不合理部分进行修改,对其合理部分应在总概算投资范围内调整解决。

公路建设点多线长,一条公路长几十公里甚至几百公里,需要通过各种不同的自然地区,受地形、地貌、地质、自然环境、沿线物资资源条件影响很大,所以相同的工程标准、相同的规模,在不同的地区工程造价的差别是比较大的。因此公路工程建设项目不可能事先制订出一个统一的符合各地实际情况的单位工程价格表,也就是说不可能像工业与民用建筑工程那样采用单位工程量估价法进行预算文件编制。考虑到公路建设的特点,公路工程定额是以实物量法进行编制,在计量单位内,以人工、材料、机械台班消耗量表示的公路工程预算定额只定量不定价。人工、材料、机械台班价格必须采用工地的实际价格进行计算。外购材料价格要计算到工地仓库、砂石材料要计算到工地操作地点,预算价格也就是工地实际价格,根据这种方法编制的工程预算才能符合各种不同地区的实际情况。

施工图预算一般应由具备一定资质等级的设计单位和持有政府管理机关、工程造价管理部门正式颁发的工程造价编审资格证书的人员负责编制。当一个建设项目由几个设计单位共同承担设计时,各设计单位编制所承担设计的单项或单位工程预算,主管部门应指定主体设计单位负责统一编制原则和依据,汇编总预算。设计单位必须保证设计文件的完整性和施工图预算编制的正确性,要不断提高施工图设计的水平,避免在施工过程中过多地修改设计引起工程造价的增高。建设单位应加强项目管理,严格控制施工过程中的变更设计,避免通过变更设计提高建设项目的标准,扩大建设规模。要坚持按基本建设程序办事,重大变更设计必须报原批准机关批准,使施工图预算真正得到有效控制,把初步设计或技术设计的意图落到实处。施工图预算的编制要严格执行国家的方针政策和有关规定,符合公路设计、施工技术规范。文件应达到的质量要求是:符合规定,结合实际,经济合理,提交及时,不重不漏,计算正确,字迹清晰,装订整齐。

一、施工图预算的作用

施工图预算是由设计单位在施工图设计完成后,根据施工图设计图纸、现行预算定额、费用定额以及地区设备、材料、人工、施工机械台班等预算价格编制的造价文件。施工图预算是施工图设计文件的重要组成部分,是设计阶段控制工程造价的主要指标。施工图预算应控制在批准的初步设计总概算范围内。施工图预算的作用主要有:

(1)施工图预算经审定后,是确定工程造价、编制或调整固定资产投资计划和考核工程成本的依据。

(2)以施工图设计进行施工招标的工程,经审定后的施工图预算是编制标段清单预算、工程标底或造价控制值的依据,也是分析、考核施工企业投标报价合理性的参考。

(3)施工图预算是考核施工图设计经济合理性的依据。施工图预算的编制也是对初步设计或技术设计进一步的具体和深化,施工图预算提供的总预算造价指标和各种分项工程的造价指标与以往的技术经济指标进行比较,进一步论证初步设计或技术设计所确定的设计方案及修建原则是否经济合理。同时还应和初步设计概算或技术设计修正概算中的各项技术指标进行核对,以检查概算编制的质量和水平,这对于不断总结经验、提高设计技术水平是非常重要的。

(4)对不宜实行招标而采用施工图预算加调整价结算的工程,经审定后的施工图预算可作为确定合同价款的基础或作为审查施工企业提出的施工预算的依据。

二、编制依据

施工图预算是根据施工图设计文件资料和施工组织设计,以及国家颁布的定额、取费标准和预算编制办法,并按照当地、当时的人工、材料、机械台班的实际价格来进行编制的。它是反映工程建设项目所需的人力、物力、财力及全部费用的文件。其编制依据多是由国家有关主管部门批准颁发的,具有法律约束力,在从事工程造价经济活动时,必须严格遵守,认真贯彻执行,主要有以下几项:

(1)国家发布的有关法律、法规、规章与规程等。

(2)现行的《公路工程预算定额》(JTG/T B06-02—2007)、《公路工程机械台班费用定额》(JTG/T B06-03—2007)及《公路工程基本建设项目概预算编制办法》(JTG B06—2007)。

(3)工程所在地省级交通运输主管部门发布的补充计价依据。

(4)批准的初步设计文件(或技术设计文件,若有)等有关资料。

(5)施工图纸等设计文件。

(6)工程所在地的人工材料、设备预算价格等。

(7)工程所在地的自然、技术、经济条件等资料。

(8)工程施工组织设计或施工方案。

(9)有关合同、协议等。

(10)其他有关资料。

三、施工图预算的编制方法

交通运输部颁发的预算编制办法和预算定额是当前公路工程施工图预算编制的一套标准规范,是配套使用的。依据这套标准就可以计算出工程的人工、材料、机械台班消耗数量和有关的费用,这是我们编制施工图预算的重要依据。同时,预算编制办法中对于怎样编制预算,编制预算的目的和要求,都有具体的规定。为了统一预算编制方法和保证编制的质量,规定了各种费用的计算依据和计算表格,这些规定要求我们编制预算要有次序地进行,是我们必须遵守的原则,应认真地执行。

可以说,施工图预算的编制程序与方法,主要是由预算编制办法和公路工程预算定额决定的。为了编好预算,首先应当弄懂预算编制办法中各项费用的划分和计算标准以及各项有关规定。公路建设涉及的面广,影响的因素多,有些规定需要结合工程的实际情况确定。只有熟悉和吃透编制办法中的精神,才能正确而合理的选定各种计算方法和费用标准。所谓合理的选用就是按照预算编制办法规定,做到所取定的计算依据和标准与工程的实际情况基本一致,也只有在充分了解预算编制办法各项规定的基础上,才能真正地编制出好的施工图预算。

公路工程造价是根据设计确定的工程量和相应的定额需要的人工、材料、机械台班消耗量和有关的费用确定的,所以定额是编制施工图预算的重要依据之一。公路工程定额和其他行业定额一样,项目多,内容复杂,它除了按工程类别划分外,还根据不同的工程标准、不同的建筑结构、不同的材料、不同的施工方法划分若干个子目,每个子目都包括有不同的工程内容。所以在使用定额时要弄清定额的含义,首先应当了解各章节的说明,搞清楚每个项目的适用范围和包括的工程内容。只有熟悉定额的含义,才能准确地使用定额,做到不重不漏,结合实际。造价工程师不但要懂得设计还要懂得施工,通晓有关的施工机械设备、施工方法、工艺过程,这对正确的套用定额非常重要。定额是经国家批准的带有法定性的计价标准,使用中根据规定能抽换的就可以抽换,不能抽换的就不能抽换,要维护定额的严肃性。定额缺项的应编补充定额,不能生搬硬套、随意拼凑;套用定额一定要按有关的规定办理,不可乱乘系数。

在预算编制中,各种费用及表格之间的关系是彼此相关、非常严密的,同时也是不能变动的。在预算编制的程序上,也应当遵循它们之间的关系依次进行,但个别计算环节和步骤可以同时或交叉进行。

施工图预算的编制方法与概算不同之处,主要表现在构成施工图预算第一部分建筑安装工程费的编制依据之一的工程定额,前者是预算定额,而后者是概算定额;是根据摘取的工程量套用预算定额,通过累计计算,层层汇总来完成的。至于第二、第三部分费用的编制方法,则基本上是一样的。所以,充分了解概、预算编制之间的这种内在关系,对于做好施工图预算的编制工作,是十分重要的。

1. 建筑安装工程费的编制方法

构成施工图预算的第一部分建筑安装工程费的编制,通常是以预算定额为依据进行工料机实物量分析入手的,这就为我们编制施工图预算规定了一个着手点,使编制方法系统化。预算定额多达2000多个定额子目,虽然编制一个建设项目的施工图预算,会全部使用这些子目,但由此可知,编制施工图预算任务的繁重程度。因此,在编制施工图预算的工作中,必须利用一切可以利用的捷径。所谓捷径,就是在不降低精确度的前提下,节省时间的方法。如尽可能利用、参考批准的概算文件的有关数据和工程造价历史资料,不仅可减少计算工作,还能起到有效控制施工图预算的作用。根据实践经验,编制建筑安装工程费,应遵循下列工作方法和要求进行。

(1)在进行工料机实物量分析之前,要根据摘取的工程量和整理好的外业调查资料,计算出人工、材料、机械台班的预算价格,它的计算原则和方法与编制概算是相同的。同时,为了有效控制工程造价,在计算这些预算价格时,应以批准的概算文件为基础,结合整理外业调查资料,以及国家对人工、材料、机械台班的价格信息,有无修改变更等情况,综合分析取定,务必使所确定的价格信息真实可靠。并应对原概算文件资料进行必要的分析比较,以便了解掌握概算、预算之间可能发生的变化和对预算产生的影响程度。

在计算人工、材料、机械台班的预算价格时,应按要求编制以下几种计算表格。

①机械台班单价计算表。

②自采材料料场单价计算表。

③材料预算单价计算表。

④人工、材料、机械台班单价汇总表。

⑤辅助生产工、料、机械台班单位数量表。它是为提供计算辅助生产所需的人工、材料、机械台班数量之用,它包括材料的开采、加工、装卸、运输等工作内容,是一项综合定额资料。

(2)根据建设项目的实际情况和批准的概算文件,以及国家有关规定,合理的取定其他工程费、间接费的各项费率标准,并编制其他工程费、间接费综合费率计算表。同时,应与原批准的概算文件资料进行必要的分析比较,做到心中有数,也便于发现差错,及时得以纠正,避免返工。

上述两项是编制施工图预算中的建筑安装工程费的基础资料,是计算各项费用之前必不可少的计算过程,也是确保编制质量的重要条件。其计算原则和方法、定额标准,无论是编制设计概算、修正概算和施工图预算都是一样的。

(3)根据摘取的各种主体的、辅助的工程量,结合施工组织设计的要求,正确套用预算定额,编制分项工程预算表和建筑安装工程费计算表,是编制施工图预算的一个关键环节。应按照预算项目表所规定的序列内容进行填写。现就路基、路面、构造物等的预算编制方法,摘要说明如下。

路基工程。应按土方、石方等顺序编制,并计算出数量和金额的合计,以便转入建筑安装工程费计算表和总预算表进行汇总。属于路基土石方工程的其他零星工程,如人工挖土质台阶,耕地填前夯(压)实及填前挖松,整修路拱和边坡,以及零星回填土方等多项工程,概算定额是将其综合扩大为路基零星工程一项,而预算则是要按实际情况逐项进行计算。因此,一般情况下,可将人工挖土质台阶,耕地填前夯(压)实及填前挖松,零填及挖方路基碾压的费用综合在路基填方压实内,整修路拱和边坡的费用可按挖方、填方的路段长度分别计入路基土石方;或者将这些工程项目综合为路基其他一项,而以公里为计算单位,亦是可行的。至于路基盲沟,实际上是一种构造物工程,应单独列项反映,可以换算成"m"或"m^3"列入施工图预算。还有挖除淤泥工作,一般是除挖后应将淤泥远运处理外,还要取土回填压实,或者采用砂石料进行回填至原地面高程,所以,也应单独列项,不宜将其综合在路基土石方内。

编制路基土石方预算时,要根据摘取的工程量,结合施工组织设计所安排的进度计划、施工方法、机械的选型配套资料,进行分析确定有关计算数据,如人工、机械施工的数量及各种不同的增运距等,分别套用定额,进行计算。

路面工程。一般要求按挖路槽、培路肩,不同结构形式的垫层、基层、面层等作为划分项目的依据,顺序进行计算。其中挖路槽要考虑废方远运处理费用,既可单列项目反映,也可将其综合在垫层内。但应注意一个问题,某些公路建设项目招标文件技术规范中路基挖方项目计量支付说明工程量包括"挖路槽"在内。为了施工图预算便同标底对比,施工图预算也可将"挖路槽"(主要山岭重丘区工程)的工程量,列入路基挖方数量内,但挖路槽的预算价(因采用定额同挖方不同)计算后综合在路基挖方单价内,同时在预算编制说明内应加以叙述。至于路面混合料的运输费用和拌和设备的安拆费用,则应综合在相应的路面结构内,都不单独反映这些费用项目。

构造物工程。无论是桥梁、涵洞,排水或是防护等工程,所包含的分项工程的内容都是比较多的,计算工作也是相当烦琐的。招标工程参照国际承包工程惯例所实行的工程量清单,其项目的划分都比较细,与现行预算项目表所规定的序列,存在有较大的差异。如预算项目表规定的桥梁工程,是以大、中、小桥与不同桥型结构来进行项目划分的,并以桥长米作为计量单位。众所周知,桥梁工程的基础,一般都是变化比较多的,若以"桥长米"作为承包工程价款的结算价格,显然会在工程实施中增加工程造价管理上的难度,即会产生大量的因工程设计变更而相应增加的计价工作。

根据我国多年来承包工程的实践经验和实行工程量清单的实际情况,并为实现与国际承包工程惯例相衔接的原则,构造物工程应以分部与不同圬工结构进行项目划分为主要依据。换言之,作为编制招标标底的基本依据的施工图预算中的分部工程预算所确定的综合扩大的工程内容和范围,应是以有利于加强建设项目实施阶段的工程造价管理为目的,并尽可能为建设各方提供经济核算可比依据,这是编制施工图预算的客观必然要求。

①基础工程。编制基础工程的预算费用时,应按砌石、混凝土等不同结构来划分项目,挖基、防水、排水,以及基坑废方的远运处理等辅助工程所需的费用都可综合在内,不单独列项反映。

②下部工程。应按墩、台和不同圬工结构分别计算,至于墩台帽、盖梁、耳、背墙等,都不单列项目计算,应将其费用综合在桥台的圬工项目内。

③上部工程。桥梁的上部结构形式比较多,应结合实际情况确定项目,如预制混凝土结构,其预制与安装一般可分项进行计算,当然也可合并为一个项目。至于桥面铺装、人行道和栏杆等工程,均应分别列项计算。如由16m以下标准跨径的预应力空心板的预制工作,应将浇筑混凝土、钢筋、钢绞线、张拉台座、预制场门架、构件出坑等工程内容综合为一项。

编制构造物工程的施工图预算时,当砂浆与混凝土的强度等级设计与预算定额的规定不相同或安装设备的实际使用期超过4个月时,则可调整其强度等级的材料消耗量和设备的摊销费用定额。

分项工程预算表中的定额表号,采用8位编码,从左至右,第1位数字表示"章"、第2、第3位数字表示"节",第4、第5位数字表示"项目",最后三位数字表示"子目"。

(4)在完成了工料机分析之后,即可根据计算确定的人工、材料、机械台班预算价格和其他工程费、间接费综合费率,分别计算出各项费用,然后按预算项目表序列内容要求,节录转入建筑安装工程费计算表内,进行利润和税金的计算,逐项汇总并求出金额,这样,建筑安装工程费的编制就告完成。

2. 设备、工具、器具购置费的编制方法

编制施工图预算中第二部分设备、工具、器具购置费时,原则上应以批准的概算文件为准。但因编制期的不同,其设备等供应价格难免会发生变化,故除设备等的价格可按当时的实际情况进行调整外,其规格品种和数量是不能随意修改的。

3. 工程建设其他费用的编制方法

这是施工图预算的第三组成部分,因为各项费用的性质各不相同,应按下列原则和方法分别进行编制。

(1)土地青苗等补偿费和安置补助费。这是因为工程兴建对被征用的土地及附着物,按国家规定给物主的一种经济补偿。而在施工图设计阶段所提出的这些资料,已是据以实际支付赔偿的原始凭证。所以,要求根据施工图设计中的用地图所计算的用地数量,结合整理的外业调查资料,如实的进行计算。若有差错或与实际不符,就会造成建设单位具体执行上的困难,从而影响工程建设。同时,应做好与原批准的概算文件资料的分析比较工作,以掌握其变化情况,通过必要的经验总结,也有利于提高今后工程造价编制工作的水平。

(2)勘察设计费。应按原批准的初步设计概算中的勘察设计费计列,各设计阶段勘察设计招标签订的合同费用列入预算内。

(3)研究试验费。应以批准的概算文件资料为准,原则上不得进行调整。

(4)建设项目管理费、前期工作费、专项价(评估)费、施工机构迁移费、供电贴费、联合试运转费、生产人员培训费、固定资产投资方向调节税等应结合建设工程的实际情况,按有关规定进行计算。

4. 预备费、回收金额的编制方法

这是构成施工图预算的第一、第二、第三部分费用之外的几项费用,应按下列要求进行计算。

(1)预备费。应结合建设工程的实际情况,按有关规定计算。

(2)回收金额。为满足施工需要凡达不到规定的周转次数,而增加定额外的材料消耗量的定额项目如拱盔、支架等,以及按一次材料使用量计入的临时电力、电信线路等,均应按规定对旧料计算回收金额,即可单独列项反映。

5. 编制总预算表

为上述各项费用编制完成后,即可编制总预算表,就是按预算项目表的序列依次将各项工程或费用单位、数量、金额节录转入,除按项和第一、第二、第二部分求出合计、总计外,并计算技术经济指标和各项费用比例(%)。若分标段编制施工图预算的,应再次将各标段进行汇总,计算出整个建设项目的技术经济指标和各项费用比例(%)。同时,将建设项目和分标段所需的人工、主要材料机械台班数量进行统计,据以编制汇总表。

6. 写出编制说明

在施工图预算编制完成之后,除应按规定要求的内容编写编制说明外,应进行工作总结,对预算与概算文件,作必要的"两算"对比分析,若预算超出批准的概算限额,要找出原因,提出解决的办法和意见,为建设工程的主管部门或建设单位进行决策提供依据。

当有多个设计单位共同承担施工图设计任务时,主管部门应指定一单位负责统一预算编制原则和依据,汇编总预算。

第四节 路基工程案例

【案例 5-1】 某高速公路路基土石方工程,计有挖土方 3000000m^3,其中松土 500000m^3、普通土 1500000m^3、硬土 1000000m^3。利用开挖土方作填方用,利用天然密实方松土

300000m³、普通土1000000m³、硬土500000m³。开炸石方总量为1000000m³,利用开炸石方作填方使用,利用天然方300000m³,填方压实方4000000m³。

问题:(1)计算路基设计断面方数量。
(2)计算计价方数量。
(3)计算利用方数量(压实方)。
(4)计算借方数量(压实方)。
(5)计算弃方数量。

【解】
(1)路基设计断面方数量 = 挖方(天然密实方) + 填方(压实方)
= 3000000 + 1000000 + 4000000 = 8000000m³
(2)计价方数量 = 挖方(天然密实方) + 填方(压实方) − 利用方(压实方)
= 挖方(天然密实方) + 借方(压实方)
= 8000000 − (300000 ÷ 1.23 + 1000000 ÷ 1.16 + 500000 ÷ 1.09 + 300000 ÷ 0.92)
= 6109226m³
(3)利用方数量 = 300000 ÷ 1.23 + 1000000 ÷ 1.16 + 500000 ÷ 1.09 + 300000 ÷ 0.92
= 1890774m³
(4)借方数量 = 填方(压实方) − 利用方(压实方)
= 4000000 − 1890774 = 2109226m³
(5)弃方 = 挖方(天然密实方) − 利用方(天然密实方)
= 3000000 + 1000000 − (300000 + 1000000 + 500000 + 300000)
= 1900000m³

【案例5-2】 某地区有一山岭重丘区高速公路,路基土石方挖方土质为普通土,平均运距为30m的有1000000m³,平均运距50m的有1000000m³,平均运距200m的有1000000m³,平均运距3000m的有1000000m³。

问题:(1)计算挖土方的平均运距。
(2)提出全部合理化的机械化施工方式。
(3)列出编制本项目土方工程施工图预算的全部工程细目名称、单位、定额代号及数量等内容。

【解】
(1)挖土方平均运距
(30 × 1000000 + 50 × 1000000 + 200 × 1000000 + 3000 × 1000000) ÷ 4000000 = 820m
(2)合理化的机械化施工方式
平均运距30m和50m的采用推土机施工。
平均运距200m的采用铲运机施工。
平均3000m的采用挖掘机装土、自卸汽车运输施工。
(3)本项目土方工程施工图预算的工程细目名称、单位、定额代号及数量,见表5-28。

施工图预算的工程细目名称、单位、定额代号及数量　　　　表5-28

工程细目		定额代号	单位	数量	定额调整或系数
240kW以内履带式推土机推土	第一个20m	1-1-12-22	1000m³	2000	
	每增运10m	1-1-12-24	1000m³	1000	
	每增运10m	1-1-12-24	1000m³	1000	3
12m³以内铲运机铲运土方	第一个100m	1-1-13-10	1000m³	1000	
	每增运50m	1-1-13-12	1000m³	1000	2
2m³挖掘机挖装土方		1-1-9-8	1000m³		
20t自卸汽车运土方	第一个1km	1-1-11-25	1000m³	1000	
	每增运0.5km	1-1-11-26	1000m³	1000	4

第五节　路面工程案例

【案例5-3】　某公路工程采用沥青混凝土路面。施工图设计的路面基层为20cm厚的(5%)水泥稳定碎石，底基层为20cm厚的(5:15:80)石灰煤灰砂砾。其中某标段路线长30km，基层为771780m²，底基层数量均为789780m²，要求采用集中拌和施工，根据施工组织设计资料，在距路线两端1/3处各有一块比较平坦的场地，且与路线紧邻。路面施工工期为6个月。拌和站场地处理不考虑。

问题：请按不同的结构分别列出本标段路面工程所涉及相关定额的名称、单位、定额代号、数量等内容，并填入表格中。需要时应列式计算。

【解】
(1) 基层(底基层)混合料拌和设备设置数量的计算

混合料数量：

$$771780 \times 0.2 \times 2.277 + 780780 \times 0.2 \times 1.982 = 660970 t$$

$$771780 \times 0.2 + 780780 \times 0.2 = 310512 m^3$$

根据施工工期安排，要求在6个月内完成路面基层和底基层的施工，假定设置的拌和设备型号为300t/h，每天施工10h，设备利用率为0.85，拌和设备安拆需1个月，则需要的拌和设备数量为：

$$660970 \div [300 \times 10 \times 0.85 \times 30 \times (6-1)] = 1.73 台$$

应设置2台拌和设备。

(2) 基层(底基层)混合料综合平均运距

沿线应设基层(底基层)稳定土拌和场两处，每处安装300t/h稳定土拌和设备1台。其混合料综合运距为：

$$(5 \times 10 \div 30 + 2.5 \times 5 \div 30) \times 2 = 4.17（按4.5km考虑）$$

路面工程所涉及的相关定额名称、代号、单位及数量 表5-29

工程细目	定额代号	单位	数量	定额调整或系数
石灰粉煤灰砂砾基层15cm	2-1-7-29	1000m²	789.78	
石灰粉煤灰砂砾基层每增减1cm	2-1-7-30	1000m²	789.78	5
摊铺机铺筑底基层	2-1-9-12	1000m²	789.78	
水泥稳定碎石基层15cm	2-1-7-5	1000m²	771.78	
水泥稳定碎石基层每增减1cm	2-1-7-6	1000m²	771.78	5
摊铺机铺筑基层	2-1-9-11	1000m²	771.78	人工及压实机械调整
15t自卸汽车运第一个1km	2-1-8-21	1000m³	310.512	
15t自卸汽车运每增运0.5km	2-1-8-22	1000m³	310.512	7
厂拌设备安拆	2-1-10-4	1座	2	

第六节 桥涵工程案例

【案例5-4】 某盖板涵工程,孔径3m,台高3m,涵长31m,其施工图设计主要工程量见表5-30。

主要工程量 表5-30

项目	单位	工程量	项目	单位	工程量
基坑土方	m³	420	C30预制混凝土矩形板	m³	52
C20混凝土基础	m³	250	矩形板光圆钢筋	kg	500
C20混凝土台墙	m³	280	矩形板带肋钢筋	kg	4500
C30混凝土帽石	m³	0.5			

问题:(1)简述盖板涵工程中防水层及沉降缝工程量的计算方法。

(2)根据上述资料列出本涵洞工程造价所涉及的相关定额的名称、单位、定额代号、数量等内容,并填入表5-31中,需要时列式计算。

【解】

(1)防水层:防水层采用涂沥青,其数量 $= 31 \times 3 = 93 m^2$。

(2)沉降缝:按平均5m设一道沉降缝,填缝深度按15cm考虑,则其数量为

$$31 \div 5 - 1 = 5.2(按5道计算)$$

$$5 \times 3 \times 2 \times 0.15 = 4.5 m^2$$

(3)混凝土拌和与运输:

$$(250 + 280 + 0.5) \times 1.02 + 52 \times 1.01 = 593.63 m^3$$

工程细目、定额代号及数量 表5-31

工程细目	定额代号	单位	数量	定额调整或系数
基坑开挖	4-1-3-3	1000m³	0.42	
C20混凝土基础	4-6-1-1	10m³	25	C15混凝土调整为C20
C20混凝土台墙	4-6-2-2	10m³	28	
C30混凝土帽石	4-6-3-2	10m³	0.05	
预制C30混凝土矩形板	4-7-9-1	10m³	5.2	C20混凝土调整为C30
安装矩形板	4-7-10-2	10m³	5.2	
矩形板钢筋	4-7-9-3	1t	0.5	Ⅰ级1.025、Ⅱ级0
矩形板钢筋	4-7-9-3	1t	4.5	Ⅰ级0、Ⅱ级1.025
防水层(涂沥青)	4-11-4-5	10m²	9.3	
沉降缝	4-11-7-13	1m²	0.45	
混凝土搅拌机拌和(500L内)	4-11-11-3	10m³	59.36	
混凝土运输	4-11-11-16	100m³	5.936	

【案例5-5】 某大桥桥宽26m,与路基同宽。桥长1216m,两岸各接线500m,地形较为平坦(土石方计入路基工程,预制场建设不考虑土石方的填挖)。桥梁跨径为12×30m+6×40m+20×30m 先简支后连续预应力混凝土T形梁结构,每跨布置T形梁14片。其中30m预应力T形梁梁高180cm、底宽40cm、顶宽160cm,40m形梁梁高240cm、底宽50cm、顶宽160cm。T形梁预制、安装工期按8个月计算,预制安装存在时间差,按1个月考虑。吊装设备考虑1个月安拆时间,每片梁预制周期按10天计算。上部结构的主要工程量见表5-32。

上部结构主要工程量 表5-32

工程细目		单位	数量	备注
40m预制T形梁	C50混凝土	m³	2520	
	光圆钢筋	t	50.4	
	带肋钢筋	t	403.2	
	钢绞线	t	92.4	OVM锚15-7:672套
30m预制T形梁	C50混凝土	m³	8960	
	光圆钢筋	t	179.2	
	带肋钢筋	t	1433.6	
	钢绞线	t	289.9	OVM锚15-7:3136套
湿接缝	C50混凝土	m³	784	
	光圆钢筋	t	23.52	
	带肋钢筋	t	141.12	
	钢绞线	t	137.9	长度20m内,BM锚15-3:3920套

问题:列出该桥梁工程上部结构的施工图预算所涉及的相关定额名称、单位、定额表号、数量、定额调整等内容,并填入表5-33中,需要时列式计算或文字说明。

【解】

(1) 预制底座计算：

    预制 30m 预应力 T 形梁数量：$(12+20) \times 14 = 448$ 片

    预制 40m 预应力 T 形梁数量：$6 \times 14 = 84$ 片

T 形梁的预制工期为 8 个月，每片梁预制需用 10d 时间，所以需要底座的数量为：

    30mT 形梁底座：$448 \times 10 \div 8 \div 30 = 18.7$（取 19 个）

    40mT 形梁底座：$84 \times 10 \div 8 \div 30 = 3.5$（取 4 个）

    底座面积：$19 \times (30+2) \times (1.6+1) + 4 \times (40+2) \times (1.6+10) = 2017.6 m^2$

(2) 吊装设备：

  桥梁两端地势较为平坦，可做预制场，因此考虑就近建设预制场。考虑运梁及安装，底座方向按顺桥向布置，每排 4 个，静间距 2.5m，排列宽度为 $4 \times 2.6 + 3 \times 2.5 = 17.9m$。龙门吊机采用 20m 跨度，12m 高，布置 2 台。预算定额的参考质量每台 43.9t，合计质量为 87.8t。

  架桥机按 40m 梁考虑，采用双导梁架桥机，参考预算定额全套质量 165t。因本项目桥梁宽度为 26m，需分两副施工，故应设置两套架桥机。

  因预制、安装存在 1 个月的时间差，再考虑 1 个月安拆时间，龙门架的设备摊销时间按 10 个月计算，定额中设备摊销费调整为 9000 元；架桥机的设备摊销时间按 9 个月计算，定额中设备摊销费为 8100 元。

(3) 临时轨道及其他：

  存梁区长度考虑 80m，因此预制场的长度为：$32 \times 5 + 42 + 7 \times 2.5 + 80 + 200 = 299.5m$，取 300m。

  考虑到运输的方便，预制场与桥头直接相连，同时考虑架桥机拼装长度，按两孔跨径计 80m，则路基上轨道长度为：$(300 + 80 \times 2) \times 2 = 920m$。

  桥上轨道长度为梁板全长减一跨考虑即：$(1216 - 40) \times 2 \times 2 = 4704m$。

  考虑到拌和、堆料、加工、仓库、办公、生活等的需要，预制场范围再增加 200m，所以，平整场地面积：$26 \times (300 + 200) = 13000 m^2$。

  场地硬化的面积：$300 \times 26 - 2017.6 = 5782.4 m^2$。

  全部铺 15cm 砂砾后，其中考虑 40% 面积水泥混凝土硬化厚 10cm。

(4) 预制构件的平均运输距离：

30mT 形梁：

    单片质量：$8960 \div 448 \times 2.5 = 50t$

    平均运距：$[(20 \times 30 \div 2) \times 20 + (20 \times 30 + 6 \times 40 + 12 \times 30 \div 2) \times 12] = 570m$

40mT 形梁：

    单片质量：$8960 \div 448 \times 2.5 = 50t$

    平均运距：$20 \times 30 + 6 \times 40 \div 2 = 720m$

(5) 预应力钢绞线每吨束数

40m 以内：$(672 + 3136) \div 2 \div (92.4 + 289.9) = 4.983$ 束/t

$$4.98 - 3.82 = 1.16 \text{ 束/t}$$

20m 以内:$3920 \div 2 \div 137.9 = 14.213 \text{ 束/t}$

$$14.21 - 8.12 = 6.09 \text{ 束/t}$$

(6)计算混凝土拌和数量

$$(8960 + 2520) \times 1.01 + 784 \times 1.02 = 12394.5 \text{ m}^3$$

(7)定额选用及数量(表5-33)

工程细目、定额代号及数量　　　　　　　　表5-33

工程细目		定额代号	单位	数量	定额调整或系数
T形梁预制		4-7-14-1	10m³	11480	
预制钢筋		4-7-14-3	1t	2231.04	包括接缝钢筋,调整Ⅰ级、Ⅱ级钢筋消耗为0.116:0.909
T形梁安装		4-7-14-7	10m³	11480	
预应力钢绞线	40m内	4-7-20-29	1t	382.3	
		4-7-20-30	1t	382.3	1.16
	20m内	4-7-20-17	1t	137.9	锚具抽换为15-5
		4-7-20-18	1t	137.9	6.09,锚具抽换为15-5
大型预制构件底座		4-11-9-1	10m²	201.76	
30m梁运输	第一个50m	4-8-2-5	10m³	896	
	每增运50m	4-8-2-14	10m³	896	10
40m梁运输	第一个50m	4-8-2-6	10m³	252	
	每增运50m	4-8-2-15	10m³	252	13
30m梁出坑堆放		4-8-2-5	10m³	896	
40m梁出坑堆放		4-8-9-6	10m³	252	
湿接缝		4-7-14-8	10m³	78.4	
混凝土拌和		4-11-11-11	100m³	123.945	
混凝土运输		4-11-11-20	100m³	123.945	
平整场地		4-11-1-2	1000m²	13	
场地硬化砂砾厚15cm		1-3-12-2	1000m³	0.867	
场地硬化混凝土厚10cm		4-11-5-6	10m³	23.13	
双导梁		4-7-31-2	10t	33	设备摊销费调整为8100元
预制场龙门吊		4-4-31-4	10t	8.78	设备摊销费调整为9000元
临时轨道	路基上	7-1-4-3	100m	9.2	
	桥面上	7-1-4-4	100m	47.04	

第七节 隧道工程案例

【案例5-6】 某分离式山区高速公路隧道,全长1462m,主要工程量为:

(1)洞门部分:开挖土石方6000m³,其中Ⅱ类围岩30%,Ⅲ类围岩70%,浆砌片石墙1028m³,浆砌片石截水沟69.8m³。

(2)洞身部分:设计开挖断面为162m²,开挖土石方247180m³,其中Ⅱ类围岩10%,Ⅲ类围岩70%,Ⅳ类围岩20%;钢支撑445t;喷射混凝土10050m³,钢筋网138t,Φ25锚杆12600m,Φ22锚杆113600m;拱墙混凝土25259m³,Ⅰ级钢筋16t,Ⅱ级钢筋145t。

(3)洞内路面:21930m²,水泥混凝土面层厚26cm。

(4)洞外出碴运距为1300m。

(5)隧道防排水、洞内管沟、装饰、照明、通风、消防等不考虑。

问题:列出该隧道工程施工图预算所涉及的相关定额的名称、单位、定额代号、数量、定额调整等内容,并填入表5-34中,需要时列式计算或文字说明。

【解】

(1)洞门开挖数量计算

$$Ⅱ类围岩:6000 \times 0.3 = 1800 m^3$$
$$Ⅲ类围岩:6000 \times 0.7 = 4200 m^3$$

(2)洞身开挖数量计算

由于 $162 \times 1462 = 236844 m^3$,小于题目中给定的开挖数量247180m³,说明在题目中给定的洞身开挖数量包含超挖数量,按规定,超挖数量是不能计价的。

按照定额中的工程量计算规则,开挖数量=设计断面×隧道长度,则计价工程量应为:

$$Ⅱ类围岩:162 \times 1462 \times 0.1 = 23684.4 m^3$$
$$Ⅲ类围岩:162 \times 1462 \times 0.7 = 165790.8 m^3$$
$$Ⅳ类围岩:162 \times 1462 \times 0.2 = 47368.8 m^3$$

(3)锚杆数量计算

$$(0.025^2 \times 12600 + 0.022^2 \times 113600) \times \pi \div 4 \times 7.85 = 387.539 t$$

工程细目、定额代号及数量　　　　　　表5-34

	工 程 细 目		定额代号	单位	数量	定额调整或系数
洞门	开挖	Ⅱ类围岩	2m³挖掘机挖装	1-1-9-8	1000m³	1.8
		Ⅲ类围岩	2m³挖掘机挖装	1-1-9-9	1000m³	4.2
	12t自卸汽车运输		第一个1km	1-1-11-17	1000m³	6
	浆砌片石墙体(装修另计)			3-2-1-4	10m³	102.8
	浆砌片石截水沟			1-2-3-1	10m³	6.98

续上表

工程细目		定额代号	单位	数量	定额调整或系数
洞身	开挖 Ⅱ类围岩	3-1-3-8	100m³	236.844	
	开挖 Ⅲ类围岩	3-1-3-9	100m³	1657.908	
	开挖 Ⅳ类围岩	3-1-3-10	100m³	473.688	
	出渣 Ⅰ~Ⅲ级	3-1-3--40	100m³	1894.752	
	出渣 Ⅳ级	3-1-3-41	100m³	473.688	
	弃渣洞外运输 Ⅰ~Ⅲ级	1-1-11-18	1000m³	189.4752	2
	弃渣洞外运输 Ⅳ级	1-1-11-45	1000m³	47.3688	2
	支护 钢支撑	3-1-5-1	1t	445	
	支护 锚杆	3-1-6-1	1t	387.539	
	支护 钢筋网	3-1-6-4	1t	138	
	支护 喷射混凝土	3-1-8-1	10m³	1005	
	支护 混凝土拌和	4-11-11-11	100m³	100.5	1.2
	支护 混凝土运输	4-11-11-20	100m³	100.5	1.2
	支护 混凝土洞内运输	3-1-9-10	100m³	100.5	1.2
	衬砌 拱墙混凝土	3-1-9-2	10m³	2525.9	
	衬砌 混凝土拌和	4-11-11-11	100m³	252.59	1.17
	衬砌 混凝土运输	4-11-11-20	100m³	252.59	1.17
	衬砌 混凝土洞内运输	3-1-9-10	100m³	252.59	1.17
	钢筋 光圆	3-1-9-6	1t	16	光圆:1.025;带肋:0
	钢筋 带肋	3-1-9-6	1t	145	光圆:0;带肋:1.025
水泥混凝土路面	厚度20cm	2-2-17-3	1000m²	21.93	人工、机械×1.26
	厚度增加6cm	2-2-17-4	1000m²	21.93×6	人工、机械×1.26
	混凝土洞内运输	3-1-9-10	100m³	57.018	1.02
混凝土拌和站安拆		4-11-11-7	1座	1	

第八节 施工图预算案例

【案例5-7】 重庆南岸区某高速公路项目A合同段,路线长10km(K0+000~K10+000),路基宽24.5m。主要工程数量见表5-35~表5-43。

清除表土工程数量　　　　　　表5-35

桩号	长度(m)	平均宽度(m)	平均深度(m)	面积(m²)	清除表土数量填方区(m³)	填方区回填数量	
						土方(m³)	石方(m³)
合计	7400	52	0.25	306800	76700	29107	47593

第五章 施工图预算

填方区不良土、淤泥换填数量　　　　表5-36

长度(m)	挖不良土	回填		土方运输	
	挖不良土层(m³)	回填片石(m³)	回填土压实(m³)	汽车运土第1个1公里清淤泥数量(m²)	汽车运土第1个1公里回填土数量(m²)
2280	140436	66220	74216	140436	74216

特殊路基设计工程数量　　　　表5-37

起讫桩号或中心桩号	填料来源	填料数量(m³)	掺拌石灰处理(5%)		备　注
			掺拌数量(m³)	掺灰量(T)	
K0+000~K2+680	K3+160~K3+450 路堑	56400	59220	3384	部分路基填料改良

路基每公里土石方数量　　　　表5-38

挖方数量(m³)						利用方填方(m³)		土石方超运1km以上
总数量	普通土	硬土	软石	次坚石	坚石	土	石	(m³·km)
2044539	147086	220628	1117829	279498	279498	362833	1557289	—

路基防护工程数量（浆砌片石骨架铺种草皮）　　　　表5-39

铺草皮(m²)	M7.5浆砌片石骨架(m³)
14306	16988

集中预制,材料、预制构件水平运距4km(汽车运输),竖直运输10m(人工挑运)

路基、路面排水工程数量（截水沟）　　　　表5-40

数量	工程数量		
长度(m)	M10浆砌C15混凝土预制块(m³)	挖沟土方(m³)	铺垫砂砾(m³)
4238	614.8	10795	1366.1

路面工程数量　　　　表5-41

长度(m)	级配碎石底基层		水泥稳定碎石基层		沥青石屑下封层	沥青混凝土路面		
	数量(1000m²)		数量(1000m²)			抗滑面层	中粒式沥青混凝土	粗粒式沥青混凝土
	厚度10(cm)	厚度20(cm)	厚度35(cm)	厚度37(cm)	数量(1000m²)	厚度4cm(1000m²)	厚度5cm(1000m²)	厚度6cm(1000m²)
13009	22.481	215.524	202.66	28.280	226.357	221.153	221.153	221.153

注:拌和站设在K3+000左侧100m处。

K3+200(5~20m箱梁)大桥梁工程数量　　　　表5-42

工程项目名称			单位	数量	备注
上部构造	预应力混凝土箱梁	C40预制混凝土	m³	953.5	
		$\Phi j15$ 钢绞线（先张）	kg	25851.6	
		Ⅰ级钢筋	kg	72661.9	
		Ⅱ级钢筋	kg	49927.6	

续上表

工程项目名称			单位	数量	备注
下部构造	重力式桥台	C20 混凝土	m³	926	
		Ⅰ级钢筋	kg	384.7	
		Ⅱ级钢筋	kg	233.1	
	柱式桥墩	C30 混凝土	m³	64.7	
		Ⅰ级钢筋	kg	2013.5	
		Ⅱ级钢筋	kg	6981.3	
基础	天然基础	干处挖土方	m³	2611	
		干处挖石方	m³	269.4	
		桥台 C15 片石混凝土	m³	970.3	
		Ⅱ级钢筋	kg	13244.3	
	挖孔桩 φ1.8m	土方	m	53.5	桩深 20m
		石方	m	12	桩深 20m
		护壁混凝土	m³	67.2	
		C25 灌注混凝土桩	m³	166.7	
		Ⅰ级钢筋	kg	745.8	
		Ⅱ级钢筋	kg	8066.9	

K5+000 隧道(长 2000m)工程数量　　　　表 5-43

工程项目名称			单位	数量	备注
洞门工程		开挖硬土	m³	5756.0	
		开挖软石	m³	2467.0	
		M10 浆砌块石洞门墙	m³	863.2	
洞身工程		开挖Ⅱ级围岩	m³	15278.4	
		开挖Ⅳ级围岩	m³	33211.1	
	初期支护	C25 喷射混凝土	m³	1032.9	
		HPB235 钢筋网	kg	35019.2	
		φ22 砂浆锚杆	kg	70919.2	
	二次衬砌	C25 墙二衬防水混凝土	m³	7756.5	
		C15 片石混凝土仰拱回填	m³	2056.3	
		HRB335 钢筋	kg	307650.0	

另外,土地征用及拆迁补偿费1000万元,建设项目前期工作费500万元。建设期为两年,贷款2亿元,每年均衡贷款,贷款利率8%。年工程造价增长率为5%。编制施工图预算年度为2005年,建设开工年度为2009年、2010年年底。

基本程序如下:

一、拟订编制方案,确定编制原则

1. 拟订编制方案

2. 确定编制原则

二、现场调查与资料收集

1. 社会条件

2. 自然条件

3. 技术条件

三、熟悉设计图纸资料,核对主要工程数量

四、选择施工方法

1. 路基施工方法的选择

路基挖土方采用 $2m^3$ 挖掘机配合 20t 自卸汽车挖运;石方施工采用机械打眼爆破,240kW 推土机清方,$3m^3$ 装载机装,20t 自卸汽车运输。预制混凝土截水沟采用集中预制。

2. 路面施工方法的选择

路面基层采用集中拌和,设置 1 座稳定土搅拌站,稳定土摊铺机摊铺。沥青面层采用热拌沥青,集中拌和,设置 1 沥青混凝土搅拌站,沥青摊铺机摊铺。

3. 构造物施工方法的选择

所有水泥混凝土集中拌和,设置一座水泥混凝土搅拌站。

桥梁工程采用人工挖孔桩,上构采用预制后双导梁架桥机安装,所有混凝土采用泵送混凝土。

4. 片石、碎石材料采用自采和自办运输。

五、划分工程子目

六、摘取工程数量

七、计算各项费用

重庆南岸区某高速公路项目 A 合同段施工用预算见附件。

附件

重庆南岸区某高速公路项目

A 合同段施工图预算

(K0+000 ~ K10+0000)

第 册 共 册

编制：(签字并加盖资格印章)

复核：(签字并加盖资格印章)

(编制单位)

年　　月

目 录

1. 编制说明
2. 总预算表(01 表)
3. 总预算汇总表(01-1 表)
4. 人工、主要材料、机械台班数量汇总表(02 表)
5. 人工、主要材料、机械台班数量汇总表(02-1 表)
6. 建筑安装工程费计算表(03 表)
7. 其他工程费及间接费综合费率计算表(04 表)
8. 其他工程费及间接费综合费率计算表(04-1 表)
9. 设备、工具、器具购置费计算表(05 表)
10. 工程建筑其他费用及回收金额计算表(06 表)
11. 人工、材料、机械台班单价汇总表(07 表)
12. 建筑安装工程费计算数据表(08-1 表)
13. 分项工程预算表(08-2 表)
14. 材料预算单价计算表(09 表)
15. 自采材料料场价格计算表(10 表)
16. 机械台班单价计算表(11 表)
17. 辅助生产工、料、机械台班单位数量表(12 表)

编 制 说 明

本施工图预算根据重庆市南岸区某高速公路 A 合同段施工设计图进行编制,路线长 10km,预算总造价 3562694450 元,每公里造价 356269445 元,其中建筑安装工程费 2638742997 元。具体编制依据及人工、主要材料用量如下:

(1)本施工图预算采用交通部 2007 年第 33 号文颁布的《公路工程基本建设项目概算预算编制办法》(JTG B06—2007)、《公路工程预算定额》(JTG/T B06-02—2007)、《公路工程机械台班费用定额》(JTG/T B06-03—2007),重庆市(渝交委路〔2008〕31 号)进行编制。

(2)片石、碎石材料由承包人自采,其他主要材料预算单价由业主提供,剩余部分材料预算单价现场确定。

(3)路面施工分别设置稳定土搅拌站及沥青混凝土搅拌站各 1 座;水泥混凝土采用集中拌和(设置水泥混凝土搅拌站 1 座),搅拌混凝土运输车运输;桥梁施工箱梁在预制场预制双导梁架桥机安装。

(4)本预算人工用量:5159596 工日,钢筋用量:315609t,水泥用量:17327t,沥青用量:3976t。

总预算表

建设项目名称：重庆某高速公路
编制范围：××合同段

项目	节	细目	工程或费用名称	单位	数量	预算金额(元)	技术经济指标	各项费用比例(%)	备注
1			第一部分 建筑安装工程费	公路公里	10.000	2,638,742,997	263,874,299.70	74.07	
			临时工程	公路公里	10.000			2.63	
11			路基工程	km		93,787,284		0.07	
	10		场地清理	km		2,532,990		0.07	
		10	清理与掘除	m²	76700.000	2,532,990	33.02	0.07	
	20		挖方	m³		60,618,397		1.70	
		10	挖路基土方	m³	367714.000	3,235,685	8.80	0.09	
		20	挖路基石方	m³	1676825.000	51,582,973	30.76	1.45	
		30	挖非适用材料	m³	140436.000	5,799,739	41.30	0.16	
	30		填方	m³		23,666,282		0.66	
		10	路基填方	m³	66220.000	407,991	6.16	0.01	
		15	换填片石	m³	74216.000	956,313	12.89	0.03	
		20	利用土方填筑	m³	362833.000	2,235,469	6.16	0.06	
		40	利用石方填筑	m³	1557289.000	20,066,509	12.89	0.56	
	40		特殊路基处理	km		1,223,980		0.03	
		40	膨胀土	km	56400.000	1,223,980	21.70	0.03	
	50		改良土	km		1,053,000		0.03	
		30	排水工程	m³/m		1,053,000		0.03	
		10	截水沟	m³/m	614.800/4238.000	1,053,000	1712.75/248.47	0.03	
			浆砌混凝土预制块截水沟						

编制：××× 第1页 共5页 01表
复核：×××

总 预 算 表

建设项目名称：重庆某高速公路
编制范围：××合同段

第 2 页　共 5 页　01 表

项目	节	细目	工程或费用名称	单位	数量	预算金额(元)	技术经济指标	各项费用比例(%)	备注
60			防护与加固工程	km		4,692,635		0.13	
	10		坡面植物防护	m^2	14306.000	92,954	6.50	0.13	
		20	铺(植)草皮	m^2	14306.000	92,954	6.50	0.13	
	20		坡面圬工防护	m^3/m^2		4,599,681		0.13	
		50	M7.5浆砌片石骨架护坡	m^3/m^2	16988.000	4,599,681	270.76	0.13	
三			路面工程	km		62,509,747		1.75	
	20		路面底基层	m^2		6,880,693		0.19	
		40	级配碎石底基层	m^2		6,880,693		0.19	
			厚100mm	m^2	22481.000	361,173	16.07	0.01	
			厚200mm	m^2	215524.000	6,519,520	30.25	0.18	
	30		路面基层	m^2		17,482,200		0.49	
		20	水泥稳定类基层	m^2		17,482,200		0.49	
			厚350mm水泥稳定碎石基层(5%)	m^2	202660.000	15,240,291	75.20	0.43	
			厚370mm水泥稳定碎石基层(5%)	m^2	28280.000	2,241,909	79.28	0.06	
	40		透层、黏层、封层	m^2		1,992,245		0.06	
		30	封层	m^2		1,992,245		0.06	
			沥青石屑下封层	m^2	226357.000	1,992,245	8.80	0.06	
	50		沥青混凝土面层	m^2		36,154,609		1.01	
		10	粗粒式沥青混凝土面层	m^2		13,427,785		0.38	
			厚60mm	m^2	221153.000	13,427,785	60.72	0.38	
		20	中粒式沥青混凝土面层	m^2		11,695,699		0.33	
			厚50mm	m^2	221153.000	11,695,699	52.89	0.33	
		60	AK-13A抗滑面层	m^2		11,031,125		0.31	
			厚40mm	m^2	221153.000	11,031,125	49.88	0.31	

编制：×××　　　　　　复核：×××

总 预 算 表

建设项目名称：重庆某高速公路

编 制 范 围：××合同段

第 3 页　共 5 页　01 表

项目	节	目	细目	工程或费用名称	单位	数量	预算金额(元)	技术经济指标	各项费用比例(%)	备注
四				桥梁涵洞工程	km		3,229,364		0.09	
	50			大桥工程	m/座		3,229,364		0.09	
		10		K3+200大桥	m²/m		3,229,364		0.09	
			10	天然基础	m³	970.300	507,217	522.74	0.01	
			20	桩基础	m³	166.700	227,932	1,367.32	0.01	
			40	桥台	m³	926.000	536,495	579.37	0.02	
			50	桥墩	m³	64.700	107,717	1,664.87		
			60	上部构造	m³	653.500	1,850,003	2,830.92	0.05	
五				交叉工程	处					
六				隧道工程	km/座		2,479,216,602		69.59	
	10			K5+000隧道	m		2,479,216,602		69.59	
		10		洞门及明洞开挖	m³		114,242			
			10	挖土方	m³	5756.000	51,483	8.94		
			20	挖石方	m³	2467.000	62,759	25.44	0.01	
		20		洞门及明洞修筑	m³	863.200	330,929	383.37	0.01	
			40	洞口坡面防护	m³/m		330,929		0.01	
		30		洞身开挖	m³	48489.500	6,930,988		0.19	
			10	挖土石方	m³		4,711,740	97.17	0.13	
			40	锚杆	t	70.919	976,756	13,772.80	0.03	
			60	喷射混凝土	m³	1032.900	946,750	916.59	0.03	
			70	钢筋网	t	35.019	295,742	8,445.14	0.01	
		40		洞身衬砌	m³		2,471,840,443		69.38	
			10	现浇混凝土	m³	7756.500	4,145,184	534.41	0.12	
			20	仰拱混凝土	m³	2056.300	759,862	369.53	0.02	

编制：×××　　　　复核：×××

总 预 算 表

建设项目名称：重庆某高速公路
建设项目范围：××合同段
第 4 页 共 5 页 01 表

项目	目	节	细目	工程或费用名称	单位	数量	预算金额（元）	技术经济指标	各项费用比例（%）	备注
			40	HRB335 钢筋	t	307650.000	2,466,935,397	8,018.64	69.24	
七				公路设施及预埋管线工程	公路公里	10.000				
八				绿化及环境保护工程	公路公里	10.000				
九				管理、养护及服务房屋	m²					
				第二部分 设备及工具、器具购置费	公路公里	10.000	175,000	17,500.00		
三				办公及生活用家具购置	公路公里	10.000	175,000	17,500.00		
				第三部分 工程建设其他费用	公路公里	10.000	112,206,675	11,220,667.50	3.15	
一				土地征用及拆迁补偿费	公路公里	10.000	10,000,000	1,000,000.00	0.28	
二				建设项目管理费	公路公里	10.000	84,567,304	8,456,730.40	2.37	
		10		建设单位（业主）管理费	公路公里	10.000	21,879,095	2,187,909.50	0.61	21879095
		20		工程质量监督费	公路公里	10.000	3,958,114	395,811.40	0.11	2638742997×0.15%
		30		工程监理费	公路公里	10.000	52,774,860	5,277,486.00	1.48	2638742997×2%
		40		工程定额测定费	公路公里	10.000	3,166,492	316,649.20	0.09	2638742997×0.12%
		50		设计文件审查费	公路公里	10.000	2,638,743	263,874.30	0.07	2638742997×0.1%
		60		竣（交）工验收试验检测费	公路公里	10.000	150,000	15,000.00		
三				研究试验费	公路公里	10.000				
四				建设项目前期工作费	公路公里	10.000				
五				专项评价（估）费	公路公里	10.000				
六				施工机构迁移费	公路公里	10.000				
七				供电贴费	公路公里	10.000				
八				联合试运转费	公路公里	10.000	1,319,371	131,937.10	0.04	2638742997×0.05%
九				生产人员培训费	公路公里	10.000				
十				固定资产投资方向调节税	公路公里	10.000				
十一				建设期贷款利息	公路公里	10.000	16,320,000	1,632,000.00	0.46	100000000/2×8%+(100000000+100000000/2×8%+100000000/2)×8%

编制：×××   复核：×××

第五章 施工图预算

总 预 算 表

建设项目名称：重庆某高速公路
编制范围：××合同段

第 5 页 共 5 页 01 表

项目	节	细目	工程或费用名称	单位	数量	预算金额（元）	技术经济指标	各项费用比例（%）	备注
			第一、二、三部分费用合计	公路公里	10.000	2,751,124,672	275,112,467.20	77.22	2638742997+175000+112206675
			预备费	元		811,569,778		22.78	
			1. 价差预备费	元		729,036,038		20.46	2638742997×[(1+0)^(0-1)-1]
			2. 基本预备费	元		82,533,740		2.32	2751124672×3%
			新增加费用项目（不作预备费基数）						
			概（预）算总金额	元		3,562,694,450		100.00	2751124672+811569778+0
			*请在此输入费用项目						
			其中：回收金额	元					
			*请在此输入费用项目						
			公路基本造价	公路公里	10.000	3,562,694,450	356,269,445.00	100.00	3562694450−0

编制：×××　　　　　　　　　　　　　　　　　　　　　　　　复核：×××

总预算汇总表

建设项目名称：重庆某高速公路

第 1 页　共 3 页　01-1 表

项目	目	节	细目	工程或费用名称	单位	总数量	预算金额（元）		技术经济指标	各项费用比例（%）	备注
							××合同段	合计金额			
一				第一部分．建筑安装工程费	公路公里	10.000	2638742997	2,638,742,997	263,874,299.70	74.07	
二				临时工程	公路公里	10.000					
	10			路基工程	km		93787284	93,787,284		2.63	
	20			场地清理	km		2532990	2,532,990		0.07	
	30			挖方	m³		60618397	60,618,397		1.70	
	40			填方	m³		23666282	23,666,282		0.66	
	50			特殊路基处理	km		1223980	1,223,980		0.03	
	60			排水工程	km		1053000	1,053,000		0.03	
				防护与加固工程	km		4692635	4,692,635		0.13	
三				路面工程	km		62509747	62,509,747		1.75	
	20			路面底基层	m²		6880693	6,880,693		0.19	
	30			路面基层	m²		17482200	17,482,200		0.49	
	40			透层、黏层、封层	m²		1992245	1,992,245		0.06	
	50			沥青混凝土面层	m²		36154609	36,154,609		1.01	
四				桥梁涵洞工程	km		3229364	3,229,364		0.09	
	50			大桥工程	m/座		3229364	3,229,364		0.09	
五				交叉工程	处						
六				隧道工程	km/座						
	10			K5+000隧道	m						
七				公路设施及预埋管线工程	公路公里	10.000	2479216602	2,479,216,602		69.59	
八				绿化及环境保护工程	公路公里	10.000	2479216602	2,479,216,602		69.59	
九				管理、养护及服务房屋	m²						
二				第二部分 设备及工具、器具购置费	公路公里	10.000	175000	175,000	17,500.00		
				办公及生活用家具购置	公路公里	10.000	175000	175,000	17,500.00		
三				第三部分 工程建设其他费用	公路公里	10.000	112206675	112,206,675	11,220,667.50	3.15	

编制：×××　　复核：×××

第五章 施工图预算

人工、主要材料、机械台班数量汇总表

建设项目名称：重庆某高速公路　　　　　　　　　　　　　　　　第 1 页　共 6 页　　02 表
编　制　范　围：××合同段

序号	规格名称	单位	代号	总数量	分项统计				辅助生产	其他	场外运输损耗	
					路基工程	路面工程	桥梁涵洞工程	隧道工程			%	数量
1	人工	工日	1	5159596.280	332035.167	11057.705	7160.624	4753130.405	56212.38			
2	机械工	工日	2	313234.951	61532.046	4406.515	900.816	246395.575				
3	原木	m³	101	20.754	1.328	0.039	2.446	18.309				
4	锯材	m³	102	33.547			5.662	26.518				
5	枕木	m³	103	10.084				10.083				
6	光圆钢筋	t	111	114.403			78.428	35.976				
7	带肋钢筋	t	112	315494.131			80.189	315413.942				
8	钢绞线	t	125	26.886			26.886					
9	波纹管钢带	t	151	2.482			2.482					
10	型钢	t	182	8.153		0.157	7.917	0.079				
11	钢板	t	183	1.248			1.248					
12	钢管	t	191	6.688			1.049	5.639				
13	钢钎	kg	211	10.462			10.462					
14	空心钢钎	kg	212	28353.257	22637.871			5272.466	442.92			
15	φ50mm 以内合金钻头	个	213	38313.254	34934.479		0.013	2746.033	632.74			
16	钢丝绳	t	221	0.013								
17	电焊条	kg	231	1324201.089			1085.468	1323115.621				
18	钢筋连接套筒	个	232	237.014			237.014					
19	钢模板	t	271	42.748	2.213		0.201	40.334				
20	组合钢模板	t	272	6.435		0.339	5.926					
21	门式钢支架	t	273	0.503			0.503	0.170				
22	钢绞线群锚 (7孔)	套	576	423.973			423.973					

编制：×××　　　　　　　　　　　　　　　　　　　　　　　　　　　复核：×××

人工、主要材料、机械台班数量汇总表

建设项目名称：重庆某高速公路
第 1 页 共 5 页 02-1 表

序号	规格名称	单位	总数量	××合同段	编制范围
1	人工	工日	5159596.28	5159596	
2	机械工	工日	313234.95	313235	
3	原木	m³	20.75	21	
4	锯材	m³	33.55	34	
5	枕木	m³	10.08	10	
6	光圆钢筋	t	114.40	114	
7	带肋钢筋	t	315494.13	315494	
8	钢绞线	t	26.89	27	
9	波纹管钢带	t	2.48	2	
10	型钢	t	8.15	8	
11	钢板	t	1.25	1	
12	钢管	t	6.69	7	
13	钢钎	kg	10.46	10	
14	空心钢钎	kg	28353.26	28353	
15	φ50mm以内合金钻头	个	38313.25	38313	
16	钢丝绳	t	0.01		
17	电焊条	kg	1324201.09	1324201	
18	钢筋连接套筒	个	237.01	237	
19	钢模板	t	42.75	43	
20	组合钢模板	t	6.43	6	
21	门式钢支架	t	0.50	1	
22	钢绞线群锚（7孔）	套	423.97	424	
23	铁件	kg	6184.35	6184	
24	铁钉	kg	113.33	113	

编制：×××　　　　　复核：×××

第五章 施工图预算

建筑安装工程费计算表

建设项目名称：重庆某高速公路
编 制 范 围：××合同段

第 1 页　共 2 页　03 表

序号	工程名称	单位	工程量	直接工程费（元）					合计	间接费（元）	利润（元）费率(7.00%)	税金(元)综合税率(3.41%)	建筑安装工程费	
				人工费	材料费	机械使用费	合计	其他工程费					合计（元）	单价（元）
1	2	3	4	5	6	7	8	9	10	11	12	13	14	15
1	清除表土	m^3	76700.000	228856		1830505	2059361	65194	2124555	170683	154225	83527	2532990	33.02
2	挖路基土方	m^3	367714.000	88939		2655854	2744793	66551	2811344	115281	202361	106699	3235685	8.80
3	挖路基石方	m^3	1676825.000	4619287	3613048	33855443	42087778	1301153	43388931	3351239	3141826	1700977	51582973	30.76
4	挖非适用材料	m^3	140436.000	3120767		678781	3799548	120944	3920492	1403160	284837	191250	5799739	41.30
5	换填土	m^3	66220.000	10010		329347	339357	11436	350793	18196	25548	13454	407991	6.16
6	换填片石	m^3	74216.000	301797		394656	696453	25351	721804	150411	52563	31535	956313	12.89
7	利用土方填筑	m^3	362833.000	54849		1804560	1859409	62662	1922071	99701	139981	73716	2235469	6.16
8	利用石方填筑	m^3	1557289.000	6332673		8281150	14613823	531943	15145766	3156109	1102930	661704	20066509	12.89
9	改良土	m^3	56400.000	245548	497270	189959	932777	42535	975312	137332	70975	40361	1223980	21.70
10	浆砌混凝土预制块截水沟	m^3/m	614.800	430627	263833	24494	718954	34188	753142	209844	55292	34722	1053000	1712.75
11	铺(植)草皮	m^2	14306.000	29268	36336		65604	3654	69258	15520	5111	3065	92954	6.50
12	M7.5浆砌片石骨架护坡	m^3/m^2	16988.000	1268630	2038339		3306969	184198	3491167	699210	257627	151677	4599681	270.76
13	厚100mm	m^2	22481.000	3172	260698	35321	299191	13643	312834	13663	22766	11910	361173	16.07
14	厚200mm	m^2	215524.000	41269	4997143	367801	5406213	246523	5652736	240438	411361	214985	6519520	30.25
15	厚350mm水泥稳定碎石基层(5%)	m^2	202660.000	183978	11072713	1330964	12587655	582787	13170442	607979	959313	502557	15240291	75.20
16	厚370mm水泥稳定碎石基层(5%)	m^2	28280.000	26638	1633481	191693	1851812	85751	1937563	89288	141130	73928	2241909	79.28
17	沥青石屑下封层	m^2	226357.000	62734	1538266	33715	1634715	74543	1709258	92906	124386	65695	1992245	8.80
18	厚60mm	m^2	221153.000	95393	9119869	2002415	11217677	552923	11770600	367420	846977	442788	13427785	60.72
19	厚50mm	m^2	221153.000	79609	8034603	1659547	9773759	480926	10254685	317528	737814	385672	11695699	52.89

编制：×××　　　复核：×××

建筑安装工程费计算表

建设项目名称：重庆某高速公路
编制范围：××合同段

本表各数据栏之间关系：5~7 均由 08 表经计算转来；8 = 5 + 6 + 7；9 = 8 × 9 的费率；10 = 8 + 9；11 = 10 × 11 的费率；
12 = (10 + 11 - 规费) × 12 的费率；13 = (10 + 11 + 12) × 综合税率；14 = 10 + 11 + 12 + 13；15 = 14 ÷ 4

第 1 页 共 8 页　03-1 表

序号	工程名称	单位	工程量	直接工程费（元）				其他工程费	合计	间接费（元）	利润（元）		税金（元）		建筑安装工程费	
				人工费	材料费	机械使用费	合计				费率 7.00%		综合税率 3.41%		合计（元）	单价（元）
1	2	3	4	5	6	7	8	9	10	11	12		13		14	15
10	清除表土	m³	76700.000	228856		1830505	2059361	65194	2124555	170683	154225		83527		2532990	33.02
1-1-1-12	清除表土（135kW 内推土机）	100m³	767.000	15460		191150	206610	6963	213573	14843	15554		8319		252289	328.93
1-1-10-3	3m³ 内装载机装土	1000m³	76.700			112261	112261	3783	116044	4688	8451		4405		133588	1741.69
1-1-11-25	20t 内自卸车运土 1km	1000m³	76.700			370721	370721	7081	377802	8161	27017		14083		427063	5567.97
1-1-1-18-27	高速一级路 20t 内振动压路机碾压	1000m²	306.800	15460		758525	773985	26083	800068	38538	58267		30583		927456	3023.00
1-1-18-5	高速一级路 20t 内振动压路机压土	1000m³	29.107	4400		144764	149164	5027	154191	7998	11229		5914		179332	6161.13
1-1-18-18	高速一级路 20t 内振动压路机压石	1000m³	47.593	193536		253084	446620	16257	462877	96455	33707		20223		613262	12885.55
10	挖路基土方	m³	367714.000	88939		2655854	2744793	66551	2811344	115281	202361		106699		3235685	8.80
1-1-9-8	2.0m³ 内挖掘机挖装土方普通土	1000m³	147.086	33352		327529	360881	12162	373043	28479	27168		14618		443308	3013.94
1-1-9-9	2.0m³ 内挖掘机挖装土方硬土	1000m³	220.628	55587		551022	606609	20443	627052	47679	45667		24566		744964	3376.56
1-1-11-25	20t 内自卸车运土 1km	1000m³	367.714			1777303	1777303	33946	1811249	39123	129526		67515		2047413	5567.95
10	挖路基石方	m³	1676825.000	4619287	3613048	33855443	42087778	1301153	43388931	3351239	3141826		1700977		51582973	30.76
1-1-15-36	240kW 内挖土机 20m 软石	1000m³	1117.829	1605331	1982213	8683505	12271049	446666	12717715	1157867	926117		504738		15306437	13693.00
1-1-15-37	240kW 内挖土机 20m 次坚石	1000m³	279.498	1106995	714998	3177738	4999731	181990	5181721	653835	377338		211860		6424754	22986.76
1-1-15-38	240kW 内挖土机 20m 坚石	1000m³	279.498	1906961	915837	4642874	7465672	271750	7737422	1078416	563447		319834		9699119	34701.93
1-1-10-6	3m³ 内装载机装软石	1000m³	1117.829			2416625	2416625	87965	2504590	100935	182387		95068		2882980	2579.09
1-1-10-9	3m³ 内装载机装次坚石、坚石	1000m³	558.996			1591302	1591302	57923	1649225	66464	120098		62600		1898387	3396.07
1-1-11-53	20t 内自卸车运石 1km	1000m³	1676.825			13343399	13343399	254859	13598258	293722	972439		506877		15371296	9166.91
30	挖非适用材料	m³	140436.000	3120767		678781	3799548	120944	3920492	1403160	284837		191250		5799739	41.30

编制：×××　　　复核：×××

第五章 施工图预算

其他工程费及间接费综合费率计算表

建设项目名称：重庆某高速公路
编制范围：××合同段
第 1 页 共 1 页 04 表

序号	工程类别	其他工程费费率(%)													综合费率		间接费率(%)											
		冬季施工增加费	雨季施工增加费	夜间施工增加费	高原地区施工增加费	风沙地区施工增加费	沿海地区施工增加费	干扰工程施工增加费	安全文明施工措施费	临时设施费	施工辅助费	工地转移费	I	II	养老保险费	失业保险费	医疗保险费	住房公积金	工伤保险费	综合费率	基本费用	主副食运费补贴	职工探亲费	职工取暖补贴	企业管理费	财务费用	综合费率
1	2	3	4	5	6	7	8	9	10	11	12	13	14	15	16	17	18	19	20	21	22	23	24	25		26	27
1	人工土方		0.200						0.590	1.570	0.890	0.210	3.460		20.000	2.000	9.700	7.000	1.500	40.200	3.360	0.450	0.100			0.230	4.140
2	机械土方		0.200						0.590	1.420	0.490	0.670	3.370		20.000	2.000	9.700	7.000	1.500	40.200	3.260	0.350	0.220			0.210	4.040
3	汽车运输		0.220						0.210	0.920	0.160	0.400	1.910		20.000	2.000	9.700	7.000	1.500	40.200	1.440	0.370	0.140			0.210	2.160
4	人工石方		0.150						0.590	1.600	0.850	0.220	3.410		20.000	2.000	9.700	7.000	1.500	40.200	3.450	0.340	0.100			0.220	4.110
5	机械石方		0.190						0.590	1.970	0.460	0.430	3.640		20.000	2.000	9.700	7.000	1.500	40.200	3.280	0.330	0.220			0.200	4.030
6	高级路面		0.190						1.000	1.920	0.800	0.830	4.740		20.000	2.000	9.700	7.000	1.500	40.200	1.910	0.220	0.140			0.270	2.540
7	其他路面		0.180						1.020	1.870	0.740	0.750	4.560		20.000	2.000	9.700	7.000	1.500	40.200	3.280	0.220	0.160			0.300	3.960
8	构造物Ⅰ		0.150						0.720	2.650	1.300	0.750	5.570		20.000	2.000	9.700	7.000	1.500	40.200	4.440	0.320	0.290			0.370	5.420
9	构造物Ⅱ		0.160	0.350					0.780	3.140	1.560	0.890	6.880		20.000	2.000	9.700	7.000	1.500	40.200	5.530	0.350	0.340			0.400	6.620
10	构造物Ⅲ		0.350	0.700					1.570	5.810	3.030	1.770	13.230		20.000	2.000	9.700	7.000	1.500	40.200	9.790	0.640	0.550			0.820	11.800
11	技术复杂大桥		0.190	0.350					0.860	2.920	1.680	1.010	7.010		20.000	2.000	9.700	7.000	1.500	40.200	4.720	0.290	0.200			0.460	5.670
12	隧道								0.730	2.570	1.230	0.710	5.240		20.000	2.000	9.700	7.000	1.500	40.200	4.220	0.280	0.270			0.390	5.160
13	钢材及钢结构								0.530	2.480	0.560	0.970	4.890		20.000	2.000	9.700	7.000	1.500	40.200	2.420	0.300	0.160			0.480	3.360
14	设备安装工程					0.350			0.790	5.810	3.030	1.770	11.400		20.000	2.000	9.700	7.000	1.500	40.200	9.790	0.640	0.550			0.820	11.800
15	金属标志牌安装								0.530	2.480	0.560	0.970	4.540		20.000	2.000	9.700	7.000	1.500	40.200	2.420	0.300	0.160			0.480	3.360
16	费率为0																										

编制：××× 复核：×××

其他工程费及间接费综合费率计算表

表 04-1

建设项目名称：重庆某高速公路
编制范围：××合同段

序号	工程类别	冬季施工增加费	雨季施工增加费	夜间施工增加费	高原地区施工增加费	风沙地区施工增加费	沿海地区施工增加费	行车干扰地工程施工增加费	安全及文明施工措施费	临时设施费	施工辅助费	工地转移费	综合费率 I	综合费率 II	养老保险费	失业保险费	医疗保险费	住房公积金	工伤保险费	综合费率	基本费用	主副食运费补贴	职工探亲费取暖路费补贴	企业管理费	财务费	综合费
1	2	3	4	5	6	7	8	9	10	11	12	13	14	15	16	17	18	19	20	21	22	23	24	25	26	27
101010	清除表土		4148						10741	29846	8734	11725	65194		45771	4577	22199	16020	3433	92000	62477	7419	4372		4415	78683
201010	挖路基土方		5845						9441	30090	7584	13591	66551		17788	1779	8627	6226	1334	35753	58685	10202	4736		5904	79527
202010	挖路基石方		83970						197613	689024	153574	176974	1301154		923857	92386	448071	323350	69289	1856953	1172949	148623	84577		88138	1494287
2030	挖非适用材料								7735	55241	28861	9269	120943		624153	62415	302714	218454	46812	1254548	118847	17089	4197		8879	148612
301010	换填土		679						2002	4819	1663	2274	11436		2002	200	971	701	150	4024	11436	1228	772		737	14172
301015	换填片石		1323						4109	13720	3204	2995	25351		60359	6036	29274	21126	4527	121322	23675	2382	1588		1444	29089
301020	利用土方填筑		3719						10971	26404	9111	12458	62662		10970	1097	5320	3839	823	22049	62660	6727	4229		4036	77652
301040	利用石方填筑		27766						86222	287892	67224	62839	531943		1266535	126653	614269	443287	94990	2545735	496781	49981	33321		30292	610374
404010	改良土		1679						9514	17443	6903	6996	42535		49110	4911	23818	17188	3683	98710	31990	2146	1560		2926	38622
503010	浆砌混凝土预制块撒水沟		1211						4702	16111	8036	4128	34188		86125	8613	41771	30144	6459	173112	29889	2710	1714		2420	36733
601020	铺（植）草皮		98						472	1739	853	492	3654		5854	585	2839	2049	439	11766	3075	222	201		256	3754
602050	M7.5浆砌片石骨架护坡		4960						23810	87635	42991	24802	184198		253726	25373	123057	88804	19029	509989	155008	11172	10124		12917	189221
204010	厚100mm		539						3062	5595	2214	2244	13643		634	63	308	222	48	1275	10261	688	501		939	12388
204020	厚200mm		9731						55143	101096	40006	40647	246523		8254	825	4003	2889	619	16690	185410	12436	9044		16958	223848
302010	厚350mm 水泥稳定碎石		23193	1555					126417	240388	95944	95291	582787		36796	3680	17846	12878	2760	73959	440956	30635	21973		40457	534021
302020	厚370mm 水泥稳定碎石基层(5%)		3412	230					18598	35371	14119	14020	85751		5328	533	2584	1865	400	10708	64884	4508	3233		5953	78579
403030	沥青石屑下封层		2942						16674	30569	12097	12260	74543		12547	1255	6085	4391	941	25219	56064	3760	2735		5128	67687
501010	厚60mm		21818	2042					112845	225468	95441	95308	552922		19079	1908	9253	6678	1431	38348	250244	27475	17833		33520	329072

编制：××× 　　复核：×××

第 1 页　共 2 页

设备、工具、器具购置费计算表

建设项目名称：重庆某高速公路
编 制 范 围：××合同段

第 1 页 共 1 页　　05 表

序号	设备、工具、器具规格名称	单位	数量	单价(元)	金额(元)	说明
三	办公及生活用家具购置	公路公里	10.000	17500.00	175000.00	

编制：××××　　　　复核：××××

工程建设其他费用及回收金额计算表

建设项目名称：重庆某高速公路
编制范围：××合同段

第 1 页 共 2 页 06 表

序号	费用名称及回收金额项目	金额(元)	说明及计算式	备注
	第三部分 工程建设其他费用	112206675		
一	土地征用及拆迁补偿费	10000000		
二	建设项目管理费	84567304		
10	建设单位(业主)管理费	21879095	{累进办法测管费}	21879095.00
20	工程质量监督费	3958114	{建安费}×0.15%	2638742997×0.15%
30	工程监理费	52774860	{建安费}×2%	2638742997×2%
40	工程定额测定费	3166492	{建安费}×0.12%	2638742997×0.12%
50	设计文件审查费	2638743	{建安费}×0.1%	2638742997×0.1%
60	竣(交)工验收试验检测费	150000		
三	研究试验费			
四	建设项目前期工作费			
五	专项评价(估)费			
六	施工机构迁移费			
七	供电贴费			
八	联合试运转费	1319371	{建安费}×0.05%	2638742997×0.05%
九	生产人员培训费			
十	固定资产投资方向调节税			
十一	建设期贷款利息	16320000	100000000/2×8%+(100000000+10000000)/2×8%+(100000000/2+100000000)×8%	100000000/2×8%+(100000000+100000000/2)×8%+100000000/2×8%+100000000/2)×8%
	预备费	811569778		
	1.价差预备费	729036038	{建安费}×[(1+5%)^(6−1)−1]×3%	2638742997×[(1+0)^(0−1)−1]
	2.基本预备费	82533740	{一二三部分合计}×3%	2751124672×3%
	新增加费用项目(不作预备费基数)			
	*请在此输入费用项目			
	概(预)算总金额	3562694450	{一二三部分合计}+{预备费}+{新增加费用项目(不作预备费基数)}	2751124672+811569778+0

编制：××× 复核：×××

人工、材料、机械台班单价汇总表

建设项目名称：重庆某高速公路

编制范围：××合同段

第 1 页 共 3 页 07 表

序号	名称	单位	代号	预算单价(元)	备注	序号	名称	单位	代号	预算单价(元)	备注
1	人工	工日	1	50.39		25	8~12号铁丝	kg	655	6.10	
2	机械工	工日	2	50.39		26	20~22号铁丝	kg	656	6.40	
3	原木	m³	101	1150.00		27	32.5级水泥	t	832	375.00	
4	锯材	m³	102	1300.00		28	42.5级水泥	t	833	385.00	
5	枕木	m³	103	961.00		29	硝铵炸药	kg	841	6.00	
6	光圆钢筋	t	111	5100.00		30	导火线	m	842	0.80	
7	带肋钢筋	t	112	5320.00		31	普通雷管	个	845	0.70	
8	钢绞线	t	125	6850.00		32	非电毫秒雷管	个	847	1.52	
9	波纹管钢带	t	151	6350.00		33	导爆索	m	848	1.10	
10	型钢	t	182	5200.00		34	石油沥青	t	851	5200.00	
11	钢板	t	183	5350.00		35	改性沥青	t	852	6300.00	
12	钢管	t	191	6300.00		36	重油	kg	861	8.00	
13	钢钎	kg	211	5.62		37	汽油	kg	862	10.12	
14	空心钢钎	kg	212	7.00		38	柴油	kg	863	8.69	
15	φ50mm以内合金钻头	个	213	27.21		39	煤	t	864	265.00	
16	钢丝绳	t	221	5853.00		40	电	kW·h	865	0.55	
17	电焊条	kg	231	13.00		41	水	m³	866	0.50	
18	钢筋连接套筒	个	232	9.00		42	青(红)砖	千块	877	212.00	
19	钢模板	t	271	5970.00		43	生石灰	t	891	105.00	
20	组合钢模板	t	272	5710.00		44	砂	m³	897	60.00	
21	门式钢支架	t	273	5000.00		45	中(粗)砂	m³	899	75.00	
22	钢绞线群锚(7孔)	套	576	245.00		46	砂砾	m³	902	60.00	
23	铁件	kg	651	4.40		47	片石	m³	931	42.53	
24	铁钉	kg	653	6.97		48	矿粉	t	949	125.00	

编制：××× 复核：×××

建筑安装工程费计算数据表

建设项目名称：重庆某高速公路　　编　制　范　围：××合同段　　公路等级：高速公路　　08-1 表
路线或桥梁长度(km)：10.000　　路基或桥梁宽度(m)：24.500　　数据文件编号：　　第 1 页　共 9 页

项目的代号	本项目节数	目的代号	节目节数	本节的代号	细目节数	细目代号	费率编号	定额个数	定额代号	项或目或节或细目或定额的名称	单位	数量	定额调整情况
一	6									临时工程	公路公里	10.000	
二		10	1							路基工程	km		
				10	1					场地清理	km		
							2	6		清理与掘除	m²	76700.000	
						1-1-1-12	2			清除表土(135kW 内推土机)	100m³	767.000	
						1-1-10-3	2			3m³ 内装载机装土方	1000m³	76.700	
						1-1-11-25	3			20t 内自卸车运土 1km	1000m³	76.700	
						1-1-18-27	2			高速一级路 20t 内振动压路机碾压	1000m²	306.800	
						1-1-18-5	2			高速一级路 20t 内振动压装土	1000m³	29.107	
						1-1-18-18	5			高速一级路 20t 内振动压路机压石	1000m³	47.593	
			20	3						挖方	m³		
				10	1					挖土方	m³		
							2	10		挖路基土方	1000m³	367714.000	
						1-1-9-8	2			2.0m³ 内挖掘机挖装土方普通土	1000m³	147.086	
						1-1-9-9	2			2.0m³ 内挖掘机挖装土方硬土	1000m³	220.628	
						1-1-11-25	3			20t 内自卸车运土 1km	1000m³	367.714	
				20	1					挖石方	m³		
							5	6		挖路基石方	m³	1676825.000	
						1-1-15-36	5			240kW 内推土机 20m 软石	1000m³	1117.829	
						1-1-15-37	5			240kW 内推土机 20m 次坚石	1000m³	279.498	
						1-1-15-38	5			240kW 内推土机 20m 坚石	1000m³	279.498	
						1-1-10-6	5			3m³ 内装载机装软石	1000m³	1117.829	

编制：×××　　复核：×××

第五章 施工图预算

分项工程预算表

编制范围：××合同段
分项工程名称：清除表土

第 1 页　共 110 页　　　　　08-2 表

编号	工程项目		伐树、挖根、除草、清除表土			装载机装土、石方			自卸汽车运土、石方			零填及挖方路基		
	工程细目		清除表土(135kW 内推土机)			3m³ 内装载机装土			20t 内自卸汽车运土 1km			高速一级路 20t 内振动压路机碾压		
	定额单位		100m³			1000m³			1000m³			1000m²		
	工程数量		767.000			76.700			76.700			306.800		
	定额表号		1-1~1-12			1-1~1-10~3			1-1~1-11~25			1-1~1-18~27		
	工、料、机名称	单位	单价(元)	定额	数量	金额(元)	定额	数量	金额(元)	定额	数量	金额(元)	定额	数量	金额(元)
1	人工	工日	50.39	0.400	306.80	15460							1.000	306.80	15460
2	75kW 以内履带式推土机	台班	823.61												
3	135kW 以内履带式推土机	台班	1557.61	0.160	122.72	191150									
4	3.0m³ 轮胎式装载机	台班	1342.79				1.090	83.60	112261				0.490	150.33	183787
5	120kW 以内平地机	台班	1222.54												
6	6~8t 光轮压路机	台班	325.94										0.310	95.11	31000
7	20t 以内振动压路机	台班	1406.58										1.260	386.57	543739
8	20t 以内自卸汽车	台班	1131.94							4.270	327.51	370721			
9	基价	元	1.00	209.000	160303.00	160303	985.000	75549.50	75550	3580.000	274586.00	274586	1838.000	563898.40	563898
	直接工程费	元				206610			112261			370721			773985
	其他工程费 Ⅰ	元		3.370%		6963	3.370%		3783	1.910%		7081	3.370%		26083
	其他工程费 Ⅱ	元		40.200%		6215	40.200%		4688	40.200%		8161	40.200%		6215
	间接费 企业管理费	元		4.040%		8628	4.040%		4688	2.160%			4.040%		32323
	规费	元													
	利润及税金	元		7%/3.41%		23873	7%/3.41%		12856	7%/3.41%		41100	7%/3.41%		88850
	建筑安装工程费	元				252289			133588			427063			927456

编制：×××　　　　　　　　　　　　　　　　　　　　复核：×××

材料预算单价计算表

建设项目名称：重庆某高速公路
编制范围：××合同段

第 1 页 共 1 页 09 表

序号	规格名称	单位	原价(元)	供应地点	运输方式、比重及运距	毛重系数或单位毛重	运杂费构成说明或计算式	单位运费(元)	原价运费合计(元)	场外运输损耗 费率(%)	场外运输损耗 金额(元)	采购及保管费 费率(%)	采购及保管费 金额(元)	预算单价(元)
1	片石	m³	34.425	路基至施工点	自办运输，1.00,1km	1.600000	(0.55×943.53×0.01+0.14×1342.79×0.01)	7.069	41.49			2.500	1.037	42.530
2	碎石(2cm)	m³	72.834	路基至施工点	自办运输，1.00,1km	1.500000	(0.12×1342.79×0.01+0.48×943.53×0.01)	6.140	78.97	1.00	0.790	2.500	1.994	81.760
3	碎石(4cm)	m³	68.027	路基至施工点	自办运输，1.00,1km	1.500000	(0.12×1342.79×0.01+0.48×943.53×0.01)	6.140	74.17	1.00	0.742	2.500	1.873	76.780
4	碎石(8cm)	m³	62.696	路基至施工点	自办运输，1.00,1km	1.500000	(0.12×1342.79×0.01+0.48×943.53×0.01)	6.140	68.84	1.00	0.688	2.500	1.738	71.260
5	路面用碎石(1.5cm)	m³	74.417	路基至施工点	自办运输，1.00,1km	1.500000	(0.12×1342.79×0.01+0.48×943.53×0.01)	6.140	80.56	1.00	0.806	2.500	2.034	83.400
6	路面用碎石(2.5cm)	m³	69.058	路基至施工点	自办运输，1.00,1km	1.500000	(0.12×1342.79×0.01+0.48×943.53×0.01)	6.140	75.20	1.00	0.752	2.500	1.899	77.850
7	路面用碎石(3.5cm)	m³	68.027	路基至施工点	自办运输，1.00,1km	1.500000	(0.12×1342.79×0.01+0.48×943.53×0.01)	6.140	74.17	1.00	0.742	2.500	1.873	76.780
8	路面用碎石(5cm)	m³	65.260	路基至施工点	自办运输，1.00,1km	1.500000	(0.12×1342.79×0.01+0.48×943.53×0.01)	6.140	71.40	1.00	0.714	2.500	1.803	73.920

编制：×××　　　复核：×××

自采材料料场价格计算表

建设项目名称：重庆某高速公路
编制范围：××合同段

第 1 页 共 3 页
表 10

序号	定额号	材料规格名称	单位	料场单价(元)	人工 50.39元/工日 定额	人工 金额	间接费(元)占人工5.00% 金额	空心钢钎 7.00元/kg 定额	空心钢钎 金额	φ50mm以内合金钻头27.21元/个 定额	φ50mm以内合金 金额	硝铵炸药6.00元/kg 定额	硝铵炸药 金额	高原施工增加费(元)
1	8-1-6-2	片石	m³	34.43	0.392	19.753	0.988	0.021	0.147	0.030	0.816	0.204	1.224	
2	8-1-9-3	碎石(2cm)	m³	72.83	0.483	24.338	1.217							
3	8-1-9-5	碎石(4cm)	m³	68.03	0.450	22.675	1.134							
4	8-1-9-9	碎石(8cm)	m³	62.70	0.409	20.610	1.030							
5	8-1-9-2	路面用碎石(1.5cm)	m³	74.42	0.497	25.044	1.252							
6	8-1-9-4	路面用碎石(2.5cm)	m³	69.06	0.459	23.129	1.156							
7	8-1-9-5	路面用碎石(3.5cm)	m³	68.03	0.450	22.675	1.134							
8	8-1-9-6	路面用碎石(5cm)	m³	65.26	0.425	21.416	1.071							

编制：××× 复核：×××

机械台班单价计算表

建设项目名称：重庆某高速公路
编制范围：××合同段
第 1 页 共 3 页
表 11

序号	定额编号	机械规格名称	台班单价(元)	不变费用(元) 调整系数：1.00 定额	不变费用(元) 调整值	人工: 50.39 元/工日 定额	人工 费用	重油: 8.00 元/kg 定额	重油 费用	汽油: 10.12 元/kg 定额	汽油 费用	柴油: 8.69 元/kg 定额	柴油 费用	煤: 265.00 元/t 定额	煤 费用	电: 0.55 元/kW·h 定额	电 费用	水: 0.50 元/m³ 定额	水 费用	木柴: 0.49 元/kg 定额	木柴 费用	养路费及车船税	合计
1	1003	75kW 以内履带式推土机	823.61	245.14	245.14	2.00	100.78					54.97	477.69										578.47
2	1006	135kW 以内履带式推土机	1557.61	604.69	604.69	2.00	100.78					98.06	852.14										952.92
3	1008	240kW 以内履带式推土机	2601.05	983.26	983.26	2.00	100.78					174.57	1517.01										1617.79
4	1027	0.6m³ 履带式单斗挖掘机	642.93	219.84	219.84	2.00	100.78					37.09	322.31										423.09
5	1037	2.0m³ 履带式单斗挖掘机	1757.29	855.38	855.38	2.00	100.78					92.19	801.13										901.91
6	1048	1.0m³ 轮胎式装载机	589.38	112.92	112.92	1.00	50.39					49.03	426.07										476.46
7	1050	2.0m³ 轮胎式装载机	1057.78	200.44	200.44	1.00	50.39					92.86	806.95										857.34
8	1051	3.0m³ 轮胎式装载机	1342.79	241.36	241.36	2.00	100.78					115.15	1000.65										1101.43
9	1057	120kW 以内平地机	1222.54	408.05	408.05	2.00	100.78					82.13	713.71										814.49
10	1075	6~8t 光轮压路机	325.94	107.57	107.57	1.00	50.39					19.33	167.98										218.37
11	1076	8~10t 光轮压路机	369.50	117.50	117.50	1.00	50.39					23.20	201.61										252.00
12	1078	12~15t 光轮压路机	566.31	164.32	164.32	2.00	100.78					40.46	351.60										401.99
13	1089	20t 以内振动压路机	1406.58	388.14	388.14	2.00	100.78					105.60	917.66										1018.44
14	1102	风动气腿式凿岩机	18.40	18.40	18.40																		
15	1155	235kW 以内稳定土拌和机	2306.90	922.43	922.43	2.00	100.78					147.72	1283.69										1384.47
16	1161	400t/h 以内稳定土厂拌设备	1104.89	528.48	528.48	4.00	201.56									681.55	374.85						576.41
17	1165	摊铺宽 9.5m 稳定土摊铺机	2220.69	1373.09	1373.09	2.00	100.78					85.94	746.82										847.60
18	1193	4000L 以内沥青洒布车	576.44	179.14	179.14	1.00	50.39			34.28	346.91												397.30
19	1207	300v/h 以内沥青拌和设备	89722.93	9570.70	9570.70	6.00	302.34	9574.40	76695.20							5917.61	3254.69						80152.23
20	1214	12.5m 以内带自动找平沥青混合料摊铺机	3766.22	2429.65	2429.65	3.00	151.17					136.41	1185.40										1336.57
21	1224	16~20t 以内轮胎式压路机	780.13	362.24	362.24	1.00	50.39					42.29	367.50										417.89
22	1225	20~25t 以内轮胎式压路机	952.06	464.65	464.65	1.00	50.39					50.29	437.02										487.41

编制：×××　　复核：×××

辅助生产工、料、机械台班单位数量表

建设项目名称：重庆某高速公路
编 制 范 围：××合同段

第 1 页 共 2 页
12 表

序号	规格名称	单位	人工(工日)	空心钢钎(kg)	φ50mm以内合金钻头(个)	硝铵炸药(kg)	导火线(m)	普通雷管(个)	开采片石(m^3)	3.0m^3轮胎式装载机(台班)
1	片石	m^3	0.392	0.021	0.030	0.204	0.520	0.490		0.001
2	碎石(2cm)	m^3	0.483						1.169	0.001
3	碎石(4cm)	m^3	0.450						1.149	0.001
4	碎石(8cm)	m^3	0.409						1.099	0.001
5	路面用碎石(1.5cm)	m^3	0.497						1.176	0.001
6	路面用碎石(2.5cm)	m^3	0.459						1.153	0.001
7	路面用碎石(3.5cm)	m^3	0.450						1.149	0.001
8	路面用碎石(5cm)	m^3	0.425						1.130	0.001

编制：××× 复核：×××

第六章 设计概算与修正概算

第一节 设计概算与修正概算基本概念

一、设计(修正)概算及其作用

1. 设计概算的含义

设计概算是设计文件的重要组成部分,是在投资估算的控制下由设计单位根据初步设计(或扩大初步设计)图纸及说明、概算定额、各项费用定额或取费标准、设备、人工、材料、机械预算价格等资料,编制和确定的建设项目从筹建至竣工交付使用所需全部费用的文件。采用两阶段设计的建设项目,初步设计阶段必须编制设计概算;采用三阶段设计的,技术设计阶段必须编制修正概算。

2. 设计概算的作用

(1)设计概算是编制建设项目投资计划、确定和控制建设项目投资的依据。国家规定,编制年度固定资产投资计划,确定计划投资总额及其构成数额,要以批准的初步设计概算为依据,没有批准的初步设计及其概算的建设工程不能列入年度固定资产投资计划。

经批准的建设项目设计总概算的投资额,是该工程建设投资的最高限额。在工程建设过程中,年度固定资产投资计划安排,银行拨款或贷款、施工图设计及其预算、竣工决算等,未经按规定的程序批准,都不能突破这一限额,以确保国家固定资产投资计划的严格执行和有效控制。

(2)设计概算是签订建设工程合同和贷款合同的依据,而且总承包合同不得超过设计总概算的投资额。

设计概算是银行拨款或签订贷款合同的最高限额,建设项目的全部拨款或贷款以及各单项工程的拨款或贷款的累计总额,不能超过设计概算。如果项目的投资计划所列投资额或拨款与贷款突破设计概算时,必须查明原因后由建设单位报请上级主管部门调整或追加设计概算总投资额。凡未批准之前,银行对其超支部分拒不拨付。

(3)设计概算是控制施工图设计和施工图预算的依据。经批准的设计概算是建设项目投资的最高限额,设计单位必须按照批准的初步设计和总概算进行施工图设计,施工图预算不得突破设计概算。如确需突破总概算时,应按规定程序报经审批。

(4)设计概算是衡量设计方案技术经济合理性和选择最佳设计方案的依据。设计概算是设计方案技术经济合理性的综合反映,据此可以用来对不同的设计方案进行技术与经济合理性的比较,以便选择最佳的设计方案。

(5)设计概算是工程造价管理及编制招标标底和投标报价的依据。设计总概算一经批准,就作为工程造价管理的最高限额,并据此对工程造价进行严格的控制。以初步设计进行招投标的工程,招标单位编制标底是以设计概算造价为依据的,并以此作为评标定标的依据。承包单位为了在投标竞争中取胜,也以设计概算为依据,编制出合适的投标报价。

(6)设计概算是考核建设项目投资效果的依据。通过设计概算与竣工决算对比,可以分析和考核投资效果的好坏,同时还可以验证设计概算的准确性,有利于加强设计概算管理和建设项目的造价管理工作。

二、设计(修正)概算内容

1. 设计(修正)概算编制原则

为提高建设项目设计概算编制质量,科学合理确定建设项目投资,设计概算编制应坚持以下原则:

(1)严格执行国家的建设方针和经济政策的原则。设计概算是一项重要的技术经济工作,要严格按照党和国家的方针、政策办事,坚决执行勤俭节约的方针,严格执行规定的设计标准。

(2)要完整、准确地反映设计内容的原则。编制设计概算时,要认真了解设计意图,根据设计文件、图纸准确计算工程量,避免重算和漏算。设计修改后,要及时修正概算。

(3)要坚持结合拟建工程的实际,反映工程所在地当时价格水平的原则。为提高设计概算的准确性,要实事求是地对工程所在地的建设条件,可能影响造价的各种因素进行认真的调查研究,在此基础上正确使用定额、指标、费率和价格等各项编制依据。按照现行工程造价的构成,根据有关部门发市的价格信息及价格调整指数,考虑建设期的价格变化因素,使概算尽可能地反映设计内容、施工条件和实际价格。

2. 设计(修正)概算编制依据

(1)国家发布的有关法律、法规、规章、规程等。

(2)现行《公路工程概算定额》《公路工程预算定额》《公路工程机械台班费用定额》及本办法。

(3)工程所在地省级交通主管部门发布的补充计价依据。

(4)批准的可行性研究报告(修正概算时为初步设计文件)等有关资料。

(5)初步设计(或技术设计)图纸等设计文件。

(6)工程所在地的人工、材料、机械及设备预算价格等。

(7)工程所在地的自然、技术、经济条件等资料。

(8)工程施工方案。

(9)有关合同、协议等。

(10)其他有关资料。

第二节 设计概算编制

一、设计概算编制准备工作

（1）深入现场，收集资料，了解施工现场的交通、原材料的供应、运输、堆放等条件以及当地人工、材料、机械及设备单价等资料。

（2）根据设计要求、总体布置图等资料，对工程项目的内容、性质、建设单位的要求，建设地区的施工条件，作一概括性的了解。

（3）在掌握和了解上述资料和情况的基础上，拟出编制提纲，明确编制工作的主要内容、重点、步骤和审查方法。

（4）根据已拟定的编制提纲，选取适合的定额及取费标准，根据工程量计算规则计算工程数量。

二、设计概算编制

（1）设计概算文件的组成。公路工程设计概算文件的组成与施工图预算文件的组成相同，仅注意将文件中的"预算"改为"概算"。

（2）设计概算文件之间的关系及计算顺序。公路工程设计概算应以《公路工程概算定额》为依据进行编制，其中材料预算单价、机械台班预算单价及各项费用的计算都应通过规定的表格反映。

公路工程设计概算文件的编制顺序、填表方式、计算原理与施工图预算文件完全一致。

三、修正概算编制

公路工程修正概算编制应以技术设计图纸、设计说明、《公路工程概算定额》、《公路基本建设工程概算、预算编制办法》为依据，文件的组成及文件之间的关系和计算顺序、计算原理、填表方法及其他编制依据同设计概算。

第三节 公路工程概预算审查

公路工程概预算文件审查是一项政策性、技术性、经济性和实践性很强的技术经济工作。审查的目的，是确定建设项目的投资总额，为项目的经济评价、投资控制、招标投标、保证实施等提供可靠的依据。审查的要求和内容，应与基本建设程序各阶段的作用、深度相结合。

公路工程概、预算文件一般是由设计单位完成的，完成之后，建设单位会委托工程造价管理专业机构（如定额站）进行审查，审查意见送项目主管部门后，主管部门再聘请有关单位和专家以及造价管理机构共同评审，评审通过且工程造价总额在允许范围之内，审查意见可作为批复的依据。

在审查造价时,有两点要求是必须遵守的:

(1)初步设计概算(或技术设计修正概算)的工程造价总额经批准后,是最高投资控制数,一般不允许突破,如概算工程造价总额突破可行性研究报告批准的投资额10%以上时,必须报原批准可行性研究报告单位批准后,初步设计(包括概算)才能生效。否则就要重编初步设计文件或变更原批复的可行性研究报告。

(2)两阶段设计(或三阶段设计)中的施工图设计阶段所编的施工图预算造价总额不允许突破批准的初步设计概算(或技术设计修正概算);如突破概算,必须报原批准设计概算单位审查批复后才能生效。

一、审查主要内容

1. 审查编制依据

首先审查编制依据的合法性,采用的有关编制依据是否经过国家和授权机关的批准,未经批准的不能采用,如经批准的上一阶段设计文件;各种定额和取费标准是否符合国家有关部门的现行规定,有无调查和新的规定,如有,应按新的调整办法和规定执行;其次审查编制依据的适用范围,如采用的定额取费标准是否与本工程一致,是否在其适用范围之内。

2. 审查编制内容

审查概、预算的列项是否完整,有无遗漏;是否体现了设计要求,施工方法选择合理与否;费用计算是否包括了从项目筹建到竣工交付使用的全部建设费用;是否结合实际、符合规定、经济合理、不重不漏、计算正确、内容完整。

3. 审查工程量

主体工程的工程量应根据设计图纸和相应定额所规定的工程量计算规则进行审查,部分工程量由施工组织设计提供,如清除表土、耕地填前碾压所增加的土石方数量,施工现场临时用地面积等。辅助工程的工程量,如围堰、排水、工作平台、吊装设备、预制场等,应结合建设项目的实际情况和施工方法进行审查。

4. 审查定额的使用

审查定额的套用和换算是否正确。审查时,必须熟悉定额的说明,分部分项工程的工作内容及适用范围,并根据工程特点,设计图纸的要求,进行比较分析两者是否一致,是否有重套和漏套现象。对于定额的换算,首先应审查是否允许换算,然后再审查换算是否按规定进行,换算是否正确。

5. 审查其他各项费用

审查其他工程费、间接费的费率取定是否合理,计算是否正确;土地、青苗等补偿费和安置补助费是否符合国家和地方政府的有关规定;设备、工具、器具的购置是否与批准的计划相符,价格计算是否合理可靠。

6. 审查技术经济指标

审查指标有无错误,是否合理或超过国家控制标准。通常可与同类工程的技术经济指标对比,也可与上一阶段的造价文件比较,分析指高程低的原因。

二、审查步骤和方法

1. 审查步骤

(1)先看设计文件总说明部分,了解建设项目各项工程概况,重点掌握与工程造价有关的问题。如技术标准、水文地质、气候条件、施工场地、交通现状、筑路材料及下一阶段须解决的主要问题。

(2)阅读设计方案比选的具体内容,了解与工程造价有关的问题,从经济角度分析其是否优越。

(3)阅读编制总说明,掌握编制依据与要求。

(4)审查工程概预算总表,分析工程造价较大的工程项目和费用、经济指标情况。

(5)审查材料价格和机械台班单价计算,分析其合理性。

(6)分析施工方案的合理性、经济性,内容包括施工工艺及辅助工程设施。如设备数量、施工便道、便桥、临时码头、水上水下设施、供水供电设施、大型机械设备安排(如规模、位置)以及工期安排等。

(7)审查各项费率的取定,分析其合理性。

(8)审查分项工程的列项,工程量计算以及定额的套用。

(9)审查其他各项费用的计算是否符合规定和合理。

(10)编写审查报告,报告中应形成结论性意见。

2. 审查方法

工程概预算的审查应根据工程投资规模、性质、结构复杂程度和要求确定审查方法。为了保证质量、加快审查进度,可以采用以下审查方法。

(1)全面审查法

全面审查法又称逐项审查法,是指对设计图纸所表示的全部内容,按照编制要求进行细致全面地审查的方法,基本上相当于重复编制一次概、预算,审查的顺序按照编制程序逐一进行。这种方法的优点是全面、细致,审查质量高,效果好,但工作量大、时间长。

(2)标准预算审查法

对于利用标准图纸或通用图纸施工的工程先集中力量编制标准预算,以此作为审查的比较依据。按照标准图纸或通用图纸施工的工程,一般上部结构和作法基本相同,只是由于现场施工条件或地质情况不同,而在基础部分作局部改变,在审查中,可直接把审查对象与标准对照,对于局部变动部分单独审查。

这种方法的优点是时间短、效率高。其缺点是适用范围小,尤其对公路工程项目更是如此。

(3)分组计算审查法

分组计算审查法是把概、预算中有关项目划分为若干组,利用同组中的一个数据审查分项工程量的一种方法。

一个单位工程的概、预算,其分部分项工程少则几十个,多则几百个,若都逐项计算,一则费时,二则费力。为了加快审查速度,可以把若干分部分项工程,按相邻具有一定内在联系的项目进行编组,利用同组中分项工程间有相同或相近计算基数的关系,审查一个分项工程数量,就能判断同组中其他几个分项工程量的准确程度。

(4)对比审查法

对比审查法是利用已建成的或已审查修正的同类工程概预算,对比审查拟建工程概预算的一种方法。审查时需将费用进行分解,求出各分部工程的工程量和主要材料用量及技术经济指标,然后进行对比分析,以发现错误,寻找原因,修正差错。

(5)重点审查法

重点审查法是对概、预算中的重点部分、重点项目进行审查的方法。作为重点审查的内容有:影响面大,涉及范围广的部分和项目;工程量大或造价高的项目;材料预算单价;补充和换算定额项目;各种费率的取定。

重点抽查法的特点是重点突出,审查时时间短,但缺乏全面性。

以上方法在审查概预算时,可以根据情况结合起来使用。

第七章 投资估算

第一节 项目建议书投资估算编制

项目建议书投资估算是项目建议书的重要组成部分,是对项目进行经济评价和投资决策的重要依据之一,对可行性研究及可行性研究投资估算的编制起指导作用。

一、项目建议书投资估算编制依据

(1)根据项目建议书的工作深度,核实工程规模、工程数量、路线走向、公路等级及工程所在地的地形、地貌等建设条件,按现行的《公路工程估算指标》中的综合指标及《公路基本建设工程投资估算编制办法》的规定编制。

(2)国家或地方的方针、政策和有关制度。

(3)业主对建设项目中的有关资金筹措、实施计划、水电供应、配套工程的落实情况。

(4)工程所在地的交通、能源供应等生产、生活条件资料。

(5)工程所在地的人工工资标准、材料供应价格、运输条件、运费标准等基础资料。

(6)当地政府有关征地、拆迁、安置、补偿标准等文件或通知。

(7)业主对建设工期、工程监理安排的意见。

(8)项目建议书的委托书、合同或协议。

二、项目建议书投资估算文件组成

项目建议书投资估算文件由封面、目录、估算编制说明及全部估算计算表格组成。

1. 封面及目录

估算文件的封面和扉页应按《公路工程基本建设项目设计文件编制办法》中的规定制作,扉页的次页应有建设项目名称、编制单位、编制及复核人员姓名、编制日期及第几册共几册等内容并加盖资格印章。目录应按估算表的表号顺序编排。

2. 估算编制说明

估算编制完成后,应写出编制说明,文字力求简明扼要。应叙述的内容一般有:

(1)项目建议书的依据及有关文号,依据的资料及比选方案等。

(2)采用的估算指标、费用标准及人工、材料单价的依据或来源、补充指标及编制依据的详细说明。

(3)与估算有关的委托书、协议书、会谈纪要的主要内容(或将抄件附后)。

(4)总估算金额,人工、钢材、水泥、木料、沥青的总需求量情况,各建设方案的经济比较以及编制中存在的问题。

(5)其他与估算有关但不能在表格中反映的事项。

3. 估算表格

项目建议书投资估算应按统一的估算表格计算,封面及表格式样见有关书籍。

4. 估算文件

项目建议书投资估算文件是项目建议书的组成部分,应按《公路建设项目可行性研究报告编制办法》中有关文件报送份数的规定报送。

项目建议书投资估算文件包括的内容如下:

(1)投资估算编制说明。

(2)总估算汇总表(01 表)。

(3)总估算表(02 表)。

(4)人工、主要材料数量汇总表(03 表)。

(5)设备、工具、器具购置费与工程建设其他费用计算表(04 表)。

(6)工程估算表(05 表)。

(7)人工及主要材料价格计算表(06 表)。

三、项目建议书投资估算项目

项目建议书投资估算项目应按项目表的序列及内容编制,如实际某部分费用不发生时,第一、二、三部分的序号应保留不变。如第二部分设备、工具、器具购置费在该项目中不发生,工程建设其他费用仍为第三部分。估算应按一个建设项目(如一条路线或一座独立大、中桥)进行编制。当一个建设项目需要分段估算投资时,应分别编制总估算表,但必须汇总编制"总估算汇总表"。

项目建议书投资估算项目分为路线工程估算项目和独立桥梁工程估算项目。项目表中的单位是总估算表中数量栏的单位,也是技术经济指标的单位。

第二节 可行性研究报告投资估算编制

可行性研究报告是基本建设程序中决策的前期工作阶段,是建设项目是否可行的重要论证依据。可行性研究报告经批准后,是进行初步设计或施工图设计(采用一阶段设计时)的依据。可行性研究报告投资估算是可行性研究报告的重要组成部分,是建设项目进行经济评价及投资决策的依据,是编制初步设计概算或施工图预算(采用一阶段设计时)的限制条件,亦是进行资金筹措的依据之一。

一、可行性研究报告投资估算编制依据

(1)经批准的项目建议书投资估算文件。

(2)《公路工程估算指标》中的"分项指标"、《公路基本建设工程投资估算办法编制》、《公路工程预算定额》、《公路工程概算定额》及《公路基本建设工程概算、预算编制办法》。

(3)可行性研究报告提供的工程规模、公路等级、主要工程项目的工程量等资料。

(4)国家、各部委或地方政府的有关文件、方针、政策和取费标准。

(5)建设项目中的有关资金筹措的方式、实施计划、水电供应、配套工程的落实情况。

(6)工程所在地的交通、能源及主要建筑材料供应等生产、生活条件资料。

(7)工程所在地的人工工资标准、材料供应价格、运输条件、运费标准及地方性材料储备量等基础资料。

(8)深入现场调查研究,掌握有关估算编制基础资料,合理确定施工方案。

(9)当地政府有关征地、拆迁、安置、补偿标准等文件或通知。

(10)业主对建设工期、工程监理安排的意见。

(11)编制可行性研究报告的委托书、合同或协议。

二、可行性研究报告估算文件组成

可行性研究报告投资估算文件由封面、目录、估算编制说明及全部估算计算表格组成。

1. 封面及目录

估算文件的封面和扉页应按《公路工程基本建设项目设计文件编制办法》中的规定制作,扉页的次页应有建设项目名称、编制单位、编制、复核人员姓名、编制日期及第几册共几册等内容并加盖资格印章。目录应按估算表的表号顺序编排。

2. 估算编制说明

估算编制完成后,应写出编制说明,文字力求简明扼要。应叙述的内容一般有:

(1)可行性研究报告的依据和有关文号依据的资料及比选方案等。

(2)采用的估算指标、费用标准及人工、材料单价的依据或来源、补充指标及编制依据的详细说明。

(3)与估算有关的委托书、协议书、会谈纪要的主要内容(或将抄件附后)。

(4)总估算金额,人工、钢材、水泥、木料、沥青的总需求量情况,各建设方案的经济比较以及编制中存在的问题。

(5)其他与估算有关但不能在表格中反映的事项。

3. 估算表格

可行性研究报告投资估算应按统一的估算表格计算,封面及表格式样见有关书籍。

4. 估算文件

可行性研究报告投资估算文件是可行性研究报告的组成部分,应按《公路建设项目可行性研究报告编制办法》关于文件报送份数的规定报送。

可行性研究报告投资估算文件包括的内容如下:

(1)投资估算编制说明。

(2)总估算汇总表(01表)。

(3)总估算表(02表)。
(4)人工、主要材料数量汇总表(03表)。
(5)设备、工具、器具购置费计算表(04表)。
(6)工程建设其他费用计算表(05表)。
(7)分项工程估算表(06表)。
(8)其他直接费、现场经费及间接费综合费率计算表(07表)。
(9)材料预算价格计算表(08表)。

三、可行性研究报告投资估算项目

可行性研究报告投资估算项目应按项目表的序列及内容编制,如实际某部分费用不发生时,第一、二、三部分的序号应保留不变。如第二部分设备、工具、器具购置费在该项目中不发生,工程建设其他费用仍为第三部分。估算应按一个建设项目(如一条路线或一座独立大、中桥)进行编制。当一个建设项目需要分段估算投资时,应分别编制总估算表,但必须汇总编制"总估算汇总表"。

第八章 公路工程招标标底与投标报价

第一节 工程招标与投标

一、工程项目招标与投标概念

招标与投标,是市场经济中用于采购大宗商品的一种交易方式。其特点是买方设定包括商品质量、期限、价格为主的标的,约请若干卖方通过投标报价进行竞争,从中择优选定中标单位,双方达成协议,随后签订合同并按合同实现标的。

在市场经济中,建筑产品也是商品。在国际上广泛采用招标投标的方式实现工程建设任务的发包与承包。我国的工程建设招标与投标,是在国家法律的保护和监督之下,双方同意基础上的法人之间的经济活动。

工程项目招标与投标,是业主与承包人对未来建筑产品的预计价格进行交易的工程采购方式,实质上是一种期货交易。期货交易的一大特点是其风险性。

1. 工程项目招标

是指业主(建设单位)为发包方,根据拟建工程的内容工期、质量和投资额等技术经济要求,邀请有资格和能力的企业或单位参加投标报价,从中择优选取承担可行性研究方案论证、科学试验或勘察、设计、施工等任务的承包单位。

2. 工程项目投标

是指经审查获得投标资格的投标人,以同意发包方招标文件所提出的条件为前提,经过广泛的市场调查掌握一定的信息并结合自身情况(能力、经营目标等),以投标报价的竞争形式获取工程任务的过程。

根据国家颁布的有关法律和法规的要求,已将工程项目采用招标投标的方式选择实施单位作为一项建筑市场的管理制度广泛推行。招标投标制是实现项目法人责任制的重要保证之一。它的推行,有利于促使工程建设按建设程序进行,保证建设的科学性、合理性;有利于保证工程质量、缩短工期、节约投资;有利于促进承包企业提高履约率,提高经营管理水平。

3. 工程项目招标范围

工程项目建设招标可以是全过程招标,其工作内容可包括可行性研究、勘察设计、物资供应、工程施工乃至使用后的维修;也可是阶段性建设任务的招标,如勘察设计、项目施工;可以是整个项目发包,也可是单项工程发包或单位工程发包;在施工阶段,还可根据承包内容的不同,分为包工包料、包工部分包料、包工不包料等形式发包。

进行工程招标,业主必须根据工程项目的特点,结合自身的管理能力,确定工程的招标范围。

二、工程项目招标分类及招标方式

1. 按工程项目招标性质分类

按招标性质,工程项目招标可分为5类,即工程项目开发招标、监理招标、勘察设计招标、工程建设物资招标和施工招标。这是由建筑产品交易生产过程的阶段性决定的。

(1)项目开发招标

这种招标是建设单位(业主)邀请工程咨询单位对建设项目进行可行性研究,其"标的物"是可行性研究报告。中标的工程咨询单位必须对自己提供的研究成果认真负责,可行性研究报告应得到业主认可。

(2)监理招标

监理招标是通过竞争方式选择工程监理单位的一种方法。监理招标的标的物为监理工程师提供的服务。

(3)勘察设计招标

勘察设计招标根据通过的可行性研究报告所提出的项目设计任务书,择优选择设计单位,其"标的物"是勘察和设计成果。勘察和设计是两种不同性质的工作,不少工程项目是分别由勘察单位、设计单位分别进行。施工图设计可由中标的设计单位承担,也可由承包商承担,一般不进行单独招标。

(4)工程施工招标

在工程项目的初步设计或施工图设计完成以后,用招标的方式选择承包人,其"标的物"是向建设单位(业主)交付按设计规定建造的建筑产品。工程施工招标在各类招标中,数量大、范围广、价值高,招标工作的代表性强,本教材主要介绍这类招标。

(5)材料设备采购招标

工程建设中,材料、设备费占工程总投资很大比重。材料、设备采购招标的标的是所需要的建筑材料、建筑构件、设备等。

2. 按工程承包范围分类

(1)项目总承包招标

这种招标可分为两种类型:一种是工程项目实施阶段的全过程招标;另一种是工程项目全过程招标。前者是在设计任务书已经审完,从项目勘察、设计到交付使用进行一次性招标。后者是从项目的可行性研究到交付使用进行一次性招标,业主提供项目投资和使用要求及竣工、交付使用期限,其可行性研究、勘察设计、材料和设备采购、施工安装、职工培训、生产准备和试生产、交付使用都由一个总承包人负责承包,即所谓"交钥匙工程"。

(2)专项工程承包招标

指在对工程承包招标中,对其中某项比较复杂、专业性强,施工和制作要求特殊的单项工程,可以单独进行招标的,称为专项工程承包招标。

3. 按工程项目招标方式分类

（1）公开招标

公开招标,亦称无限竞争性招标,由业主在国内外主要报纸、有关刊物上,或在电台、电视台发布招标广告。凡对工程项目有兴趣的承包商,均可购买资格预审文件参与投标。

这种招标方式可为所有的承包人提供一个平等竞争的机会,业主有较大的选择余地,有利于降低工程造价,提高工程质量和缩短工期,但由于参与竞争的承包人可能很多,增加资格预审和评标的工作量。但有可能出现故意压低投标报价的投机承包人以低价挤掉对报价严肃认真而报价较高的承包人。因此采用此种招标方式时,业主应加强资格预审,认真评标。

（2）邀请招标

邀请招标亦称有限竞争性选择招标。这种方式不发布广告,业主根据自己的经验和各种信息资料的了解,对那些被认为有能力承担该工程的承包人发出邀请,一般邀请 5~10 家（但不能少于 3 家）前来投标。这种招标方式一般可以保证参加投标的承包人有此项目施工经验,信誉可靠,有能力完成该工程项目,但由于经验和信息资料有一定的局限性,有可能漏掉一些在技术上、报价上有竞争力的后起之秀。

三、施工项目招标文件组成

《公路工程标准施工招标文件》(2009 年)由三卷八章组成,内容包括：

第一卷

第一章　招标公告（未进行资格预审）

　　　　投标邀请书（适用于邀请招标）

　　　　投标邀请书（代资格预审通过通知书）

第二章　投标人须知

第三章　评标办法

　　　　合理低价法

　　　　综合评估法

　　　　经评审的最低投标价法

第四章　合同条款及格式

第五章　工程量清单

第二卷

第六章　图纸

第三卷

第七章　技术规范

第四卷

第八章　投标文件格式
附录
工程量清单固化方法说明
投标人须知前附表规定的其他材料

四、工程项目投标文件组成

投标文件主要包括：
(1)投标函及投标函附录。
(2)法定代表人身份证明或附有法定代表人身份证明的授权委托书。
(3)联合体协议书。
(4)投标保证金。
(5)已标价工程量清单。
(6)施工组织设计。
(7)项目管理机构。
(8)拟分包项目情况表。
(9)资格审查资料。
(10)承诺书。
(11)调价函及调价后的工程量清单(如有)。
(12)投标人须知前附表规定的其他材料。

第二节　工程量清单与招标控制价、标底编制及审核

一、工程量清单编制

工程量清单是招标单位按照招标文件中有关要求及技术规范的有关规定，将工程进行合理分解，据此明确工程内容和范围，并将有关工程内容数量化的一套工程数量表。标价后的工程量清单还是合同中各工程细目的单价及合同价格表。

工程量清单是合同文件的重要组成部分，是一份与技术规范相对应的文件，它是单价合同的产物。其作用在于：

(1)提供合同中关于工程量的足够信息，为所有投标人提供投标报价的共同基础，以使投标单位能统一、有效而准确地编写投标文件。

(2)是评标的基础。工程量清单由招标人提供，无论是标底的编制还是企业投标报价，都必须在清单的基础上进行，同样也为评标奠定了基础。

(3)在投标单位报价及签订合同后，标有单价的工程量清单是办理中期支付和结算以及处理工程变更计价的依据。

因此，工程量清单的编制质量直接关系到建筑产品的报价以及招投标阶段和施工阶段

的造价控制。工程量清单编制包括清单说明、清单细目划分、工程数量整理几方面的工作。

1. 工程量清单说明的编制

工程量清单说明，在某些合同文件中又被称为清单前言，它对工程量清单的性质、承包人填报工程量清单的单价和合同价格的要求等作了明确规定。因此，该说明在招投标期间对如何进行工程报价有实质影响，在工程实施期间对工程是否进行计量与支付以及如何进行计量与支付有实质影响。在进行工程变更及费用索赔时，它的参考作用更明显，直接影响到监理工程师对单价的确定。

工程量清单说明强调如下几个方面的内容：

（1）工程量清单与其他招标文件的关系。规定工程量清单应与投标人须知、合同条款、技术规范及图纸等文件结合起来查阅与理解。

（2）工程量清单中工程量的性质与作用。规定工程量清单的工程量是估算的或设计的预计数量，仅作为投标的共同基础，不作为最终结算与支付的依据。当工程量清单中所列工程量发生变动时，丝毫不会降低或影响合同条款的效力，也不免除承包人按规定的标准进行施工和修复缺陷的责任。

（3）工程量计算规则。工程量计算规则是根据招标文件中包括的、有合同约束力的图纸以及有关工程量清单的国家标准、行业标准、合同条款中约定的工程量计算规则编制。约定计量规则中没有的子目，其工程量按照有合同约束力的图纸所标示尺寸的理论净量计算。计量采用中华人民共和国法定计量单位。

（4）承包人填报工程量清单价格时的要求。主要有：

①工程量清单中的每一子目须填入单价或价格，且只允许有一个报价。

②除非合同另有规定，工程量清单中有标价的单价和总额价均已包括了为实施和完成合同工程所需的劳务、材料、机械、质检（自检）、安装、缺陷修复、管理、保险、税费、利润等费用，以及合同明示或暗示的所有责任、义务和一般风险。

③工程量清单中投标人没有填入单价或价格的子目，其费用视为已分摊在工程量清单中其他相关子目的单价或价格之中。承包人必须按监理人指令完成工程量清单中未填入单价或价格的子目，但不能得到结算与支付。

④符合合同条款规定的全部费用应认为已被计入有标价的工程量清单所列各子目之中，未列子目不予计量的工作，其费用应视为已分摊在本合同工程的有关子目的单价或总额价之中。

⑤承包人用于本合同工程的各类装备的提供、运输、维护、拆卸、拼装等支付的费用，已包括在工程量清单的单价与总额价之中。

⑥工程量清单中各项金额均以人民币（元）结算。

⑦计日工劳务单价应包括基本单价及承包人的管理费、税费、利润等所有附加费。

劳务基本单价包括承包人劳务的全部直接费用，如工资、加班费、津贴、福利费及劳动保护费等。

附加费包括承包人的利润、管理、质检、保险、税费；易耗品的使用、水电及照明费，工作台、脚手架、临时设施费,手动机具与工具的使用及维修,以及上述各项伴随而来的费用。

⑧计日工材料单价应包括基本单价及承包人的管理费、税费、利润等所有附加费。

材料基本单价按供货价加运杂费(到达承包人现场仓库)、保险费、仓库管理费以及运输损耗等计算。从现场运至使用地点的人工费和施工机械使用费不包括在上述基本单价内。

附加费包括承包人的利润、管理、质检、保险、税费及其他附加费。

⑨计日工施工机械的租价应包括施工机械的折旧、利息、维修、保养、零配件、油燃料、保险和其他消耗品的费用,以及全部有关使用这些机械的管理费、税费、利润和司机与助手的劳务费等费用。在计日工作业中,承包人计算所用的施工机械费用时,应按实际工作小时支付。除非经监理人的同意,计算的工作小时才能将施工机械从现场某处运到监理人指令的计日工作业的另一现场往返运送时间包括在内。

2. 工程细目编制

工程细目又称分项清单表或工程量清单,通常根据招标工程的不同性质分章按顺序排列。工程细目分章排列有利于将不同性质、不同位置、不同的施工阶段或其他特性不同的工程区别开来,同时,也有利于将那些需要采用不同施工方法或不同施工阶段或成本不一样的工程区别开来。工程细目反映了施工项目中各分部分项工程及其数量,它是工程量清单的主体部分。

工程细目是由招标人根据《公路工程标准施工招标文件》、招标项目具体特点和实际需要编制,并与"投标人须知""通用合同条款""专用合同条款""技术规范""图纸"相衔接。

(1)工程细目内容划分

按内容不同可分为以下两个部分:

①工程量清单的"总则"部分。该部分说明合同需要发生的各种开办项目,其计价特点主要是采用总额包干,因此,其计量单位大部分为"总额"。

②根据图纸需要发生的工程细目部分。该部分说明了施工项目中各工程细目将要发生的工程量,计价特点是单价不变,实际工程量由计量确定。

(2)工程细目划分原则

①与技术规范保持一致性。工程量清单各工程细目在名称、单位等方面都应和技术规范相一致,以便承包人清楚各工程细目的内涵和准确地填写各细目的单价。因此,在采用《公路工程标准施工招标文件》时,其工程细目划分应尽量与《公路工程标准施工招标文件》相一致,如果根据实际需要对某些工程细目重新予以划分,则应注意修改技术规范的相应内容(包括相应的计量与支付方法)。

②便于计量支付、合同管理以及处理工程变更。工程细目的大小要科学。工程细目可大可小,工程细目小有利于处理工程变更的计价,但计量工作量和计量难度会因此增加;工程细目大可减少计量工作量,但太大难以发挥单价合同的优势,不便于变更工程的处理(计价)。另外,工程细目大也会使得支付周期延长,承包人的资金周转发生困难,最终影响合同的正常履行和合同的严肃性。

例如，桥梁工程有基础挖方项目，由于计价中包含了基础回填等工作，所以承包人必须等到基础回填工作完成以后才能办理该项目的计量支付，其支付周期有半年甚至更长的时间，以致影响承包人的资金周转，不利于合同的正常履行。但如果将基础开挖和基础回填分成两个工程细目，则可以避免上述问题。工程细目小会增加计量工作量，但对处理工程变更和合同管理是有利的。

例如，路基挖方中弃方运距的处理问题，实践中有两种处理方案：一种是路基挖方单价中包括全部弃方运距；另一种是路基挖方中包含部分弃方运距（如 500m 或 1000m），而超过该运距的弃方运费单独计量与支付。可以说，如果弃土区明确而且施工中不出现变更的话，上述两种处理方案是一样的（而且前一种方式可减少计量工作量）。但是，一旦弃土区变更或发生设计变更，由于弃土运距发生变化，则第一种方式的单价会变得不适应，双方必须按变更工程协商确定新的单价（使投标和合同单价失效），而采用第二种方式时合同中的单价仍然是适用的，原则上可以按原单价办理结算。

③保持合同的公平性。为保持合同的公平性，应将开办项目作为独立的工程细目单列出来。开办项目往往是一些一开工就要全部或大部分发生甚至开工前就要发生的项目，如工程保险、承包人的驻地建设、临时工程等。如将这些项目包含在其他项目的单价中，则承包人开工时上述各种款项不能得到及时支付，这不仅影响合同的公平性和承包人的资金周转，而且会影响招标中预付款的数量（预付款的数量要增加），并且会加剧承包人的不平衡报价（承包人会将开工早的工程细目报价提高，以尽早收回成本），并因此影响变更工程的计价。

④保持清单的灵活性。为了使清单在实施中具有一定的灵活性，工程量清单中应各有计日工清单。设立计日工清单的目的是用来处理一些小型变更工程（小到可以用日工的形式来计价）计价，使工程量清单在造价管理上的可操作性更强。为加强承包人的计日工报价的合理性，在编制工程量清单时应事先假定各计日工的数量。

3. 工程数量整理

工程量清单的工程量是反映承包人的义务量大小及影响造价管理的重要数据。整理工程量的依据是设计图纸和技术规范，整理工程量的工作是一项技术工作，绝不是简单地罗列设计文件中的工程量。在整理工程量时应根据设计图纸及调查所得的数据，在技术规范的计量与支付方法的基础上进行综合计算。同一工程细目，其计量方法不同，所整理出来的工程量会不一样。设计文件中工程量所对应的计量方法与技术规范中的计量方法不一定一致，这就需要在整理工程量的过程中进行技术处理。在工程量的整理计算中，应认真、细致，保证其准确性，做到不重不漏，不发生计算错误。否则，会带来下列问题：

（1）工程量的错误一旦被承包人发现，承包人会利用不平衡报价给业主带来损失。当实际工程量与清单工程量出入很大时，承包人会在总报价维持不变的基础上对实际工程量会增加的细目填报较高的单价，使得在施工过程中按实际工程量计量支付时，该项目费用增加很多，从而给业主造成损失。

（2）工程量的错误会引起合同总价的调整和索赔（或反索赔）。

(3)工程量的错误还会增加变更工程和费用索赔的处理难度。由于承包人可能采用了不平衡报价,所以当合同发生工程变更而引起工程量清单中工程量的增减时,因不平衡报价对所增减的工程量计价不适应,会使得监理人不得不和发包人及承包人协商确定新的单价来对变更工程进行计价,以致合同管理的难度增加。

(4)工程量的错误会造成投资控制和预算控制的困难。由于合同的预算通常是根据投标报价加上适当的预留费后确定的,工程量的错误还会造成项目管理中预算控制的困难和增加追加预算的难度。因此,工程量的准确性应予保证,其误差最大不应超过5%。

在进行工程数量整理时,可参照交通运输部公路工程定额站和湖南省交通运输厅交通建设造价管理站编制的《公路工程工程量清单计量规则》。该规则统一了公路工程工程量清单的项目号、项目名称、计算单位、工程量计算规则,并界定了工程内容。

《公路工程工程量清单计量规则》总说明的主要内容如下:

(1)本规则由项目号、项目名称、项目特征、计量单位、工程量计算规则和工程内容构成。

(2)本规则项目号的编写分别按项、目、节、细目表达,根据实际情况可按厚度、强度等级、规格等增列细目或子细目,与工程量清单细目号对应方式示例见表8-1。

细目号 209-1-a 浆砌片(块)石挡土墙

2——项

09——目(以两位数标识,不足两位数前面补零)

1——节

a——细目

(3)项目名称以工程和费用名称命名,如有缺项,招标人可按本规则的原则进行补充,并报工程造价管理部门核备。

(4)项目特征是按不同的工程部位、施工工艺或材料品种、规格等对项目作的描述,是设置清单项目的依据。

(5)计量单位采用基本单位,除各章另有特殊规定外,均按以下单位计量:

以体积计算的项目——m^3;

以面积计算的项目——m^2;

以质量计算的项目——t、kg;

以长度计算的项目——m;

以自然体计算的项目——个、棵、根、台、套、块……;

没有具体数量的项目——总额。

(6)工程量计算规则是对清单项目工程量的计算规定,除另有说明外,清单项目工程量均按设计图示以工程实体的净值计算;材料及半成品采备和损耗、场内二次转运、常规的检测、试验等均包括在相应工程项目中,不另行计量。

(7)工程内容是为完成该项目的主要工作,凡工程内容中未列的其他工作,为该项目的附属工作,应参照各项目对应的招标文件范本技术规范章节的规定或设计图纸综合考虑在报价中。

(8)施工现场交通组织、维护费,应综合考虑在各项目内,不另行计量。

与工程量清单细目号对应方式

表 8-1

子目号	子目名称	单位	工作内容	概预算项目表相应细目
209-1	砌体挡土墙		经验收的数量,按砂浆强度等级及混凝土强度等级分列。砂砾或碎石垫层按完成数量,含嵌缝材料、砂浆勾缝、泄水孔及其滤水层,混凝土工程的脚手架、模板、浇筑和养生、表面修整,基础开挖、运输与回填等	二-6-5-7~10、五-6-4-18~19(定额4-1-1~4 如有排水另计抽水台班、4-11-5~6,第五章相关细目)
-a	M…浆砌片(块)石	m³		
-b	M…浆砌混凝土块	m³		
-c	M…浆砌料石	m³		
-d	砂砾垫层	m³		
209-2	干砌挡土墙			(定额第一章第一节、4-1-1~4 如有排水另计抽水台班、4-11-5~6,第五章相关细目)
-a	片(块)石	m³		
-b	砂砾垫层	m³		
209-3	混凝土挡土墙			二-6-5-1、五-6-4-16(定额4-1-1~4 如有排水另计抽水台班、4-11-5~6,第五章相关细目)
-a	C…混凝土	m³		
-b	钢筋	kg		
-c	砂砾垫层	m³		
210-1	锚杆挡土墙		经验收的数量,含锚孔的钻孔、锚杆的制作和安装、锚孔灌浆、钢筋混凝土立柱和挡板的换季安装、墙背回填、防排水设置及锚杆的抗拔力试验等,以及一切未提及的相关工作	
-a	混凝土立柱	m³		
-b	混凝土挡板	m³		
-c	锚杆	kg		
-d	钢筋	kg		
210-2	锚定板挡土墙			二-6-5-1~6(定额第一章第一节、4-1-1~4 如有排水另计抽水台班,第四章第十一节、第五章相关细目)
-a	混凝土锚定板	m³		
-b	钢筋混凝土肋柱	m³		
-c	混凝土挡板	m³		
-d	拉杆	m³		
-e	钢筋	kg		
211-1	加筋土挡墙		经验收合格,含基坑开挖与回填、墙顶抹平层、沉降缝的填塞、泄水管和设置及钢筋混凝土带的钢筋等,加筋土挡料在本规范204节计量	
-a	M…浆砌片石基础	m³		
-b	C…混凝土基础	m³		
-c	C…混凝土帽石	m³		
-d	C…混凝土墙面板	m³		
-e	C…钢筋混凝土带	m³		
-f	聚丙烯土工带	kg		
212-1	挂网土工格栅喷浆防护边坡		锚杆按图纸或监理人指示为依据,经验收合格的实际数量,以米为单位计量	
-a	厚…mm喷浆防护边坡	m²	喷射混凝土和喷射水泥砂浆边坡防护的计量,应以图纸所示和监理人的指示为依据,按实际完成并经验收的数量,以平方米计量;钢筋网、铁丝网以千克(kg)计量;土工格栅以平方米计量	二-6-3、二-6-4、二-6-6(定额第一章第一节、4-1-1~4如有排水另计抽水台班,第五章相关细目)
-b	铁丝网	kg	喷射前的岩面清理,锚孔钻孔,锚杆制作以及钢筋网和铁丝网纺织及挂网土工格栅的安装铺设等工作,均为承包人为完成锚杆喷射混凝土和喷射砂浆边坡防护工程应做的附属工作,不另行计量支付	

二、招标控制价编制

1. 招标控制价概念

招标控制价是招标人根据国家或省级、行业建设主管部门颁发的有关计价依据和办法,按设计施工图纸计算的,对招标工程限定的最高工程造价,也可称其为拦标价、预算控制价或最高报价等。

招标控制价不同于标底,招标控制价反映的是招标人对工程的最高限价,标底是招标人对工程的心理价位。它们之间的区别主要有以下几点:

(1)招标控制价(拦标价)是最高限价,投标价如超过则为废标。标底是心理价位,接近标底的投标报价得分最高,但在报价均高于标底时,最低的投标价仍能中标。

(2)招标控制价是公开的,标底是保密的。

(3)低于招标控制价的合理最低价即可中标。

2. 招标控制价意义

(1)招标控制价是预防某些投标人高价围标的有效手段,是对拟建工程投标报价的最高限定价。因此,由招标人编制的合理招标控制价不仅能够保护自己的利益不受损失,还能保证工程招标成功乃至工程建设的顺利进行。

(2)招标控制价是检验投标报价合理性的标准。招标控制价是招标人根据政府部门颁布的工程计价定额和取费标准编制的,它体现的是社会工程造价平均水平,可以检验出投标报价的合理性。

(3)招标控制价是对施工图设计成果是否符合设计概算投资的有效检验。如果招标控制价突破设计概算,作为发包人,就要及时考虑追加投资或修改设计,降低标准以适应发包人的投资能力。

(4)招标控制价的编制是对施工图设计及招标文件等进一步完善的有效手段。招标控制价的编制依据是招标文件和工程量清单,在招标控制价的编制组价过程中,很容易发现招标文件和工程量清单以及施工图相互矛盾和不明确的地方,促使招标人及时对这些文件加以修改和完善。

(5)符合市场规律,规范了市场秩序。工程量清单招标遵循市场确定价格的原则,招标控制价的设立避免了建筑市场的无序竞争,起着引导报价、良性竞争的有利作用,有效地规范了市场秩序。

3. 招标控制价应用中应注意的问题

(1)国有资金投资的工程建设项目应实行工程量清单招标,并应编制招标控制价。根据《中华人民共和国招标投标法》的规定,国有资金投资的工程进行招标,招标人可以不设标底;当招标人不设标底时,为有利于客观、合理的评审投标报价和避免哄抬标价,造成国有资产流失,招标人应编制招标控制价,作为招标人能够接受的最高交易价格。

(2)招标控制价超过批准的概算时,招标人应将其报原概算审批部门审核。由于我国对国有资金投资项目的投资控制实行的是投资概算审批制度,国有资金投资的工程原则上不能超过批准的投资概算。

(3)投标人的投标报价高于招标控制价的,其投标应予以拒绝。国有资金投资的工程,招标人编制并公布的招标控制价相当于招标人的采购预算,同时要求其不能超过批准的概算,因此,招标控制价是招标人在工程招标时能接受投标人报价的最高限价。国有资金中的财政性资金投资的工程在招投标时还应符合《中华人民共和国政府采购法》相关条款的规定,如第三十六条规定:"在招标采购中,出现下列情形之一的,应予废标……(三)投标人的报价均超过了采购预算,采购人不能支付的。"依据这一精神,规定了国有资金投资的工程,投标人的投标不能高于招标控制价,否则,其投标将被拒绝。

(4)招标控制价应由具有编制能力的招标人或受其委托,具有相应资质的工程造价咨询人编制。应当注意的是,应由招标人负责编制招标控制价,当招标人不具有编制招标控制价的能力时,根据《工程造价咨询企业管理办法》(建设部第49号令)的规定,可委托具有工程造价咨询资质的工程造价咨询企业编制。工程造价咨询人不得同时接受招标人和投标人对同一工程的招标控制价和投标报价的编制。

(5)招标控制价应在招标文件中公布,不应上调或下浮,招标人应将招标控制价及有关资料报送工程所在地工程造价管理机构备查。招标控制价的作用决定了招标控制价不同于标底,无需保密。为体现招标的公平、公正,防止招标人有意抬高或压低工程造价,招标人应在招标文件中如实公布招标控制价,不得对所编制的招标控制价进行上浮或下调。招标人在招标文件中公布招标控制价时,应公布招标控制价各组成部分的详细内容,不得只公布招标控制价总价。同时,招标人应将招标控制价报工程所在地的工程造价管理机构备查。

(6)对于建筑工程,投标人经复核认为招标人公布的招标控制价未按照《建设工程工程量清单计价规范》的规定进行编制的,应在开标前5d向招投标监督机构或(和)工程造价管理机构投诉。招投标监督机构应会同工程造价管理机构对投诉进行处理,发现确有错误的,应责成招标人修改。在这里,实际上是赋予了投标人对招标人不按规范的规定编制招标控制价进行投诉的权利。同时要求招投标监督机构和工程造价管理机构担负并履行对未按规定编制招标控制价的行为进行监督处理的责任。

4. 招标控制价编制依据

(1)建设工程工程量清单计价规范(适用建筑工程)。
(2)国家或省级、行业建设主管部门颁发的计价定额和计价办法。
(3)建设工程设计文件及相关资料。
(4)招标文件中的工程量清单及有关要求。
(5)与建设项目相关的标准规范、技术资料。
(6)工程造价管理机构发布的工程造价信息;工程造价信息没有发布的参照市场价。
(7)其他相关资料。

5. 招标控制价编制要求

(1)收集和分析资料。在编制招标控制价前,首先应做好招标文件、图纸、工程量清单、补遗书和初步设计概算批复等资料收集工作,并对照招标内容做好相应概算的拆分工作,认真研究招标文件、图纸、工程量清单、补遗书等资料,合理确定取费标准、材料价格和施工方案。

(2)编制时间和人员要求。应在开标临近时再确定招标控制价编制人员,编制人员的数量一般不宜少于2人。必要时可组织编制人员进行现场考察。

(3)与工程量清单保持一致。在招标控制价的编制过程中,应认真分析和理解招标文件中对投标人关于风险、调价、责任等的约定,分析和理解工程量清单编制依据以及清单项目划分和特征描述所体现的组价原则等。在计算过程中应严格按照特征描述所体现的组价原则计价,招标文件要求投标人考虑的各种因素包括风险费用,在招标控制价中也应体现,避免招标控制价与招标文件及工程量清单相脱节。

同时招标控制价的编制过程也是对工程量清单补充和完善的过程,编制中发现工程量清单中不清楚不完善的内容,要提醒招标人及时明确或作出补充说明,以保证工程量清单和招标控制价的完整性和准确性。

(4)合理确定清单单价。招标控制价的编制以工程量清单预算方式进行,编制人员要做好工程量清单预算基础数据模板,并相互校核,做到各标段的清单单价均衡,无特殊情况不应出现明显的不平衡单价;要认真校对各标段的工程量清单的数量和单位,确保准确无误。

(5)合理确定各标段总价。做好各标段招标控制价上限之和与相应概算的比较分析,各标段招标控制价上限之和应控制在相应概算范围之内。当出现各标段招标控制价上限之和超出相应概算时,编制人员要分析超概原因,并及时向发包人反映。

(6)其他费用项的编制要求如下:

①暂列金额:暂列金额由招标人根据工程复杂程度、设计深度、工程环境条件等特点,一般可以分部分项工程费的10%~15%为参考。

②暂估价:暂估价中的材料单价按照工程造价管理机构发布的工程造价信息或参考市场价格确定。暂估价中的专业工程暂估价应分不同专业,按有关计价规定估算。

③计日工:招标人应根据工程特点,按照列出的计日工项目和有关计价依据,填写用于计日工计价的人工、材料、机械台班单价并计算计日工费用。

④总承包服务费:招标人应根据招标文件中列出的内容和向总承包人提出的要求计算总承包费。计算时可参照下列标准:

a. 招标人仅要求对分包的专业工程进行总承包管理和协调时,按分包的专业工程估算造价的1.5%计算。

b. 招标人要求对分包的专业工程进行总承包管理和协调并同时要求提供配合服务时,根据招标文件中列出的配合服务内容和提出的要求按分包的专业工程估算造价的3%~5%计算。

c. 招标人自行供应材料的,按招标人供应材料价值的1%计算。

⑤规费和税金的编制要求。规费和税金必须按国家或省级、行业建设主管部门的规定计算。

(7)完善编制说明。包括编制依据、工程类别、取费标准、材料价格来源、选用的施工方案等。如挖土方工程,通常要求施工企业自行选择挖土方式、比例、运土费用及距离等,同时在编制招标控制价时也应有完整和清楚的说明。

（8）认真完成编制意见书。编制意见书应包括编制组织情况、工程概况、编制依据、定价原则以及有关情况的说明等，编制人员必须在编制意见书上签名或盖章，最后附上编制好的招标控制价清单。

三、标 底 编 制

1. 工程招标标底概念与组成

标底是建筑安装工程造价的表现形式之一，是指由招标单位自行编制或委托具有编制标底资格和能力的中介机构代理编制，并按规定报经审定的招标工程的预期价格。

标底的组成内容主要有：

（1）标底的综合编制说明。

（2）标底价格审定书、标底价格计算书、带有价格的工程量清单、现场因素、各种施工措施费的测算明细，以及采用固定价格工程的风险系数测算明细等。

（3）主要材料用量。

（4）标底附件。如各项交底纪要、各种材料及设备的价格来源、现场的地质、水文、交通、供水供电等地上情况的有关资料、编制标底价格所依据的施工方案或施工组织设计等。

2. 标底的作用

（1）能够使招标单位预先明确自己在拟建工程上应承担的财务义务。

（2）给上级主管部门提供核实建设规模的依据。

（3）衡量投标单位标价的准绳，只有有了标底，才能正确判断投标者所投报价的合理性、可靠性。

（4）是评标的重要尺度，只有制定了科学的标底，才能在定标时作出正确的抉择，否则评标就是盲目的，因此招标工作中必须以严肃认真的态度和科学的方法来编制标底。

2. 编制标底主要程序

当招标文件中的商务条款一经确定，应根据招标项目的具体情况，在恰当时候组织标底编制。工程项目标底的编制程序如下：

（1）确定标底的编制单位。标底由招标单位自行编制或委托经建设行政主管部门批准具有编制标底资格和能力的中介机构代理编制。

（2）提供以下资料，以便进行标底计算：

①全套施工图纸及现场地质、水文、地上情况的有关资料。

②招标文件。

③领取标底价格计算书、报审的有关表格。

（3）参加交底会及现场勘察。标底编、审人员均应参加施工图交底、施工方案交底以及现场勘察、招标预备会，便于标底的编、审工作。

（4）编制标底。编制人员应严格按照国家的有关政策、规定，科学公正地编制标底价格。

3. 编制标底原则

（1）根据国家公布的统一工程项目划分、统一计量单位、统一计算规则以及施工图纸、招标文件，并参照国家制订的基础定额和国家、行业、地方规定的技术标准规范，以及市场价格确定工程量和编制标底。

（2）按工程项目类别计价。

（3）标底作为建设单位的期望价格，应力求与市场的实际变化吻合，要有利于竞争和保证工程质量。

（4）标底应由成本、利润、税金等组成，应控制在批准总概算（或修正概算）及投资包干的限额内。

（5）标底应考虑人工、材料、设备、机械台班等价格变化因素，还应包括不可预见费（特殊情况）、预算包干费、措施费（赶工措施费、施工技术措施费）现场因素费用、保险，以及采用固定价格的工程的风险金等。工程要求优良的还应增加相应的费用。

（6）一个工程只能编制一个标底。

（7）标底编制完成后，应密封报送招标管理机构审定。审定后必须及时妥善封存，直至开标时，所有接触过标底价格的人员均负有保密责任，不得泄漏。

4. 编制标底主要依据

根据《招标文件范本》中规定，标底的编制依据主要有：

（1）招标文件的商务条款。

（2）工程施工图纸、工程量计算规则。

（3）施工现场地质水文、地上情况的有关资料。

（4）施工方案或施工组织设计。

（5）现行工程预算定额、工期定额、工程项目计价类别以及取费标准、国家或地方有关价格调整文件规定等。

（6）招标时建筑安装材料及设备的市场价格。

5. 标底编制方法

当前，我国建设工程施工招标标底主要采用综合单价法和工料单价法来编制。

（1）综合单价法

综合单价法编制标底，是根据工程项目的划分，以完成各部分项工程的所有费用除以相应工程量得到的综合单价来确定工程标底的一种方法。在每一分项工程中的综合单价中，应包括人工费、材料费、机械费、其他工程费、间接费、施工措施费（如果未单独列出分项工程另行计费）、利润、税金，以及采用固定价格的风险金等全部费用。综合单价确定后，再与各部分项工程量相乘汇总，即可得到标底价格。

公路工程中较为广泛地采用综合单价法编制标底。在具体编制时，根据工程量清单中确定的分项工程细目，除了在第100章中以项计价的项计价外（保险费等），其余分项细目的综合单价以完成该分项工程细目规定的工程内容所需的全部费用（含利润、税金）除以相应工程量计算得到。各章费用汇总得到标底价。

如灌注桩分项工程,清单单位以桩长计,确定每米桩长的综合单价。当孔径一定时,根据该项目的特点,可确定其综合单价。在具体确定单价时,应考虑成孔是否需要护壁、护筒,是否水下施工,施工措施和施工条件如何等。然后计算:①完成造孔的综合费用;②完成混凝土浇筑、养护的综合费用;③临时工程费;④施工措施费;⑤其他分摊费用。再根据施工的风险情况,确定风险费,根据企业管理水平及市场竞争情况确定预期利润水平,根据国家现行税收政策规定计算税金等。最后将所有费用汇总得到完成该种灌注桩的总费用。用总费用除以灌注桩总长度,得到灌注桩综合单价。

(2)工料单价法

工料单价法,是根据施工图纸及技术说明,按照预算定额规定的分部分项工程子目逐项计算出工料消耗量,再套用工料单价确定直接费,然后按规定的费用定额确定其他直接费、现场经费、间接费、计划利润和税金,并适当地考虑一定的不可预见费,汇总后即为工程预算,也就是标底的基础。

工料单价法在实施中,也可以采用工程概算定额,对分项工程子目作适当的归并和综合,使标底价格的计算有所简化。采用概算定额编制标底,通常适用于技术设计阶段即进行招标的工程。在施工图阶段招标,也可按施工图计算工程量,按预算定额和单价计算直接费,既可提高计算结果的准确性,又可减少工作量,节省人力和时间。

运用工料单价法编制招标工程的标底大多是在工程概算定额或预算定额基础上作出的,但它不完全等同于工程概算或施工图预算。编制一个合理、可靠的标底还必须在此基础上考虑以下因素:

①标底必须适应目标工期的要求,对提前工期因素有所反映。应将目标工期对照工期定额或常规工期,按提前天数给出必要的赶工费和奖励,并列入标底。

②标底必须适应招标方的质量要求,对高于国家验收规范的质量因素有所反映。标底中对工程质量的反映,应按国家相关的施工验收规范的要求作为合格的建筑产品,按国家规范来检查验收。但招标方往往还要提出要达到高于国家验收规范的质量要求,为此,施工单上要付出比合格水平更多的费用。据某些地区测算,建筑产品从合格到优良,其人工和材料的消耗要使成本相应增加3%~5%左右,因此,标底的计算应体现优质优价。

(3)标底必须适应建筑材料采购渠道和市场价格的变化,并结合招标中对调价问题的考虑来确定材料价格。

(4)标底必须合理考虑本招标工程的自然地理条件和招标工程范围等因素。特殊地下工程及"三通一平"等招标工程范围内的费用正确地计入标底价格。由于自然条件导致的施工不利因素也应考虑计入标底。

6. 标底审查

工程施工招标的标底价格应在投标截止日期后、开标之前按规定报招标管理机构审查,招标管理机构在规定时间内完成标底的审定工作,未经审查的标底一律无效。

1)标底审查依据

标底报送招标管理机构审查时的审查依据主要有:

(1)工程施工图纸。
(2)施工方案或施工组织设计。
(3)有单价与合价的工程量清单。
(4)标底计算书、标底汇总表。
(5)标底审定书。
(6)采用固定价格的工程风险系数测算明细。
(7)现场因素、各种施工措施测算明细。
(8)主要材料用量、设备清单等。
2)标底审定内容
(1)采用综合单价法编制的标底价格,主要审查以下内容:
①标底计价内容:承包范围、招标文件规定的计价方法及招标文件的其他有关条款。
②工程量清单单价组成分析,人工、材料、机械台班计取的价格、直接费、其他直接费、有关文件规定的调价、间接费、现场经费、预算包干费、利润、税金、采用固定价格的工程测算的在施工周期价格波动风险系数、不可预见费(特殊情况)以及主要材料数量等。
③设备市场供应价格、措施费(赶工措施费、施工技术措施费)、现场因素费用等。
(2)采用工料单价法编制的标底价格,主要审查以下内容:
①标底计价内容:承包范围、招标文件规定的计价方法,及招标文件的其他有关条款。
②预算内容:工程量清单单价、补充定额单价、直接费、其他直接费、有关文件规定的调价、间接费、现场经费、预算包干费、利润、税金、设备费,以及主要材料设备数量等。
③预算外费用:材料、设备的市场供应价格、措施费(赶工措施费、施工技术措施费)、现场因素费用、不可预见费(特殊情况)、材料设备差价、对于采用固定价格的工程测算的在施工周期价格波动风险系数等。
3)标底审定时间
标底的审定时间一般在投标截止日后、开标之前。结构不太复杂的中小型工程7d以内,结构复杂的大型工程14d以内。
标底的编制人员应在保密的环境中编制,完成之后应密封送审标底。标底审定完后应及时封存,直至开标。

第三节 投标报价的编制

一、投标报价程序

承包人通过资格预审,购买到全套招标文件之后,即可根据工程性质、大小,组织一个经验丰富、有较强决策力的班子进行投标报价。承包工程有固定总价合同、单价合同、成本加酬金合同等几种主要形式,不同的合同形式的计算报价是有差别的。公路工程投标中常用单价合同,其投标报价计算主要程序为:

(1)研究招标文件。
(2)现场考察。
(3)复核工程量。
(4)编制施工规划。
(5)计算工、料、机单价。
(6)计算间接费率。
(7)计算各清单项目的单价的合计价。
(8)考虑上级企业管理费、风险费，预计利润。
(9)确定投标价格。

二、投标价计算依据

投标报价的计算依据主要有：
(1)设计文件。
(2)工程量清单。
(3)选用的工料机消耗定额。
(4)合同条件，尤其是有关工期、支付条件、外汇比例的规定。
(5)有关法规。
(6)拟采用的施工方案施工组织设计、进度计划。
(7)施工规范和施工说明书。
(8)建筑材料、设备的价格及运费。
(9)劳务工资标准。
(10)施工现场道路交通、用水用电情况。
(11)当地生活物资价格水平。
此外，还应考虑各种有关间接费用。

三、投标报价编制

1. 投标价的构成

(1)内部标价构成

所谓内部标价，是指投标单位根据设计图纸和技术规范，参照有关定额计算的完成本工程所需的全部费用，但不是按照工程量清单格式计算的费用。它是递交标书前投标单位内部控制的标价。

建筑安装工程费是施工单位在施工中所花费的全部费用，从报价的角度看可以划分为直接工程费、待摊费、分包费和暂列金额。

(2)对外标价构成

对外标价是将本工程全部费用(内部标价)，按照工程量清单格式计算的标价。它是在内部标价计算的基础上，经过分析、组合、分配后对外做出的最终报价。

$$总标价 = \sum(工程量清单细目单价 \times 细目工程量) + 暂定金额 + 计日工 \qquad (8-1)$$
$$工程量清单细目工程单价 = 工程细目直接工程费 \times 待摊费用系数 \qquad (8-2)$$

2. 直接工程费计算

直接工程费是施工过程中直接耗费的构成工程实体和有助于工程形成的工、料、机费用,是标价构成中的主要部分。直接工程费的计算一般有定额单价分析法、工序单价分析法和总价控制法三种方法。

1)定额单价分析法

定额单价分析法是我国投标人员常用的方法,它与编制工程概、预算的方法大致相同,即按照招标文件的工程量清单所列工程细目,选用与工作内容相适应的工、料、机消耗定额(选用的定额可能是经过组合并进行调整的),并分析实际的工、料、机单价,从而计算出各工程细目的直接工程费用。

定额单价分析法计算直接工程费的步骤如下:

①分析确定工程量清单所列支付细目所包含的工作内容和相关要求。

②分析工、料、机单价。

③套用定额。

④计算直接工程费。

⑤确定分摊费用。

⑥计算工程量清单细目单价。

定额单价分析法计算的直接工程费,一般是以正常的施工条件和合理的施工组织下完成该工程细目的直接工程费(即根据定额计算的工程细目直接工程费)。它的优点是计算方法比较规范,便于使用计算机。缺点是,各工程细目的人工和机械台班消耗是分别计算的,对各工程细目之间的相互关系、人员和机械的合理调配问题没有考虑。也就是说,按定额单价法计算的直接工程费与整个工程的施工安排以及工期的要求没有必然的联系。由于工期要求不同,人员和机械配备的数量就不同,而不同的机械数量,又会导致人工和机械的利用率不同,从而影响施工成本。因此,采用定额单价法报价,在实际中可能产生以下问题:

①由于施工机械的利用率达不到定额的平均水平,实际发生的机械费用(主要是不变费用部分)就会高于计算的费用,造成报价偏低。如某道路工程工地,按照台班需求量需要配备2台平地机,但实际在进入全面施工期时,为了保证路基、路面基层、底基层同时按要求进度施工,则需要3台或4台平地机。又如,某工地有沥青透层油(用稀释沥青)工序,又有黏层油(用乳化沥青)工序,每天均需按进度完成,所需台班加起来不超过一台机械的能力,但是,由于采用2种油料,不能混用,只好配备2台沥青洒布机。而且,此种机械只有在工期的后半期才使用,但仍需按监理要求的时间进场。如按其到场时间开始计算占用时间,其实际利用率是很低的,这就造成计算费用的明显偏少。如不考虑上述因素,只按定额分析的机械台班需求量配置施工机械,就会使投入的设备偏少,投入设备资金也明显偏低。反之,如果施工机械的利用率超过了定额的平均水平,实际发生的机械费用就会低于计算的费用,造成报价偏高,因而难以体现施工企业的竞争力。

②与上述原因类似,人工的配备和人工费也会出现偏差。

为了克服定额单价分析法存在的缺陷,使分项工程单价计算更接近实际,可采用工序单价分析法。

2)工序单价分析法

所谓工序单价分析法,是根据施工进度计划和工程量,计算每道工序需要配置的机械数量,机械使用费按照该机械在本工序的利用率确定。

(1)工、料、机单价分析

人工和材料单价的分析,与定额单价分析法相同。机械台班单价应考虑机械运转和闲置,分两种情况计算:

$$机械闲置时台班单价 = 台班不变费用 \tag{8-3}$$

$$机械运转时台班单价 = 台班不变费用 + 台班可变费用 \tag{8-4}$$

(2)编制实施性施工计划

①拟订初步施工方案和进度计划。先确定主要工程的大体起止时间,然后把每一分项工程作为一道工序作相应的安排。

②以工序进度反算机械数量。以每道工序的主导机械控制进度,以其产量定额和该工序施工期限作为控制,反算所需机械数量,进行必要调配,并相应配备辅助机械。计算公式如下:

$$R_{ij} = \frac{Q_i}{T_i \cdot C_{ij} \cdot n} = \frac{Q_i \cdot S_{ij}}{T_i \cdot n} \tag{8-5}$$

式中:R_{ij}——i 工序 j 种机械的需要数量;

Q_i——i 工序的工程量;

C_{ij}——i 工序 j 种机械的产量定额;

T_i——i 工序的有效施工天数;

n——作业班制,可取 1 班、2 班、3 班;

S_{ij}——i 工序 j 种机械的时间定额。

③以主导机械数量确定工序作业时间。计算公式如下:

$$R_{ij} = \frac{Q_i}{R_i \cdot C_{ij} \cdot n} = \frac{Q_i \cdot S_{ij}}{R_i \cdot n} \tag{8-6}$$

式中符号意义同前。

(3)确定人工数量

根据工序作业时间和劳动定额计算该工序所需人工数量。

(4)确定工序单价

$$人工费 = 人工单价 \times 工序所需总工日 \tag{8-7}$$

$$材料费 = \Sigma(材料单价 \times 材料消耗数量) \tag{8-8}$$

$$机械使用费 = \Sigma(j 种机械的运转单价 \times 运转台班数 + j 种机械的闲置单价 \times 闲置台班数) \tag{8-9}$$

其中:

j 种机械运转台班数量 = 工序作业时间 × j 种机械的配备数量 × 机械利用率 (8-10)

j 种机械闲置台班数量 = 工序作业时间 × j 种机械的配备数量 × (1 − 机械利用率)

(8-11)

工序直接工程费 = 人工费 + 材料费 + 机械使用费 (8-12)

3）总价控制法

采用工序单价分析法算出的单价比较切合实际。然而，由于施工时实际上并非按分项工序组织施工，而是划分几个专业作业队进行施工。如道路工程往往划分为土方工程队、路面基层施工队、沥青面层施工队和桥涵施工队，并按这些施工队的工作范围配备各自的施工机械和人员。这些施工机械和人员既可以在本队施工项目范围内随时调度，必要时还可在队与队之间调动，以便充分发挥机械和人员的作用。

因此，还可以按施工组织方案确定的专业队，根据实际需要配备人工、机械和材料，确定各种机械使用起止时间，然后按其应计的不变费用（不以设定台班分摊，而以实际在场日历计）和预计作业台班计算运转费用。由于不变费用一般按月（租金则按日）计算（不管是否开机），而运转费用则按实际开机操作台班计，所以两者都可以分别计算。

劳务人员，则可以按进度画出人员需求图，确定各工种人员进退场计划，并按此计划计算其工资和其他费用。

材料也可以按汇总，一起计算其费用（包括运费、仓储、损耗）。

这样该项工程所需工、料、机三项费用的总账都可按实际需要算出，从而得出该项目的直接工程费总额。

综上所述，总价控制法直接工程费的分析步骤如下：

①根据施工组织方案划分专业队。

②按专业队工作范围配备人员和机械。

③确定各机械使用的起止时间，计算机械费（闲置费和运转费分别计算）。

④按进度计划确定人员总需求，并计算人工费。

⑤计算材料费。

⑥计算工程总直接工程费。

这样算出来的直接工程费总额与将来要发生的费用是基本符合的，如果施工方案是切实可行的，则所算出的费用是可以控制该工程的总价（不包括待摊费用）。

计算出直接工程费的总额后，就可以把它分摊到各分项中去。分摊的办法有两种：一种是上述几个专业组分摊，然后逐步缩小，分摊到各分项细目；另一种是利用当地已有报价，或掌握的市场价格，经适当调整后试分摊，把分摊后的差额再次调整，直至完全符合为止。在分摊费用时对于主要项目还可用定额单价分析法或工序法计算校核。

目前，国内施工企业多采用定额单价分析法。在缺乏以往报价资料和经验的情况下，为了慎重起见，可先按定额单价分析法或工序单价法计算直接工程费，再按总价控制法计算直接工程费，两者进行比较后进行调整，确定最后报价。

3. 待摊费计算

所谓待摊费用是指本工程项目实际发生的，但在工程量清单里没有列项的费用。投标报价时需要分摊在相关的工程细目单价里。这些费用包括施工准备前期费用、施工现场管理费用、竣工后管理费用以及其他费用。

(1)施工准备前期费用

公路工程项目在开工之前的准备工作费用主要包括以下几个方面：

①施工现场的"五通一平"费用。即进场临时道路费，应考察已有道路能否用，是否需要修新的临时道路、施工便桥等，还应加上经常维护费用；施工现场通水、通电、通信、通气等费用；工程现场的场地平整与清理费用等。

②现场勘察及试验设施费。发包人移交现场后，应进行的补充测量或勘测费用；标书中要求的工地试验设备及试验室建设费用，以及委托当地研究检验机构试验鉴定费用等。

③承包人临时设施费。考虑承包人的员工生活、办公、卫生、仓库等设施费用，可按经验值计算。

④脚手架和模板等费用。依据施工方案，考虑所需数量计算分摊。

⑤现场安全保卫设施及环保费用。按当地环境保护要求，以及安全保卫工作的需要计算。

⑥交通费及其他费用。考虑施工人员到工地的距离及交通工具费以及劳动保护费、意外情况、恶劣气候的人员闲置费等。

施工前期的准备费用有些已在工程量清单第100章中单列，可以单独报价。对于清单已有的项目不能再进行分摊，否则就重复计价了。

(2)施工现场管理费用

施工现场管理费在国内编制工程概、预算时往往以直接费的百分率计算，在工程投标中所包含内容与标书工程量的分项有关，而且与工程规模、特点以及地区经济条件有关。用百分率取费的办法往往与实际偏离较大，特别是在竞争激烈，需要精打细算时更不适用。因而，在公路工程施工中，一般都要逐项据实计算。

(3)竣工后管理费用

工程项目竣工移交后，承包人还要对缺陷责任期内的工程缺陷修复工作负责。因此，还应计算缺陷修复、维修养护、管理人员及机具设备的费用。

招标项目竣工后，缺陷责任期内的缺陷修复与责任期长短和工程性质相联系，缺陷责任期长的费用多些，反之少些。承包人只负责维修由于质量不好引起的损坏，而不负责因特殊气候或外界原因（如水毁或行车事故冲撞）引起破坏的费用。因而，质量较高的永久性结构（如钢筋混凝土桥涵、高级沥青路面）维修费用相对较低，而低级公路（如砂石路）需要经常养护，费用比较高。其费用可用定额估算，如需配备多少人和机具，或按每月或每季需多少人次、机次、材料计算，也可按直接工程费的比率计算，一般为直接工程费的0.2%。

(4)其他费用

其他待摊费用可按不同的比例，分摊入工程数量清单的各细目价格之中。

4.标价分析

初步计算出标价之后，应对标价进行多方面的分析和评估，其目的是探讨标价的经济合理,从而作出最终报价决策。标价分析包括单价分析与总价分析。单价分析就是对工程量清单中所列分项单价进行分析和计算,确定出每一分项的单价和合价,分析标价计算中使用的劳务、材料、施工机械的基础单价以及选用的工程定额是否合理,是否符合拟投标工程的实际情况。同时,应根据以往本企业的投标报价资料进行对比分析,合理确定投标单价和总报价。

标价分析评估从以下几个方面进行:

(1)标价的宏观审核

标价的宏观审核是依据长期的工程实践中积累的大量的经验数据,用类比的方法,从宏观上判断初步计算标价的合理性,可采用下列宏观指标和评审方法:

①首先应当分项统计计算书中的汇总数据,并计算其比例指标。

②通过对各类指标及其比例关系的分析,从宏观上分析标价结构的合理性。例如,分析、总直接费和总的管理费比例关系,劳务费和材料费的比例关系,临时设施和机具设备费与总的直接费用的比例关系,利润、流动资金及其利息与总标价的比例关系等。承包过类似工程的有经验的承包人不难从这些比例关系中判断标价的构成是否基本合理。如果发现有不合理的部分,应当初步探讨其原因。首先研究拟投标工程与其他类似工程是否存在某些不可比因素,如果考虑了不可比因素的影响后,仍存在不合理的情况,就应当深入探讨其原因,并考虑调整某些基价、定额或分摊系数。

③探讨上述平均人月产值和人年产值的合理性和实现的可能性。如果从本公司的实践经验角度判断这些指标过高或过低,就应当考虑所采用定额的合理性。

④参照同类工程的经验,扣除不可比因素后,分析单位工程价格及用工、用料量的合理性。

⑤从上述宏观分析得出初步印象后,对明显不合理的标价构成部分进行微观方面的分析检查。重点是在提高工效、改变施工方案、降低材料设备价格和节约管理费用等方面提出可行措施,并修正初步计算标价。

(2)标价的动态分析

标价的动态分析是假定某些因素发生变化,测算标价的变化幅度,特别是这些变化对计划利润的影响。

①工期延误的影响。由于承包人自身的原因,如材料设备交货拖延、管理不善造成工程延误、质量问题造成返工等,承包人可能会增大管理费、劳务费、机械使用费以及占用的资金及利息,这些费用的增加不可能通过索赔得到补偿,而且还会导致误期赔偿。一般情况下,可以测算工期延长某一段时间,上述各种费用增大的数额及其占总标价的比率。这种增大的开支部分只能用风险费和计划利润来弥补。因此,可以通过多次测算,得知工期拖延多久,利润将全部丧失。

②物价和工资上涨的影响。通过调整标价计算中材料设备和工资上涨系数,测算其对工程计划利润的影响。同时切实调查工程物资和工资的升降趋势和幅度,以便作出恰当判断:通过这一分析,可以得知投标计划利润对物价和工资上涨因素的承受能力。

③其他可变因素影响。影响标价的可变因素很多,而有些是投标人无法控制的,如贷款利率的变化、政策法规的变化等。通过分析这些可变因素的变化,可以了解投标项目计划利润的受影响程度。

(3)标价的盈亏分析

初步计算标价经过宏观审核与进一步分析检查,可能对某些分项的单价做必要的调整,然后形成基础标价,再经盈亏分析,提出可能的低标价和高标价,供投标报价决策时选择。盈亏分析包括盈余分析和亏损分析两个方面。

盈余分析是从标价组成的各个方面挖掘潜力、节约开支,计算出基础标价可能降低的数额,即所谓"挖潜盈余",进而算出低标价。盈余分析主要从下列几个方面进行:

①定额和效率,即工料、机械台班消耗定额以及人工、机械效率分析。

②价格分析,即对劳务、材料设备、施工机械台班(时)价格三方面进行分析。

③费用分析,即对管理费、临时设施费等方面逐项分析。

④其他方面,如流动资金与贷款利息,保险费、维修费等方面逐项复核,找出有潜可挖之处。

考虑到挖潜不可能百分之百实现,尚需乘以一定的修正系数(一般取 0.5~0.7),据此求出可能的低标价,即:

$$低标价 = 基础标价 - (挖潜盈余 \times 修正系数) \tag{8-13}$$

亏损分析是分析在算标时由于对未来施工过程中可能出现的不利因素考虑不周和估计不足,可能产生的费用增加和损失。主要从以下几个方面分析:

①人工、材料、机械设备价格。

②自然条件。

③管理不善造成质量、工作效率等问题。

④建设单位、监理工程师方面问题。

⑤管理费失控。

以上分析估计出的亏损额,同样乘以修正系数(0.5~0.7),并据此求出可能的高标价。即:

$$高标价 = 基础标价 + (估计亏损 \times 修正系数) \tag{8-14}$$

四、投标报价技巧

报价技巧,是指在投标报价中采用一定的手法或技巧使业主可以接受,而中标后又能获得更多的利润。常用的报价技巧主要有:

(1)根据招标项目的不同特点采用不同报价。投标报价时,要分析招标项目的特点,按照工程项目的不同特点、类别、施工条件等来选择报价策略。

①对施工条件差、专业要求高的技术密集型工程;总价低的小工程,以及自己不愿做、又不方便不投标的工程;特殊的工程,如港口码头、地下开挖工程等;工期要求急的工程;投标对手少的工程;支付条件不理想的工程等可考虑高报价。

②对施工条件好、工作简单、工程量大而一般公司都可以做的工程;本公司目前急于打入某一市场、某一地区,或在该地区面临工程结束,机械设备等无工地转移时;本公司在附近有工程,而本项目又可利用该工程的设备、劳务,或有条件短期内突击完成的工程;投标对手多,竞争激烈的工程;非急需工程;支付条件好的工程等可考虑低报价。

(2)不平衡报价法。该方法是指一个工程项目总报价基本确定后,通过调整内部各个项目的报价,使其不提高总价、不影响中标,又能在结算时得到更理想的经济效益的方法。一般可以考虑在以下几方面采用不平衡报价:

①能够较早支付的项目(如开办费、基础工程、土石方开挖、桩基等)可适当提高单价,这样能较早得到多的支付,可以减少企业流动资金贷款利息的支出。

②预计今后工程量可能增加的项目,单价适当提高,这样在不影响投标总价的情况下,结算时可得到更多的支付;同时将工程量可能减少的项目单价降低,工程结算时损失不大,两者相减,就会多出一部分利润来。

上述两种情况要统筹考虑,即对于工程量有错误的早期工程,如果实际工程量可能小于工程量表中的数量,则不能盲目抬高单价,要具体分析后再定。

③设计图纸不明确,估计修改后工程量要增加的,可以提高单价;而工程内容解说不清楚的,则可适当降低一些单价,待澄清后可再要求提价。

④暂定项目,又称任意项目或选择项目,对这类项目要具体分析。因为这类项目要在开工后再由业主研究决定是否实施,以及由哪家承包人实施。则其中可能要由自己做的项目,单价可高些,不一定由自己做的项目则应低些。

采用不平衡报价一定要建立在对工程量表中工程量仔细核对分析的基础上,特别是对低报单价的项目,如工程量执行时增多将造成承包人的重大损失;不平衡报价过多和过于明显,可能会引起业主反对,甚至导致废标。

(3)计日工单价的报价。如果是单纯报计日工单价,而且不计入总价中,可以报高些,以便在业主额外用工或使用施工机械时可多盈利。但如果计日工单价要计入总报价时,则需具体分析是否报高价,以免抬高总报价,同时应考虑到,如果计日工单价过高,则可能业主会少用或不用承包人的计日工。总之,要分析业主在开工后可能使用的计日工数量,再来确定报价方针。

(4)可供选择的项目的报价。有些工程项目的分项工程,业主可能要求按某一方案报价,而后再提供几种可供选择方案的比较报价。投标时应对当地习惯采用的方案情况进行调查,对于将来有可能被选择使用的方案应适当提高报价;对于不太可能选择的方案,可将价格有意抬高得更多一些,以阻挠业主选用。但是,所谓"可供选择项目"并非由承包人任意选择,而是业主才有权进行选择。因此,虽然适当提高了可供选择项目的报价,并不意味着肯定可以取得较好的利润;只是提供了一种可能性,一旦业主今后选用,承包人即可得到额外加价的利益。

(5)暂定工程量的报价。暂定工程量有三种:一种是业主规定了暂定工程量的分项内容和暂定总价款,并规定所有投标人都必须在总报价中加入这笔固定金额,但由于分项工程量不准确,允许将来按投标人所报单价和实际完成的工程量付款。另一种是业主列出了暂定工程量的项目和数量,但并没有限制这些工程量的估价总价款,要求投标人既列出单价,也应按暂定项目的数量计算总价,当将来结算付款时可按实际完成的工程量和所报单价支付。第三种是只有暂定工程的一笔固定总金额,将来这笔金额做什么用,由业主确定。第一种情况,暂定总价款是固定的,对各投标人的总报价水平竞争力没有任何影响,因此,投标时应对暂定工程量的单价适当提高,这样既不会因今后工程量变更而吃亏,也不会削弱投标报价的竞争力。第二种情况,投标人必须慎重考虑。如果单价定得高了,同其他工程量计价一样,将会增大总报价,影响投标报价的竞争力;如果单价定得低了,将来这类工程量增加将会影响收益。一般来说,这类工程量可以采用正常价格。如果承包人估计今后实际工程量肯定会增大,则可适当提高单价,使将来可增加额外收益。第三种情况对投标竞争没有意义,按招标文件要求将规定的暂定款列入总报价即可。

(6)多方案报价法。对于一些招标文件,如果发现工程范围不很明确,条款不清楚或很不公正,或技术规范要求过于苛刻时,则要在充分估计投标风险的基础上,按多方案报价法处理。即是按原招标文件报一个价,然后再提出,如某条款作某些变动,报价可降低多少,可报出一个较低的价。这样可以降低总价,吸引业主。

(7)增加建议方案。有时招标文件中规定,可以提一个建议方案,即是可以修改原设计方案,提出投标者的方案。投标者这时应抓住机会,组织一批有经验的设计和施工工程师,对原招标文件的设计和施工方案仔细研究,提出更为合理的方案以吸引业主,促成自己的方案中标。这种新建议方案应当可以降低总造价或是缩短工期,或使工程运用更为合理。但要注意对原招标方案一定也要报价。建议方案不要写得太具体,要保留方案的技术关键,防止业主将此方案交给其他承包人。同时要强调的是,建议方案一定要比较成熟,有很好的操作性。

(8)突然降价法。采用这种方法时,要在准备投标报价的过程中考虑好降价的幅度在临近截标前,根据情报与分析判断,再做最后决策。如果中标,因为开标只降总价,在签订合同后可采用不平衡报价调整工程量表内的各项单价或价格,以期取得更高效益。

(9)分包人报价的采用。当某些工程专业性较强,需分包给其他专业施工公司,或业主指定分包的工程,在投标前应先取得分包人的报价,并加入总承包人的一定的管理费,作为投标总价的一个组成部分一并列入报价单中。应当注意,分包人在投标前可能同意接受总承包人压低其报价的要求,但等到总承包人得标后,他们常以种种理由要求提高分包价格,这将使总承包人处于十分被动的地位。解决的办法是:总承包人在投标前找2~3家分包人分别报价,然后选择其中一家信誉较好、实力较强和报价合理的分包人签订协议,同意该分包人作为本分包工程的唯一合作者,并将分包人的姓名列到投标文件中,但要求该分包人相应地提交投标保函。如果该分包人认为这家总承包人确实有可能得标,他也许愿意接受这一条件。这种把分包人的利益同投标人捆在一起的做法,不但可以防止分包人事后反悔和涨价,还可能迫使分包人报出较合理的价格,以便共同争取得标。

(10)无利润算标。缺乏竞争优势的承包人,在不得已的情况下,只好在算标中根本不考虑利润去夺标。这种办法一般是处于以下条件时采用:①有可能在得标后,将大部分工程分包给索价较低的一些分包人;②对于分期建设的项目,先以低价获得首期工程,而后赢得机会创造第二期工程中的竞争优势,并在以后的实施中赚得利润;③较长时期内,承包人没有在建的工程项目,如果再不得标,就难以维持生存。因此,虽然本工程无利可图,只要能维持公司的日常运转,就可争取中标。

第四节　施工项目合同价款的确定

在发出了中标通知书后的一定时间内(如14d,根据招标文件规定),在约定的日期、时间和地点,根据《中华人民共和国合同法》、《建设工程施工合同管理办法》的规定,依据招标文件、投标文件双方签订施工合同。工程合同价的确定,有以下三种。

一、固定合同价

合同中确定的工程合同价在实施期间不因价格变化而调整。固定合同价可分为固定合同总价和固定合同单价两种。

固定合同总价是指承包整个工程的合同价款总额已经确定,在工程实施中不再因物价上涨而变化,所以,固定合同总价应考虑价格风险因素,也须在合同中明确规定合同总价包括的范围。这类合同价可以使建设单位对工程总费用做到大体心中有数,在施工过程中可以更有效地控制资金的使用。但对承包商来说,要承担较大的风险,如物价波动、气候条件恶劣、地质地基条件及其他意外困难等,因此合同价款中包含了风险费用,合同价一般会高些。

固定合同单价是指合同中确定的各项单价在工程实施期间不因价格变化而调整,而在工程支付(或每阶段)时,按实际完成的工程量结算,在工程全部完成时以竣工图的工量确定最终结算工程总价款。

二、可调合同价

合同中确定的工程合同价在实施期间可随价格变化而调整。建设单位(业主)和承包人在商订合同时,以招标文件的要求及当时的物价计算出合同总价。如果在执行合同期间,由于通货膨胀引起成本增加达到某一限度时,合同总价则做相应调整。可调合同价使建设单位(业主)承担了通货膨胀的风险,承包商则承担其他风险。一般适合于工期较长(如一年以上)的项目。

三、成本加酬金确定的合同价

合同中确定的工程合同价,其工程成本部分按现行计价依据计算,酬金部分则按工程成本乘以通过竞争确定的费率计算,将两者相加,确定出合同价。一般分为以下几种形式:

(1) 成本加固定百分比酬金确定的合同价。这种合同价是发包方对承包方支付的人工、材料和施工机械使用费、其他直接费、现场经费、间接费等按实际成本全部据实补偿,同时按照实际成本的固定百分比付给承包方一笔酬金,作为承包方的利润。

这种合同价使得建安工程总造价及付给承包方的酬金随工程成本而水涨船高,不利于鼓励承包方降低成本,很少被采用。

(2) 成本加固定酬金确定的合同价。这种合同价与上述成本加固定百分比酬金合同价相似。所不同之处仅在于发包方付给承包方的酬金是一笔固定金额的酬金。

采用上述两种合同价方式时,为了避免承包方企图获得更多的酬金而对工程成本不加控制,往往在承包合同中规定一些"补充条款",以鼓励承包方节约资金,降低成本。

(3) 成本加奖罚确定的合同价。采用这种合同价,首先要确定一个目标成本,这个目标成本是根据粗略估算的工程量和单价表编制出来的。在此基础上,根据目标成本来确定酬金的金额,可以是百分数的形式,也可以是一笔固定酬金。然后,根据工程实际成本支出情况另外确定一笔奖金,当实际成本低于目标成本时,承包方除从发包方获得实际成本、酬金补偿,还可根据成本降低额得到一笔奖金。当实际成本高于目标成本时,承包方仅能从发包方得到成本和酬金的补偿;此外,视实际成本高出目标成本情况,若超过合同价的限额,还要立以一笔罚金。除此之外,还可设工期奖罚。这种合同价形式可以促使承包商降低成本、缩短工期,而且目标成本随着设计的进展而加以调整,承发包双方都不会承担太大风险,故应用较多。

(4) 最高限额成本加固定最大酬金确定的合同价。在这种合同价中,首先要确定限额成本、报价成本和最低成本,当实际成本没有超过最低成本时,承包方花费的成本费用及应得酬金等都可得到发包方的支付,并与发包方分享节约额;如果实际工程成本在最低成本和报价成本之间,承包方只能得到成本和酬金;如果实际工程成本在报价成本与最高限额成本之间,则只能得到全部成本;实际工程成本超过最高限额成本时,则超过部分发包方不予支付。

这种合同价形式有利于控制工程造价,并能鼓励承包方最大限度地降低工程成本。

第五节　工程量清单案例

【案例 8-1】　某高速公路第 × 合同段长 15km,路基宽 26m,其中挖方路段长 4.5km,填方路段长 10.5km。招标文件图纸的路基土石方表的主要内容见表 8-2。

路基土石方表的主要内容　　　　　　表 8-2

挖方(m^3)				本桩利用(m^3)			远运利用方(m^3)		借方(m^3)
普通土	硬土	软石	次坚石	普通土	硬土	石方	土方	石方	普通土
265000	220000	404000	340000	50000	35000	105000	385000	450000	600000

注:表中挖方、利用方指天然密实方;借方指压实方。

问题:(1) 编制以上工程量的工程量清单细目,并说明各细目的费用包含的内容。

(2)计算各支付细目的计量工程数量。

(3)计算各支付细目应分摊的整修路拱和整修边坡的工程数量。

【解】(1)根据招标文件技术规范规定,路基挖方包括土石方的开挖和运输,路基填筑包括土石方的压实,借土填方包括土方的开挖、运输和压实费用,工程量清单格式见表8-3。

工程量清单细目   表8-3

细目编号	细目名称	单位	数量	单价(元)	金额(元)
203-1-a	挖土方	m³	485000		
203-1-b	挖石方	m³	744000		
204-1-a	利用土方	m³	417352		
204-1-b	利用石方	m³	603261		
204-1-c	借土填方	m³	600000		

(2)计量工程数量的计算

考虑到实际计量支付以断面进行计量。故挖方数量为天然密实方,填方数量为压实方,据此计算清单计量工程数量。

203-1-a 挖土方:$265000+220000=485000\text{m}^3$

203-1-b 挖石方:$404000+340000=744000\text{m}^3$

204-1-a 利用土方:$[(50000+385000)-(220000-35000)]\div1.16+220000\div1.09=417352\text{m}^3$

204-1-b 利用石方:$(105000+450000)\div0.92=603261\text{m}^3$

204-1-c 借土填方:600000m^3

(3)各支付细目分摊的整修路拱的工程数量计算:

挖方总量:$485000+744000=1229000\text{m}^3$

填方总量:$417352+603261+600000=1620613\text{m}^3$

203-1-a 挖土方:$4500\times26\times(485000\div1229000)=46172\text{m}^2$

203-1-b 挖石方:$4500\times26\times(744000\div1229000)=70828\text{m}^2$

204-1-a 利用土方:$10500\times26\times(417352\div1620613)=70305\text{m}^2$

204-1-b 利用石方:$10500\times26\times(603261\div1620613)=101622\text{m}^2$

204-1-c 借土填方:$10500\times26\times(600000\div1620613)=101073\text{m}^2$

各支付细目分摊的整修边坡的工程数量计算:

203-1-a 挖土方:$4.5\times(485000\div1229000)=1.776\text{km}$

203-1-b 挖石方:$4.5\times(744000\div1229000)=2.724\text{km}$

204-1-a 利用土方:$10.5\times(417352\div1620613)=2.704\text{km}$

204-1-b 利用石方:$10.5\times(603261\div1620613)=3.909\text{km}$

204-1-c 借土填方:$10.5\times(600000\div1620613)=3.887\text{km}$

【案例8-2】 按照【案例5-7】项目数据编制工程量清单。

编制的工程量清单见表8-4~表8-5。

工程量清单汇总表

表 8-4

合同段:A 合同段

序号	章次	科目名称	金额(元)
1	100	清单第 100 章 总则	10787463
2	200	清单第 200 章 路基	75453674
3	300	清单第 300 章 路面	62049329
4	400	清单第 400 章 桥梁、涵洞	3401966
5	500	清单第 500 章 隧道	14383865
6		第 100 章至 700 章清单合计	166076297
7		已包含在清单合计中的专项暂定金额小计	
8		清单合计减去专项暂定金额(即 6 − 7 = 8)	166076297
9		计日工合计	
10		不可预见费	16607630
11		投标价(6 + 9 + 10 = 11)	182683927

专项暂定金额汇总表

表 8-5

合同段:A 合同段　　　　　　　　　　　　　　　　货币单位:人民币　元

清单编号	细目号	名　称	估计金额(元)
		小计(结转至第 1 页工程量清单汇总表)人民币	元

第一页　　共 1 页

工程量清单

表8-6

合同段：A合同段
货币单位：人民币 元

清单 第100章 总则

细目号	细目名称	单位	数量	单价	合价
101-1	保险费				
-a	按合同条款规定，提供建筑工程一切险	总额	1.000	660355.34	660355
-b	按合同条款规定，提供第三方责任险	总额	1.000	327107.69	327108
102-1	竣工文件	总额	1.000	100000.00	100000
102-2	施工环保费	总额	1.000	2000000.00	2000000
102-3	安全生产费	总额	1.000	5000000.00	5000000
102-4	工程管理软件（暂估价）	总额	1.000	200000.00	200000
103-5	供水与排污设施	总额	1.000	500000.00	500000
104-1	承包人驻地建设	总额	1.000	2000000.00	2000000

清单 第100章合计 人民币 10787463

工程量清单 表8-7

合同段：A合同段　　　　　　　　　　　　　　　　　　　　　货币单位：人民币　元

清单　第200章　路基

细目号	细目名称	单位	数量	单价	合价
202-1	清理与掘除				
-a	清理现场	m^2	3068000.00	3.54	10860720
203-1	路基挖方				
-a	挖土方	m^3	367714.000	8.76	3221175
-b	挖石方	m^3	1676225.000	30.58	51258960
-d	挖淤泥	m^3	140436.000	14.22	1997000
204-1	路基填筑（包括填前压实）				
-a	换填土	m^3	74216.000	6.11	453460
-i	换填片石	m^3	66220.000	12.80	847616
205-4	膨胀土处理				
-a	石灰土改良	m^3	56400.000	21.48	1211472
207-3	M10浆砌C10混凝土预制块截水沟	m	4238.000	224.25	950372
208-1	植物护坡				
-a	种草	m^2	14306.000	6.44	92131
2008-3	M7.5浆砌片石护坡				
-b	方格护坡	m^3	16988.00	268.47	4560768

清单　第200章合计　人民币　75453674

工程量清单

表8-8

合同段:A合同段　　　　　　　　　　　　　　　　　　　　　货币单位:人民币　元

清单　第300章　路面

细目号	细目名称	单位	数量	单价	合价
304-3	水泥稳定土基层				
-a	厚350mm	m²	202660.000	75.13	15225846
-b	厚370mm	m²	28280.000	84.58	2391922
306-3	级配碎石基层				
-a	厚100m	m²	22481.000	15.89	357223
-b	厚200m	m²	215524.000	29.91	6446323
309-2	中粒式沥青混凝土				
-a	厚50mm	m²	221153.000	52.16	11535340
309-3	粗粒式沥青混凝土				
-a	厚60	m²	221153.00	59.87	13240430
310-2	封层	m²			
-a	沥青石屑下封层	m²	226357.000	8.70	1969306
331-1	细粒式改性沥青混合料路面				
-a	厚40mm	m²	221153.000	49.21	10882939

清单　第300章合计　人民币　62049329

工程量清单

表8-9

合同段:A合同段 货币单位:人民币 元

清单 第400章 桥梁、涵洞

细目号	细目名称	单位	数量	单价	合价
403-1	基础钢筋(包括灌注桩、承台、沉柱、沉井等)				
-a	光圆钢筋(HPB235、HRB300)	kg	745.800	6.88	5131
-b	带肋钢筋(HHRB335、HRB400)	kg	21311.200	7.19	153228
403-2	下部结构钢筋				
-a	光圆钢筋(HRB235、HPB300)	kg	2398.200	7.18	17219
-b	带肋钢筋(HRB335、HRB400)	kg	7214.400	7.46	53819
403-3	上部结构钢筋				
-a	光圆钢筋(HRB235、HRB300)	kg	72661.900	7.27	528252
-b	带肋钢筋(HRB335、HRB400)	kg	49927.600	7.54	376454
404-1	干处挖土方	m³	2611.00	28.29	73865
404-3	干处挖石方	m³	269.400	76.73	20671
407-1	挖孔灌注桩(φ1.8m)	m	65.500	2154.05	141090
410-1	混凝土基础(包括支撑梁、桩基承台,但不包括桩基)	m³			
-a	C15 片石混凝土桥台	m³	970.300	317.55	308119
410-2	混凝土下部结构	m³			
-a	C20 混凝土桥台	m³	926.000	563.64	521931
-b	C30 混凝土柱式桥墩	m³	64.700	588.44	38072
410-4	预制混凝土上部结构	m³			
-a	C40 预制混凝土箱梁	m³	953.600	785.38	748938
411-2	先张法预应力钢绞线	kg			
-a	φj15 钢铰线	kg	25851.600	16.06	415177

清单 第400章合计 人民币 3401966

第八章 公路工程招标标底与投标报价

工程量清单 表8-10

合同段:A合同段 货币单位:人民币 元

清单 第500章 隧道

细目号	细目名称	单位	数量	单价	合价
502-1	洞口、明洞开挖				
-a	土方	m³	5756.000	8.90	25228
-b	石方	m³	2467.000	25.28	62366
502-4	洞门建筑				
-b	M10浆砌块石	m³	863.200	380.14	328137
503-1	洞身开挖				
-a	土方	m³	15278.400	108.50	1657706
-b	石方	m³	33211.100	90.80	3015568
503-3	初期支护				
-b	C25喷射混凝土	m³	1032.900	876.13	904955
-c	注浆锚杆(φ22)	m	70919.200	13.65	968047
-e	钢筋网	kg	35019.200	8.39	293811
504-1	洞身衬砌				
-b	C25防水混凝土	m³	7756.500	525.15	4073326
-e	带肋钢筋(HRB335)	kg	307650.000	7.97	2451970
504-2	C15片石混凝土仰拱、铺底	m³	2056.300	280.48	576751

清单 第500章合计 人民币 14383865

计日工汇总表

表 8-11

合同段:A 合同段

名　称	金额(元)
计日工:	
1.劳务	0.00
2.材料	0.00
3.施工机械	0.00
计日工合计(结转至 1 页工程量清单汇总表)	0.00

计日工劳务单价表

表 8-12

合同段:A 合同段

编号	子目名称	单位	暂定数量	单价	合价

劳务小计金额

(计入"计日工汇总表")

计日工材料单价表

表 8-13

合同段:A 合同段

编号	子目名称	单位	暂定数量	单价	合价

材料小计金额

(计入"计日工汇总表")

计日工施工机械单价表

表 8-14

合同段:A 合同段

编号	子目名称	单位	暂定数量	单价	合价

施工机械小计金额:

(计入"计日工汇总表")

工程量清单单价分析表

表 8-15

序号	编码	子目名称	人工费 工日	人工费 单价	人工费 金额	材料费 主材 主材耗量	材料费 主材 单位	材料费 主材 单价	材料费 主材费	材料费 辅材费	材料费 金额	机械使用费	其他	管理费	税费	利润	综合单价
1	202-1-a	清理现场	0.0025	50.39	0.12								0.08	0.16	0.12	0.22	3.54
2	2003-1-a	挖土方	0.0048	50.39	0.24							2.83	0.16	0.30	0.29	0.55	8.76
3	203-1-b	挖石方	0.0547	50.39	2.76	空心钢钎 0.0135	kg				2.16	7.22	0.66	1.94	1.01	1.86	30.58
						φ50mm 以内合金钻头 0.0208	个	7.00	0.09			20.19						
						硝铵炸药 0.1539	kg	27.21	0.57									
						导火线 0.4058	m	6.00	0.92									
						普通雷管 0.3191	个	0.80	0.32									
						其他材料费 0.0222	元	0.70	0.22									
								1.00	0.02									
4	203-1-d	挖淤泥	0.0100	50.39	0.50							11.52	0.27	0.57	0.47	0.89	14.22
5	204-1-a	换填土	0.0030	50.39	0.15							4.97	0.14	0.26	0.20	0.38	6.11
6	204-1-i	换填片石	0.0807	50.39	4.07							5.32	0.29	2.00	0.42	0.70	12.80
7	205-4-a	石灰土改良	0.0864	50.39	4.35	生石灰 0.0840	t	105.00	8.82		8.82	3.37	0.59	2.40	0.71	1.24	21.48
8	207-3	M10浆砌C10混凝土预制块截水沟	1.8496	50.39	93.20	钢模板 0.0005	t		59.55		59.55	0.64	6.56	45.17	7.39	11.74	224.25
						32.5级水泥 0.0369	t	5970.00	3.12									
						石油沥青 0.0002	t	375.00	13.82									
						水 0.4594		5200.00	0.98									
						中(粗)砂 0.0816	m³	0.50	0.23									
							m³	75.00	6.12									

续上表

序号	编码	子目名称	人工费 工日	人工费 单价	人工费 金额	材料费 主材 主材耗量	材料费 主材 单位	材料费 主材 单价	材料费 主材 主材费	材料费 辅材费	材料费 金额	机械使用费	其他	管理费	税费	利润	综合单价
8	207-3	M10浆砌C10混凝土预制块截水沟	0.0406	50.39	2.05	砂砾 0.4110	m³	60.00	24.66								
						碎石(2cm) 0.1245	m³	81.76	10.18								
						其他材料费 0.4410	元	1.00	0.44								
9	208-1-a	种草				草皮 1.1000	m²	2.00	2.20		2.54		0.22	1.07	0.21	0.35	6.44
						其他材料费 0.3399	元	1.00	0.34								
10	208-3-b	方格护坡	1.4820	50.39	74.68	32.5级水泥 0.1034	t	375.00	38.78		119.99	9.44		40.49	8.85	15.02	268.47
						水 1.8000	m³	0.50	0.90								
						中(粗)砂 0.4155	m³	75.00	31.16								
						片石 1.1500	m³	42.53	48.91								
						其他材料费 0.2400	元	1.00	0.24								
11	304-3-a	厚350m	0.0179	50.39	0.90	锯材 0.0000	m³	1300.00			54.64	7.24	2.26	2.88	2.48	4.73	75.13
						型钢 0.0000	t	520.00									
						组合钢模板 0.0000	t	5710.00									
						铁件 0.0005	kg	4.40									
						32.5级水泥 0.0395	t	375.00	14.81								
						水 0.0429	m³	0.50	0.02								
						中(粗)砂 0.0013	m³	75.00	0.09								

第八章 公路工程招标标底与投标报价

续上表

序号	编码	子目名称	人工费			材料费					机械使用费	其他	管理费	税费	利润	综合单价
			工日	单价	金额	主材				辅材费						
						主材耗量	单位	单价	主材费	金额						
11	304-3-a	厚350m	0.0186	50.39	0.94	片石 0.0015	m³	42.53	0.07							
						碎石(4cm)0.0005	m³	76.78	0.04							
						碎石 0.5141	m³	76.78	39.47							
						块石 0.0014	m³	95.00	0.13							
						其他材料费 0.0007	元	1.00		57.76	12.17	2.47	3.13	2.79	5.33	84.58
12	304-3-b	厚370mm				锯材 0.0000	m³	1300.00								
						型钢 0.0000	t	5200.00								
						组合钢模板 0.0000	t	5710.00								
						铁件 0.0005	kg	4.40								
						32.5级水泥 0.0417	t	375.00	15.65							
						水 0.0451	m³	0.50	0.02							
						中(粗)砂 0.0013	m³	75.00	0.10							
						片石 0.0016	m³	42.53	0.07							
						碎石(4cm)0.0005	m³	76.78	0.04							
						碎石 0.5435	m³	76.78	41.13							
						石块 0.0015	m³	95.00	0.14							
						其他材料费 0.0008	元	1.00								
13	306-3-a	厚100m	0.0028	50.39	0.14	石屑 0.0151	m³	65.00	0.98	11.60	1.57	0.47	0.58	0.52	1.00	15.89

第九章 施工阶段的工程造价管理

第一节 施工企业标后预算

一、标后预算的概念与作用

标后预算是在施工企业中标后、施工前编制的施工预算。它是在中标的合同工程量清单(以下称"主合同工程量清单")基础上,将企业费用和项目施工费用重新分解后计算的项目施工总费用,包括直接工程费和其他工程费以及现场管理费,其中直接工程费和其他工程费构成标后预算清单单价。标后预算按照不同的管理阶段,可以分为项目预算(直接)成本、计划预算(直接)成本、实际预算(直接)成本等。

项目预算(直接)成本是在施工准备阶段,根据企业中标的主合同工程量清单预估的工程数量和标后预算清单单价计算的预算成本,是施工企业和项目经理签订承包经营合同的主要依据。

计划预算(直接)成本是在施工过程中,根据年度生产计划中计划的工程量和标后预算清单单价的预算成本,是成本管理中编制成本计划的依据。

实际预算(直接)成本是在施工过程中,根据年(季、月)度发包人批复的支付证书中累计计量工程量和标后预算清单单价计算的预算成本,是企业考核项目经理部成本管理成效的依据。标后预算在施工企业成本管理中的作用主要有以下几个方面:

(1)标后预算是确定项目经理部目标成本和利润的标准。

(2)标后预算是划分企业与项目经理部合同风险的依据。风险和责任主要表现在工程质量、施工进度以及主合同的履行上。企业作为主合同的一方当事人,承担着全部的责任和义务,对项目的实施承担着监督管理的责任和义务,在项目的组建和实施过程中,在人、财、物方面对项目给予支持并承担合同履行过程中的特殊风险和不可预见风险。项目经理是企业法人代表授权的、代表企业全面履行主合同的代理人。项目经理部既承担着代表企业对主合同工程施工、管理、组织建设的责任和义务,又承担着完成企业下达的各项管理目标的责任和义务。具体地讲,对主合同而言,项目经理部应全面实现质量目标和工期目标,并承担主合同的一般风险;对企业而言,项目经理部应全面实现根据标后预算计算的企业经营目标和各项经济指标。

(3)标后预算是施工企业经济活动分析的依据。经济核算是施工企业经营管理的基本方法,通过对施工生产中的消耗和施工成本的分析、计算、比较,以货币的形式来衡量其经济效益。它是企业管理的一项重要的工作。

对于施工企业来说,经济核算的内容包括生产成果核算、生产消耗核算和财务成果核算三大内容。其核算的方法也是多种多样的,其中主要有会计核算、统计核算和业务核算三种。不同范围、不同级别的经济核算内容和方法各不相同,但是其主导思想是统一的,其基本方法都是通过下达的各项经营指标与实际经营状况相比较而进行的。

施工企业的经济活动分析是在不同管理范围内分级进行的,如企业的、项目经理部的、班组的、各专业部门的等。项目是企业运营的基本,是企业实现利润的基础,所以,项目的经营状况、项目的盈亏是企业经营管理水平的最终体现,而衡量、分析企业经济活动的依据之一就是项目的标后预算。

(4)标后预算是企业成本管理的重要环节。项目经理部的经济核算实际上就是以标后预算为尺度进行两个比较:一个是承包合同价与标后预算价的比较;另一个是标后预算价与实际成本价的比较,两个差额之和便是资源消耗的节约量,从而计算出盈亏结果。换句话说,就是通过标后预算这个中间环节,进行以承包合同价为收入与以实际成本消耗为支出的比较,经过工料机成本分析,计算出盈亏结果。

项目经理部的经济活动分析是对经济核算成果进行系统的分析和研究,它是企业经济核算的继续和深化。通过对经济核算的第一个比较结果的分析研究,找出市场价格与企业平均成本价格的差距,预测盈亏,制订经营对策;通过对经济核算第二个比较结果的分析研究,找出企业平均成本价格与项目经理部实际成本价格的差距,制订节约资源消耗、提高施工生产效率的可行性措施,在后续的生产经营管理工作中加以改进。把施工生产过程变为一个在确保产品质量和进度的同时,不断降低生产消耗,不断降低施工成本,不断提高经济效益的过程。

(5)标后预算是项目经理下达各项经营指标的依据。标后预算中的人工、材料、机械台班消耗数量、单价及其预算费用,施工生产进度计划,人工、材料、机械进场计划等由预算工程师提供,项目经理签字,分别下发给劳资、材料和机械管理部门,作为他们业务管理工作的依据和控制标准。下达各项经营指标应是在项目经理部内部调整标后预算之后,以此为依据进行。

二、标后预算与投标报价的异同

在公路建筑市场引进了招投标制度进行承包工程后不少中标的施工企业,认为有投标过程中编制的报价资料作为施工经营的参考,而且期中结算和期终结算完全依照承包合同中的有关规定执行就足够了,没有再做标后预算的必要,即使编制标后预算,也和投标报价资料相差无几。这样,施工企业在施工过程中,由于受投标报价的各种权宜之计或不尽合理的费用分配等局限性、暂时性、灵活性的影响,造成经营依据盲从,出现不少偏差,严重地影响了工程项目的经营效果。在不断地发现问题和总结经验教训之后,施工企业认识到投标报价不能取代标后预算,开始推行标后预算制度,重新建立了标后预算在施工生产经营管理中的地位。

比较投标报价和标后预算,两者的异同主要表现在以下几个方面。

1. 性质和目的异同

投标报价是建筑市场竞争承包工程权利的产物，它具有很强的灵活性和随意性，其目的是为投标人获取工程项目的承建权利。当然在致力于达此目的的同时，必须考虑自身的经营能力，以保本、微利的工程价格为报价的起点。标后预算是施工生产经营管理的产物，它具有很强的原则性和严肃性。其目的是承包人在履行承包合同的全过程中，使用标后预算及一整套定额管理办法，来达到以最少投入获得最佳工程经济效果。

2. 编制依据的异同

相同点是它们的定额依据都是企业预算定额、企业费用定额、企业机械台班费用定额；它们所依据的设计图纸都是招标文件中的图纸；所依据的施工技术规范、计量规则、工程量清单所列工程内容等等是相同的。投标时这些依据属招标文件的内容，中标后属承包合同文件的内容。不同之处是施工组织设计不同，在投标报价阶段的施工组织设计由于时间有限，在拟订施工方案时较为粗糙和存在不完全切合实际的地方。在中标后，施工企业及时组织施工技术和管理人员，重新认真地对所承担的工程建设项目现场进行调查，把投标时的施工组织设计作为参照，对施工现场平面布置、施工方法、施工进度安排及劳动力、机械设备的调配等，在原有基础上进行修订和加以补充，使其成为完全适用的施工组织设计，标后预算应以此为依据进行编制。另外，在编制投标报价时所依据的有关文件是招标文件，而标后预算是按照施工企业发布的有关经营管理方面的文件进行编制的。

3. 编制方法的异同

投标报价有很强的灵活性和随意性。灵活性指编标的方法和技巧上灵活多样，随意性指标价的高低在保证工程成本价格的前提下，随投标人夺标的决心和市场行情而决定。

企业在制定报价时，一般要考虑建设项目资金的来源：是世界银行或其他国际银行贷款的项目，还是国内、省内自筹资金的项目。世界银行贷款的项目往往是按低标中标的原则来评标的，国内项目往往采取以招标标底为标准，上下浮动一个百分比范围作为投标人围的条件，然后对入围的投标人进行施工方案、标价、施工企业实际施工生产能力、投标书的质量等进行全面评定的办法选择中标人。企业会根据不同的评标原则制定其报价策略。同时企业在决定投标报价之前，还要考虑参加竞争的其他投标单位及其实力以及企业现有承担的工程项目及对此项工程夺标的态度等，这也是决定投标人报价的重要影响因素。

而标后预算在企业内部有很强的政策性、规范性，在制订了最优施工组织设计后，按照企业预算定额、费用定额、标后预算编制办法和企业机械台班费用定额编制出标后预算，一旦经过施工企业有关业务领导部门批准，它就不可随意更改，以此作为承包工程项目经营的依据和施工企业对施工生产单位考核的依据。在编制方法上，它没有灵活性，而是严格依据设计图纸的内容和施工组织设计设定的施工方案，以及承包合同的各种工程质量要求和计量规则，按照标后预算编制办法的规定进行编制，所采用的企业预算定额也不得随意改动。

由此看出，投标报价资料是不能代替标后预算作为施工生产经营的依据的。施工企业要想取得较好的工程经济效果，必须认真做好开工前的标后预算，使整个施工生产过程中的经营管理做到有据可查、心中有底。

4. 清单单价构成的异同

施工企业在投标阶段提交的工程量清单单价是根据招标文件要求,计算得出的企业完成清单子目工作所需要的全部费用,以及预计的利润和按规定应交纳的税金,也即该工程清单子目的价格。标后预算单价是在清单单价的基础上,由企业向项目经理部下达的项目施工预算(直接)成本,是项目经理部在施工过程中需要消耗的直接工程费和其他工程费,也即该工程清单子目的直接成本。

三、标后预算的形式

标后预算是施工企业对所承建的工程在实施前所做的施工费用预算。主要包括为完成工程项目所需用的人工、材料和机械费、其他工程费和现场管理费。按照不同的分类标准,标后预算有以下几种形式。

1. 按工程内容分解程度分

(1)单项工程标后预算。以单项工程为对象编制标后预算,如一座独立大桥、一段路线工程都是一个单项工程。这种形式的标后预算,有利于施工过程中对各项费用进行专业化管理,标后预算为各专业管理提供有力的控制依据。

(2)单位工程标后预算。以单位工程为对象编制标后预算,如按桥梁、隧道、路基、路面各单位工程分设项目经理部(或称专业施工队),自负盈亏,统一在全线施工指挥部协调下进行流水作业施工的组织形式。这种形式的标后预算,为施工统一调配和分专业施工提供了生产、经营管理的依据。

2. 按项目管理模式分

(1)项目经理部自行组织施工模式。项目经理部自行组织施工的管理模式,是指由企业组建项目经理部,并投入项目施工所需的机械、人力、资金等各种生产要素和资源,由项目经理部直接组织项目施工。在这种管理模式中,标后预算也可以由现场管理费和标后预算清单单价两部分构成,但全部由项目经理部按零利润承包的形式承包,用于项目的组织、管理与工程实体的施工,但标后预算清单单价中仅包含直接工程费用以及其他工程费用,不包含利润和各种税费。在具体组织施工的过程中,可以采取内部作业班组承包的形式,项目经理部可以根据现场实际测算内部作业班组承包单价,由项目经理部对作业班组承包的工程质量、数量以及承包费用定期考核发放。

路面工程项目常采用的是项目经理部自行组织施工的管理模式。

(2)混合模式。即采用两层分离和自行组织施工的混合管理模式。在这种管理模式中,标后预算基本形式也是由现场管理费和标后预算清单单价两部分构成,只是在确定清单单价时,一部分采用企业内部市场定价,如桩基成孔、混凝土、钢筋等细目,该单价中一般包含操作层利润、管理费、直接工程费、其他工程费、各种税费等,企业成本合同部门对这部分单价的管理方法与两层分离模式相同;而其余部分,项目经理部可以根据现场实际,测算内部作业班组的承包单价,由项目经理部对作业班组承包的工程的质量、数量以及人工费进行考核发放。

对于独立大桥,特别是影响较大的高、新、特、难项目,常采用两层分离和自行组织施工的混合管理模式。

3. 按编制阶段和管理程序分

(1)开工阶段标后预算。开工阶段标后预算是在中标后,在中标价的基础上,根据主合同工程量清单中的工程量和本工程编制的实施性施工组织设计和企业的经营管理目标所编制的施工预算。它是施工企业进行成本管理和考核项目经理部经营成果的依据。

(2)施工阶段标后预算。施工阶段标后预算根据管理需要可分为年度预算和年度决算。

标后年度预算是在施工过程中,企业合同管理部门根据年度生产计划中计划的工程量和开工阶段标后预算单价计算出的向项目经理部下达的年度预算成本(计划成本),它是考核项目经理部成本管理成效的标准。

标后年度决算是在施工过程中、根据年度发包人批复的支付证书累计计量工程量和标后预算单价计算的实际预算成本,通常由企业在年终确认。年度决算与年度预算对比,可以发现工程项目实际进度和计划进度的差异,它是对项目经理部进行年度考核的依据。

(3)竣工阶段标后预算。竣工阶段的标后预算是在工程竣工后,由企业成本、合同部门组织的,以最后支付证书签署的实际完成的累计计量工程量为依据,综合考虑施工全过程实际的资源配置、材料调价、变更索赔等因素影响,对开工阶段标后预算所进行的一次全面修正和计算。竣工阶段标后预算与开工阶段标后预算进行对比分析可以考核项目经理部最终的经营成果。

四、标后预算的编制

1. 标后预算编制依据

编制标后预算是一项严肃、细致的工作。标后预算一经施工企业有关领导和管理部门的批准,就成为衡量下属施工单位经营效果的标准,所以在企业内部它具有很强的权威性。预算工程师应当慎重地对待这一项工作。

在编制标后预算之前,编制人员应赴现场认真考查沿线地形地貌、材料来源情况(包括料场位置、距离、运输方式和运输道路状况等),场地布置,当地实际普工、技工工资单价和材料供应价格,拆迁房屋、建筑物、电力电信线路等情况,生活设施方案,主副食运距等,以便与主承包合同文件和中标报价资料进行比较,寻找出与它们的差异,做到心中有数。

为了保证标后预算的编制质量,预算工程师应认真按以下依据进行编制。

(1)主承包合同。包括中标通知书、合同协议、投标书、合同条款、技术规范、设计图纸、标价的工程量清单等全部内容。

在编制标后预算时,主承包合同总价和工程量清单的单价,以及在投标过程中编制的中标的投标报价资料,是编制标后预算的重要参考。在编制投标报价过程中,预算工程师应首先透彻了解投标的全过程和标价的编制过程。为了某些需要或疏忽大意而存在编标不合理的地方,在编制标后预算时纠正其不合理的部分,采用其正确的,对于提高标后预算的质量是很重要的。

因此,在编制标后预算时,应进一步充分、全面地研究合同,特别是合同专用条件、合同谈判条件等。

(2)项目经理部的组成。包括项目经理部配备的管理人员数量,管理办公设施(如计算机及网络、电话、传真、复印、空调、指挥车辆数量和费用等),项目经理部的驻地建设、临时设施、试验设备及测量设备,财务费用,宣传和会议费用,财产和人身保险费用支出等。

(3)实施性施工组织设计。在投标报价时制订的施工组织设计是在满足质量和工期要求下编制的纲领性文件,对施工中要采取的一些具体措施还不十分明确。而实施性施工组织设计则是在投标时制订的总体计划下,具体落实到项目经理部组织实施,为达到承包工程项目目标而制订的可行的施工组织设计。

(4)企业预算定额。包括企业内部颁发使用的《公路工程标后预算定额》《内部机械台班费用定额》,以及企业积累和自行制订的成本价指标、分包单价、工资总额控制、折旧提取、各项费用上缴比例等。在诸多编制标后预算的依据中,企业预算定额不仅是承包工程建筑安装工程费中的人工、材料、机械台班消耗量的主要依据和标准,而且因为它规定了分项工程各自的工作内容和定额的一些换算方法,所以还是计算和摘取工程量的主要依据。

(5)人工工资标准,材料供应价格及运距、运价等。人工工资标准和材料的出厂价及运费等是市场调查取得的,包括工程所在地区工程造价管理单位发布的有关规定、物价调整指数等。

(6)各种费率标准。是指企业内部制订和实施的,一般纳入"标后预算编制办法"。

(7)标后预算编制办法。它除了包括企业内部对其他工程费、现场管理费、企业管理费、预算利润和税金取费标准外,还包括组成标后预算文件的各项内容及统一的表格形式、计算方法等。

(8)其他。企业下达的有关经营管理的文件和规定,以及在投标过程中,建设单位发布的有关工程造价的资料。

2. 标后预算总费用构成

标后预算的总费用与建筑安装工程费用组成相同。总费用可以分为上缴企业费、项目预算总成本和税金三项。

为了便于成本管理以及与投标报价中主合同标后清单单价进行比较,项目预算总成本采用与主合同工程量清单完全相同的形式编制,其中直接成本的章节划分、工程细目名称、单位、工程数量和工作内容均与主合同工程量清单第200章~第700章相同。即:

项目预算总成本 = ∑(标后预算清单单价×清单工程量) + 现场管理费

标后预算清单单价 = 某工程细目(单位直接工程费 + 单位其他工程费)

3. 编制方法

标后预算的费用包括直接工程费、其他工程费、现场管理费三项。

1)直接工程费

直接工程费指施工过程中耗费的构成工程实体和有助于工程形成的各项费用。影响直接工程费高低的因素有三个方面:一是工程量;二是单位实体工、料、机资源的消耗数量;三是各种资源的单价。工程量发包人在工程量清单中已列明,因此,标后预算清单细目的工程量与报价单同一细目的工程量相同;单位实体人工和机械的消耗数量一般采用企业定额或根据实乏性施工组织设计中计划配置的人力资源、机械设备配套计算;材料消耗量可以根据设计数量和混合料目标配合比计算,并参考同地区同类项目的历史消耗量等分析测算得出;对于从未施工过、没有历史资料的细目,单位实体消耗量也可以部颁定额作为补充;对于新技术、新工艺等结构的工程项目,既无定额可查,也无历史数据可供参考,可以暂估一个总额价。人工和机械台班的单价可以按照企业实际测算确定,材料的预算单价应按实际采购单价并考虑一定场外运输损耗计算。

(1)人工费的计算。人工费是指直接从事建筑安装的生产工人开支的各项费用。生产工人主要指钢筋工、混凝土工、辅助工、普工等。人工费的测算方法根据项目经理部的管理模式确定。

如果采取内部班组承包形式或者劳务分包形式的,可以根据市场行情和合同谈判情况,测算分包单价。

$$人工费 = 承包(分包)单价 \times 承包(分包)工程量$$

如果项目经理部自己组织施工的,可按施工组织设计配备的生产工人数量、辅助生产工人数量和计划工期,结合其月平均工资和工资附加费进行测算。

$$人工费 = (月平均工资 + 工资附加费) \times 用工数量 \times 计划工期(月)$$

(2)材料费的计算。材料费是指施工过程中耗用的构成工程实体的各种原材料、辅助材料、构(配)件、零件、半成品、成品的用量以及周转材料摊销量,根据工程所在地的材料市场价格计算的费用。

$$工程实体材料费用 = \sum(工程实体各种材料消耗量 \times 相应材料单价)$$

$$钢筋、钢绞线、型钢、钢管等材料消耗量 = 设计图纸的设计工程量 \times (1 + 经验损耗率)$$

$$混合料中各种原材料消耗量 = 设计图纸的设计工程量 \times 工地试验室的生产配合比中该材料所占的比率 \times (1 + 经验损耗率)$$

经验损耗率可以依据施工过的同类项目的历史经验数据确定。

$$材料单价 = (材料的采购原价 + 运杂费) \times (1 + 场外运输损耗率) \times (1 + 采购及保管费率) - 包装品回收价值$$

$$周转材料摊销费 = 周转材料设计数量 \times 单价 \times 摊销率 \times 计划使用时间$$

周转材料设计数量按照实施性施工组织设计中某单项工程设计用量(如模板设计、平台设计、脚手架设计等)计算。

$$周转材料单价 = (材料的采购原价 + 运杂费) \times (1 + 采购及保管费率)$$

周转材料摊销率按企业财务部门规定计算。

如周转材料为租赁的,则周转材料费按租赁合同的租金计算,一般计算式为:

$$租金 = 数量 \times 租赁单价 \times 租赁时间$$

(3)机械费的计算。根据施工组织设计提供的机械设备配备情况,分为租赁和自有两种情况计算机械费用。

①自有机械

$$自有机械总费用 = \Sigma 某种机械型号的不变费用 + 可变费用$$

机械设备种类、数量和计划使用时间按实施性施工组织设计进行计算。

不变费用包括折旧费、维修费和安装拆卸及辅助设施费。

$$折旧费 = 设备原值 \times 年折旧率 \times 使用时间(年)$$

其中年折旧率按企业财务部门规定进行测算。维修费和安装拆卸及辅助设施费根据经验数据计算。

可变费用包括燃、油料费,电费,机驾人员工资,车船使用税等。可按以下方法计算:

燃油费包括汽油、柴油和重油,根据各机械设备的吨·公里耗油量或小时耗油量测算总耗油量,或以经验数据测算总耗油量,再乘以各燃油料的市场单价计算。

电费根据机械设备铭牌标注的额定功率和预计使用时间计算用电量,再乘以电的单价得到。

$$机驾人员工资总额 = (月平均工资 + 工资附加费) \times 人数 \times 时间$$

车船使用税按实际缴纳计算。

②租赁机械

根据租赁合同确定计算方法。如果租赁合同约定机驾人员工资、油料、维修等使用费由项目经理部承担,则:

$$机械租赁费 = \Sigma[(机械租赁单价 + 使用费) \times 租赁数量 \times 租赁时间]$$

如果租赁合同约定机驾人员工资、油料、维修等使用费由出租方承担,则:

$$机械租赁费 = \Sigma(租赁单价 \times 租赁数量 \times 租赁时间)$$

2)其他工程费

其他工程费是指直接工程费以外施工过程中发生的直接用于工程的费用。主要内容包括冬季施工增加费、雨季施工增加费、夜间施工增加费、特殊地区施工增加费、临时设施费、行车干扰工程施工增加费、施工辅助费等。编制标后预算时,应根据项目可能遇到的实际情况,并结合实施性施工组织设计中的相关内容进行估算,也可以参考企业的相关费用定额进行计算。

3)现场管理费

(1)现场管理费的计算。现场管理费是指企业在现场为组织和管理工程施工所需的费用。

①保险费。承包人为了防范风险自行为施工生产用财产、机械设备以及职工人身安全等购买的保险所支出的费用,按实际发生计算。

②安全措施费。根据发包人要求和项目经理部实际情况进行测算。

③管理人员工资。根据企业有关定岗、定员及工资总额控制的规定及项目计划工期、项目规模进行测算。

④工资附加费。以管理人员工资总额为基数,按67%的比率进行测算,即工资附加费 = 管理人员工资总额 ×67%(工资附加费包括内容及提取比率为:职工福利费14%,工会经费

2%,职工教育经费1.5%,职工养老统筹20%,失业保险2.5%,住房补贴20%,医疗保险7%,提取比率合计67%)。

⑤指挥车辆使用费。根据企业规定的项目应配备的指挥车辆数量和固定资产折旧率标准及其购买的原值、项目计划工期测算应计提的折旧费;保险费、审验费和购置税等根据实际发生的计算;维修费、燃油费和过路(桥)费,则根据车辆使用中的经验数据和计划工期预测或按实际发生的计算;机驾人员工资总额根据企业核定的月平均工资和计划工期计算。如果为租赁的车辆,根据合同约定的租赁单价和租赁时间计算租赁费用总额。

⑥通信费、办公费、水电费、差旅交通费、取暖降温费等根据项目的规模、计划工期和经验数据计算。

(2)工地转移费。根据实际发生进行计列。

(3)财务费用。根据工程规模、企业投入的流动资金情况、项目经理部资金情况进行测算。

(4)不可预见费。根据工程规模、技术含量、施工难易度、市场环境等风险因素进行预测。

(5)税金。根据项目应缴纳的综合税率,以有效合同价为基数计算。

(6)其他费用

①业务招待费按企业和财政部有关规定进行测算。

②投标费按实际发生的计列。

③缺陷责任期费用根据工程规模、缺陷责任期时间和留守人员等情况,按经验数据测算。

(7)100章费用总额

①保险费包括按合同条款要求办理的工程一切险、第三方责任险,按实际发生的计列。

②竣工文件费根据工程规模和发包人要求,按经验数据测算。

③施工环保费根据工程规模和施工特点及发包人的要求等,按实际发生或经验数据测算。在测算时,注意不要与"安全措施费"重项。

④临时道路修建、养护与拆除和临时工程用地、临时供电设施、电讯设施、供水与排污设施费。如有施工图纸的,根据图纸工程量进行统计测算;如没有图纸的,根据工程规模和工程特点及发包人的要求,按实际发生或按经验数据进行测算。

⑤承包人驻地建设。承包人驻地建设费用包括经理部驻地建设费用、其他生产用固定资产使用费和工具用具使用费。

经理部驻地建设费用,根据企业有关规定和项目实际情况以及发包人要求进行经理部驻地建设的总体设计图纸计算。

其他生产用固定资产使用费,指项目管理所需属于固定资产的电脑、摄像机、复印机等办公用具的折旧费、维修费,折旧费根据财政、税务以及企业财务部门规定的固定资产折旧率标准进行测算,维修费按经验数据或实际发生的测算。

工具用具使用费,指项目管理使用的不属于固定资产的工具、器具、家具、交通工具、消防、医疗等的购置和维修费。对此类费用根据项目实际配置情况或根据经验进行测算。

五、标后预算的管理程序

1. 编制标后预算

企业预算人员在经过充分调查,掌握施工现场条件、项目经理部的具体配备、实施性施工组织设计以及各项资源价格的基础上,依据项目主合同文件、施工企业定额、标后预算编制办法和规定等,编制项目的标后预算。

2. 与项目经理部协商标后预算

标后预算编制完成后,应充分与项目经理部进行沟通和协商,以确保标后预算的合理性和项目经理部执行标后预算的积极性。与单纯靠行政命令向项目经理部下达标后预算的方式相比,采用标后预算协商的方式,充分体现了企业人性化管理的思想。与项目经理部协商标后预算的方式一般通过下发协商函、项目经理部反馈意见、与项目经理部沟通协商、最终统一意见达成共识的过程来完成。

标后预算协商函的主要内容包括:项目的有效合同价;初步确定的项目预算总成本;项目应上缴的费用以及项目经理部提出反馈意见的时间要求。

3. 下达标后预算

由于标后预算在下达前,与项目经理部进行了充分的协商,企业与项目经理部就项目预算成本已达成一致,因此,企业可以以文件的形式直接下达给项目经理部,也可以作为项目承包经营合同的组成部分,以合同的形式与项目经理部形成经济契约关系。

4. 考核标后预算

(1)考核内容

标后预算考核的内容包括项目经营目标和项目应上缴企业的其他各项费用。项目经营目标一般包括项目预算总成本目标、企业费用目标、合同管理目标以及应缴纳的税费目标;项目应上缴企业的其他各项费用是指按照财务制度规定应上缴企业,但是在编制标后预算时已计入项目成本中的企业职工工资附加费、三金,以及施工机械折旧费和大修费、周转材料摊销费等。

在项目经营目标中,企业费用目标、项目预算总成本目标和纳税目标均是以主合同清单预估工程量计算的。其中项目预算总成本是项目成本控制的最高限额,企业费用是项目应确保实现的最低目标。合同管理目标包括质量、进度、效益等多种目标,标后预算考核中只考虑有效合同价额度内的计量支付目标和暂定金额额度内的变更索赔目标。有效合同价是以预估工程数量和主合同清单单价为基数计算的,通过严格的中期计量支付审批程序得到的费用款项。因此,项目考核应以有效合同价作为计量支付的目标。暂定金额是由发包人掌控,通过严格的审批程序才能动用的金额。合同管理的目标就是尽可能多的完成暂定金额。

对标后预算经营目标和各项经济指标完成情况的考核认定、奖罚兑现构成了考核兑现体系。标后预算考核兑现体系主要由标后预算年度决算、年度预算指标与年度决算指标对比分析、标后预算竣工决算、标后预算指标与标后预算竣工决算指标对比分析、标后预算竣工决算指标与财务核算指标对比分析、超额利润确认、审计、年度考核、年度预兑现、竣工考核、竣工总兑现等组成。

(2)项目的年度考核

年度考核是将标后预算年度决算得出的各项经营目标和经济指标与年度预算的各项经营目标和经济指标进行对比分析,确认项目经理部年度的经营管理效果,并依据对比分析结果对项目经理部进行预兑现。年度考核工作由企业成本合同部门牵头,人力资源、财务、审计等部门参加,共同组成考核小组。考核小组应指导项目经理部对偏差形成的原因进行分析,制订纠正和改进措施,并在下一个年度进行改进。

(3)竣工考核

标后预算竣工考核是根据标后预算竣工决算结果与开工时下达的标后预算进行对比分析,以及与财务决算结果进行对比分析,经审计后,确认项目经理部的经营成果和各项经济指标是否完成,并对项目经理部进行考核总兑现。开工时下达的标后预算主要是以预估的工程量、计划投入的各项资源测算项目的标后预算单价,并据此计算项目预期的经营目标,是考核项目经理部经营成果是否完成的基础标准;标后预算竣工决算是根据项目竣工文件和实际投入的各项资源计算的项目预算成本、实际应上缴的费用等经营目标,按实际完成的计量工程量对开工时测算的预期的经营目标的预算修正,是财务决算对比分析的标准。财务决算主要是根据财务制度和核算原则对项目实际发生的成本进行决算。通过三者的对比分析,对项目经理部经营成果、各项经济指标完成情况进行考核认定。

第二节 工程变更与合同价款的调整

一、工程变更概念

在工程项目的实施过程中,由于业主要求的改变、勘察设计工作粗糙、施工环境变化以及一些不可预见事故的发生,在施工过程中会出现招标文件中没有的工程项目或工程数量的变化,致使工程变更不可避免。

所谓工程变更包括设计变更进度计划变更、施工条件变更以及原招标文件和工程量清单中未包括的"新增工程"。

工程变更常发生于工程项目实施过程中,一旦处理不好常会引起纠纷,损害投资者或承包人的利益,对项目的目标控制很不利。首先是投资容易失控,因为承包工程实际造价等于合同价加索赔额。承包方为了适应日益竞争的建设市场,通常在合同谈判时让步而在工程实施过程中通过索赔获取补偿;由于工程变更所引起的工程量的变化、承包方的索赔等,都有可能使最终投资超出原来的预计投资,所以造价工程师应密切注意对工程变更价款的处理;其次,工程变更容易引起停工、返工现象,会延迟项目的完成时间,对进度不利;第三,频繁变更还会增加监理工程师(业主方的项目管理)的组织协调工作量(协调会议、联系会增多);另外对合同管理和质量控制也不利。因此对工程变更进行有效控制和管理就显得十分重要。

二、工程变更确认及处理程序

1. 工程变更确认

由于工程变更会带来工程造价和工期的变化,为了有效控制造价,无论任何一方提出工程变更,均需由工程师确认并签发工程变更指令。当工程变更发生时,要求工程师及时处理并确认变更的合理性。一般过程是:

(1)提出工程变更。

(2)分析提出的工程变更对项目目标的影响。

(3)分析有关的合同条款和会议、通信记录。

(4)初步确定处理变更所需的费用、时间范围和质量要求(向业主提交变更评估报告)。

(5)确认工程变更。

2. 工程变更处理程序

(1)建设单位(施工合同中的甲方)需对原工程设计进行变更,根据《建设工程施工合同文本》的规定,甲方应不迟于变更前14d以书面形式向乙方发出变更通知。变更超过原设计标准或批准的建设规模时,须经原规划管理部门和其他有关部门审查批准,并由原设计单位提供变更的相应图纸和说明。甲方办妥上述事项后,乙方根据甲方变更通知并按工程师要求进行变更。因变更导致合同价款的增减及造成的乙方损失,由甲方承担,延误的工期相应顺延。

合同履行中甲方要求变更工程质量标准及发生其他实质性变更,由甲、乙双方协商解决。

(2)承包人(施工合同中的乙方)要求对原工程进行变更,具体规定如下:

①施工中乙方不得对原工程设计进行变更。因乙方擅自变更设计发生的费用和由此导致甲方的直接损失,由乙方承担,延误的工期不予顺延。

②乙方在施工中提出的合理化建议涉及到对设计图纸或施工组织设计的更改及对原材料、设备的更换,须经工程师同意。未经同意擅自更改或换用时,乙方承担由此发生的费用并赔偿甲方的有关损失,延误的工期不予顺延。

③工程师同意采用乙方合理化建议,所发生的费用和获得的收益,甲乙双方另行约定分担或分享。

(3)控制好由施工条件引起的变更。工程变更中除了对原工程设计进行变更、工程进度计划变更之外,施工条件的变更往往较复杂,需要特别重视,否则会由此而引起索赔的发生。对于施工条件的变更,往往是指未能预见的现场条件或不利的自然条件,即在施工中实际遇到的现场条件同招标文件中描述的现场条件有本质的差异,使承包人向业主提出施工单价和施工时间的变更要求。在土建工程中,现场条件的变更一般出现在基础地质方面,如基础下发现流砂或淤泥层,隧洞开挖中发现新的破碎断层等,水坝基础岩石开挖中出现对坝体安全不利的岩层走向等。

在施工实践中,控制由于施工条件变化所引起的合同价款变化,主要是把握施工单价和施工工期的科学性、合理性。因为在施工合同条款的理解方面,对施工条件的变更没有十分严格的定义,往往会造成合同双方各执一词。所以,应充分做好现场记录资料和试验数据的收集整理工作,使以后在合同价款的处理方面,更具有科学性和说服力。

三、工程变更价款的计算方法

工程变更价款的确定应在双方协商的时间内,由承包人提出变更价格,报工程师批准后方可调整合同价或顺延工期。造价工程师对承包方(乙方)所提出的变更价款,应按照有关规定进行审核、处理,主要有:

(1)乙方在工程变更确定后14d内,提出变更工程价款的报告,经工程师确认后调整合同价款。变更合同价款按下列方法进行:

①合同中已有适用于变更工程的价格,按合同已有的价格计算变更合同价款。

②合同中只有类似于变更工程的价格,可以参照类似价格变更合同价款。

③合同中没有适用或类似于变更工程的价格,由乙方提出适当的变更价格,经工程师确认后执行。

(2)乙方在双方确定变更后14d内不向工程师提出变更工程价款报告时,视为该项变更不涉及合同价款的变更。

(3)工程师收到变更工程价款报告之日起14d内,予以确认。工程师无正当理由不确认时,自变更价款报告送达之日起14d后变更工程价款报告自行生效。

(4)工程师不同意乙方提出的变更价款,可以协商或者要求合同管理及其他有关主管部门(如工程造价管理站)调解。协商或调解不成的,双方可以采用仲裁或向人民法院起诉的方式解决。

(5)工程师确认增加的工程变更价款作为追加合同价款,与工程款同期支付。

(6)因乙方自身原因导致的工程变更,乙方无权要求追加合同价款。

四、FIDIC合同条件下工程变更控制与估价

FIDIC合同条件授予工程师很大的工程变更权力。工程师如认为有必要,便可对工程或其中某些部分作出变更指令。同时规定如没有工程师的指示,承包人不得作任何变更,除非是工程量表上的简单增加或减少。

1. 工程变更控制程序与要求

FIDIC合同条件下,工程变更的一般程序与要求是:

(1)提出变更要求。工程变更可能由承包人提出,也可能由业主或工程师提出。承包人提出的变更多数是从方便承包人施工的条件出发,提出变更要求的同时应提供变更后的设计图纸和费用计算;业主提出设计变更大多是由于当地政府的要求,或者工程性质改变;工程师提出的工程变更大多是发现设计错误或不足。工程师提出变更的设计图纸可以由工程

师承担,也可以指令承包人完成。

(2)工程师审查变更。无论是哪一方提出的工程变更,均需由工程师审查批准。工程师审批工程变更时应与业主和承包人进行适当的协商,尤其是一些费用增加较多的工程变更项目,更要与业主进行充分的协商,征得业主同意后才能批准。

(3)编制工程变更文件。工程变更文件主要包括:

①工程变更令。主要说明变更的理由和工程变更的概况,工程变更估价及对合同价的估价。

②工程量清单。工程变更的工程量清单与合同中的工程量清单相同,并需附工程量的计算记录及有关确定单价的资料。

③设计图纸(包括技术规范)。

④其他有关文件等。

(4)发出变更指示。工程师的变更指示应以书面形式发出。如果工程师认为有必要以口头形式发出指示,指示发出后应尽快加以书面形式确认。

2. 工程变更价款的估价步骤与方法

(1)工程变更估价的步骤

工程变更一般要引起费用的增减,所以工程师应把全部情况告知业主。对变更费用的批准,一般应遵循以下步骤:

①工程师准备一份授权申请,提出对规范和合同工程量所要进行的变更以及费用估算和变更的依据和理由。

②在业主批准了授权申请后,工程师要同承包人协商,确定变更的价格。如果价格等于或少于业主批准的总额,则工程师有权向承包人发布必要的变更指示;如果价格超过批准的总额,工程师应请求业主进一步给予授权。

③尽管已有上述程序,但为了避免耽误工作,工程师在和承包人就变更价格达成一致意见之前,有必要发布变更指示。此时,应发布一个包括两部分的变更指示:第一部分是在没有规定价格和费率时,指示承包人继续工作。在通过进一步的协商之后,发布第二部分,确定适用的费率和价格。

在工程师和承包人之间对费率和价格不能达成一致意见时,此程序中所述任何步骤均不应影响工程师决定任何费率或价格的权力。

④在紧急情况下,不应限制工程师向承包人发布他认为必要的此类指示。如果在上述紧急情况下采取行动,他应就此情况尽快通知业主。

(2)工程变更估价方法

①如工程师认为适当,应以合同中规定的费率及价格进行估价。如合同中未包括适用于该变更工作的费率和价格,则应在合理的范围内使用合同中的费率和价格作为估价的基础。若合同清单中既没有与变更项目相同也没有相似项目时,在工程师与业主和承包人适当协商后,由工程师和承包人商定一个合适的费率或价格作为结算的依据;当双方意见不一致时,工程师有权单方面确定其认为合适的费率或价格。费率或价格确定的合适与否是导

致承包人费用索赔的关键。

为了支付的方便,在费率和价格未取得一致意见前,工程师应确定暂行费率或价格,以便有可能作为暂付款包含在中期付款证书中。

②如果工程师在颁发整个工程的移交证书时,发现由于工程变更和工程量表上实际工程量的增加或减少(不包括暂定金额、计日工和价格调整),使合同价格的增加或减少合计超过有效合同价(指不包括暂定金额和计日工补贴的合同价格)的15%,在工程师与业主和承包人协商后,应在合同价格中加上或减去承包人和工程师议定的一笔款额;若双方未能取得一致意见,则由工程师在考虑了承包人的现场费用和上级公司管理费后确定此款额。该款额仅以超过或等于"有效合同价"15%的那一部分为基础。

③可按计日工方法估价。工程师如认为必要和可取,可以签发指示,规定按计日工方法进行工程估价变更。对这类工程变更,应按合同中包括的计日计工表中所定的项目和承包人在投标书中对此所确定的费率或价格向承包人付款。

第三节 工程索赔与索赔费用的确定

一、工程索赔概念与分类

1. 索赔概念与作用

索赔是指在合同履行过程中,对于并非自己的过错,而是应由对方承担责任的情况造成的实际损失向对方提出经济补偿和(或)时间补偿的要求。索赔是工程承包中经常发生的正常现象。由于施工现场条件、气候条件的变化、施工进度、物价的变化,以及合同条款、规范、标准文件和施工图纸的变更、差异、延误等因素的影响,使得工程承包中不可避免地出现索赔。《中华人民共和国民法通则》第一百一十一条规定,当事人一方不履行合同义务或履行合同义务不符合约定条件的,另一方有权要求履行或者采取补救措施,并有权要求赔偿损失。这是索赔的法律依据。

索赔的性质属于经济补偿行为,而不是惩罚。索赔的损失结果与被索赔人的行为并不一定存在法律上的因果关系。索赔工作是承发包双方之间经常发生的管理业务,是双方合作的方式,而不是对立。索赔的健康开展对于培养和发展社会主义建设市场,促进建筑业的发展,提高工程建设的效益,起着非常重要的作用。它有利于促进双方加强内部管理,严格履行合同,有助于双方提高管理素质,加强合同管理,维护市场正常秩序;它有助于工程造价的合理确定,可以把原来计入工程报价中的一些不可预见费,改为实际发生的支付,使工程造价更为实事求是。

2. 工程索赔分类

(1)按照索赔的目的分类

①工期索赔。要求业主延长竣工日期,也称时间索赔。

②费用索赔。要求业主补偿损失费用,调整合同价格,也称经济索赔。

(2)按照索赔产生的原因分类

①业主违约索赔；

②合同错误索赔；

③合同变更索赔；

④工程环境变化索赔；

⑤不可抗力因素索赔。

(3)按照索赔处理的方式分类

①单项索赔。在施工中，每一项索赔事件发生后，及时提出索赔的一种处理索赔事件的方法。

②一揽子索赔，也称总索赔。在施工中发生的若干索赔事件汇总在竣工前一次性索赔。

二、索赔的程序

1. 意向通知

发现索赔或意识到存在潜在的索赔机会后，承包人应立即将索赔意向书面通知监理工程师(业主)。这种意向通知是非常重要的，它标志着一项索赔的开始，《FIDIC 土木工程施工合同条件》第53.1条规定："在引起索赔的事件第一次发生之后28d内，承包人将他的索赔意向通知监理工程师，同时将一份副本呈交业主"。事先向监理工程师(业主)通知索赔意向，这不仅是承包人要取得补偿的必须首先遵守的基本要求之一，也是承包人在整个合同实施期间保持良好的索赔意识的最好办法。

索赔意向通知通常包括以下4个方面的内容：

①事件发生的时间和情况的简单描述。

②合同依据的条款和理由。

③有关后续资料的提供，包括及时记录和提供事件发展的动态。

④对工程成本和工期产生的不利影响的严重程度，以期引起监理工程师(业主)的注意。

一般索赔意向通知仅仅是表明意向，应简明扼要，涉及索赔内容但不涉及索赔数额。

2. 资料准备

索赔的成功很大程度上取决于承包人对索赔作出的解释和具有强有力的证明材料。因此，承包人正式提出索赔报告前的资料准备工作极为重要，这就要求承包人注意记录和积累保存以下各个方面的资料，并可随时从中获取与索赔事件有关的证据资料。

(1)施工日志。应指定有关人员现场记录施工中发生的各种情况，包括天气、出工人数、设备数量及其使用情况、进度、质量情况、安全情况，监理工程师在现场有什么指示，进行了什么实验，有无特殊干扰施工的情况，遇到了什么不利的现场条件，多少人员参观现场等。这种现场记录和日志有利于及时发现和正确分析索赔，可能是索赔的重要证明材料。

(2)来往信件。对与监理工程师、业主和有关政府部门、银行、保险公司的来往信函须认真保存，并注明发送和收到的详细时间。

(3)气象资料。在分析进度安排和施工条件时，气候是须考虑的重要因素之一，因此，要保存一份如实完整、详细的天气情况记录,包括气温、风力、湿度、降雨量、暴风雪、冰封等。

(4)备忘录。承包人对监理工程师和业主的口头指示和电话应随时用书面记录,并请给予书面确认,事件发生和持续过程的重要情况应进行记录。

(5)会议记要。承包人、业主和监理工程师举行会议时要做好详细记录,对其主要问题形成的会议记要,由会议各方签字确认。

(6)工程照片和工程声像资料。这些资料都是反映工程客观情况的真实写照,也是法律承认的有效证据,应拍摄有关资料并妥善保存。

(7)工程进度计划。承包人编制的经监理工程师或业主批准同意的所有工程总进度、年度、季进度、月进度计划都必须妥善保管,任何与延续有关有索赔分析、工程进度计划是非常重要的证据。

(8)工程核算资料。所有人工、材料、机械设备使用台账,工程成本分析资料,会计报表,财务报表,货币汇率,现金流量,物价指数,收付款票据等都应分类装订成册,这些都是进行索赔费用计算的基础。

(9)工程图纸。监理工程师和业主签发的各种图纸,包括施工图设计文件、设计更改通知单、竣工图及其相应的修改时间,应注意对照检查和妥善保存,设计变更一类的索赔,原设计图和修改图的差异是索赔最有力的证据。

(10)投标阶段有关现场考察和编标的资料、各种原始单据(工资单、材料设备采购单)、各种法规、证明等都应积累和保存,它们都有可能是某项索赔的有力证据。

3. 索赔报告的编写

索赔报告是承包人向监理工程师(业主)提交的一份要求业主给予一定经济(费用)补偿和(或)延长工期的正式报告。承包人应该在索赔事件对工程产生的影响结束后,尽快(一般合同规定为28d)向监理工程师(业主)提交正式的索赔报告。在实际工作中,如果索赔事件影响持续延长,也可能在整个工程施工期间都会有持续影响,就不能在工程结束后才提出索赔报告,应每隔一段时间(由监理工程师或按合同规定)向监理工程师报告。

编写索赔报告应注意以下几个问题:

(1)索赔报告的基本要求。首先,必须说明索赔的合同依据,即基于何种理由有资格提出索赔要求:一种是根据合同某条某款规定,承包人有资格因合同变更或追加额外工作而取得费用补偿和(或)延长工期;另一种是业主或其代理人如何违反合同规定给承包人造成损失,承包人有权索取补偿。其次,索赔报告中必须有详细准确的损失金额及时间的计算。再次,要证明客观事实与损失之间的因果关系,说明索赔事件前因后果的关联性,要以合同为依据,说明业主违约或合同变更与引起索赔的必然性联系。

(2)索赔报告必须准确。编写索赔报告是一项比较复杂的工作,须有专门小组并在各方的大力协助下才能完成。索赔小组的人员应具有合同、法律、工程技术、施工组织计划、成本核算、财务管理、写作等各方面知识,进行深入的调查研究,对较大的、复杂的索赔需要向有关专家咨询,对索赔报告进行反复讨论和修改,写出的报告不仅要有理有据,而且必须准确可靠。同时要特别强调以下几点:

①责任分析清楚、准确。在报告中所提出索赔的事件的责任是对方引起的,应把全部或主要责任推给对方,不能有责任含混不清和自我批评式的语言。要做到这一点,就必须强调索赔事件的不可预见性,承包人对它不能有所准备,事发后尽管采取一定的措施也无法制止;指出索赔事件使承包人工期拖延、费用增加,后果严重。

②索赔值的计算依据要正确,计算结果要准确。计算要依据文件规定的和公认合理的计算方法,并加以适当的分析。

索赔费用同工程成本一样,分为人工费、材料费、施工机械设备费、管理费等。把索赔项目中各种损失的费用和额外的工作分析清楚,其计算方法与建筑工程估价的计算方法基本一致。

③措辞要婉转和恰当。在索赔报告中要避免使用强硬的、不友好的、抗议式的语言。

(3)索赔报告的形式和内容。为使索赔报告简明扼要,条理清楚,便于对方由表及里、由浅入深的阅读和了解,注意索赔报告形式和内容的安排也是很有必要的。

索赔报告正文,包括题目、事件、理由(依据)、因果分析、索赔费用(工期)。题目应简捷说明针对什么提出索赔,即概括出索赔的中心内容;事件是指索赔事件发生的原因和经过,包括双方活动和所附的证明材料;理由是指出由所陈述的事件而提出索赔的相应根据;因果分析是指依上述事件和理由所造成成本增加,工期延长的必然结果;最后提出索赔费用(工期)的分项总计的结果。

计算过程和证明材料的附件是支持索赔报告的有力证据,一定要和索赔中提到的完全一致,不可有相互矛盾的地方,否则有可能导致索赔失败。

应当注意,承包人除了提交索赔报告的资料外,还要准备一些与索赔有关的各种细节性资料,以便在对方提出问题时进行说明和解释,比如运用图表的形式对实际成本与预算成本、实际进度与计划进度、修订计划与原计划进行比较,人员工资上涨、材料设备价格上涨、各时期工作任务密集程度的变化,资金流进流出等,通过图表来说明和解释,使之一目了然。

4. 提交索赔报告

索赔报告编写完毕后,应及时提交给监理工程师(业主),正式提出索赔。索赔报告提交后,承包人不能被动等待,应间隔一定的时间,主动向对方了解索赔处理的情况,根据所提出的问题进一步作资料方面的准备,或提供补充资料,尽量为监理工程师处理索赔提供帮助、支持和合作。

索赔的关键问题在于"索",承包人不积极主动去"索",业主没有任何义务去"赔",因此,提交索赔报告本身就是"索",但要让业主"赔",承包人还有许多更艰难的工作。

5. 索赔报告的评审

监理工程师(业主)接到承包人的索赔报告后,应该及时仔细阅读其报告,并对不合理的索赔进行反驳或提出疑问,监理工程师应根据自己掌握的资料和处理索赔的工作经验就以下问题提出质疑:

(1)索赔事件不属于业主和监理工程师的责任,而是第三方的责任。

(2)事实和合同依据不足。

（3）承包人未能遵守意向通知的要求。
（4）合同中的开脱责任条款已经免除了业主补偿的责任。
（5）索赔是由不可抗力引起的,承包人没有划分和证明双方责任的大小。
（6）承包人没有采取适当措施避免或减少损失。
（7）承包人必须提供进一步的证据。
（8）损失计算夸大。
（9）承包人以前已明示或暗示放弃了此次索赔的要求等。
在评审过程中,承包人应对监理工程师提出的各种质疑作出圆满的答复。

6. 谈判解决

经过监理工程师对索赔报告的评审,与承包人进行了较充分的讨论后,监理工程师应提出处理索赔的初步意见,并参加业主和承包人之间的索赔谈判,通过谈判,做出索赔的最后决定。

7. 争端的解决

如果索赔在业主和承包人之间不能通过谈判解决,可就其争端的问题进一步提交监理工程师解决直至仲裁。按《FDIC 土木工程施工合同条件》的规定,解决争端的程序如下:
（1）合同的一方就其争端的问题书面通知监理工程师,并将一份副本提交对方。
（2）监理工程师应在收到有关争端的通知后 84d 内作出决定,并通知业主和承包人。
（3）业主和承包人在收到监理工程师决定的通知 70d 后(包括 70d)均未发出要将该争端提交仲裁的通知,该决定视为最后决定,对业主和承包人均有约束力。若一方不执行此决定,另一方可按对方违约提出仲裁通知,并开始仲裁。
（4）如果业主或承包人对监理工程师的决定不同意,或在要求监理工程师作出决定的书面通知发出 84d 后,未得到监理工程师决定的通知,任何一方可在其后的 70d 内就其所争端的问题向对方提出索赔意向通知,将一份副本送交监理工程师。仲裁可在此通知发出后的 56d 之后开始。在仲裁开始前的 56d 内应设法友好协商解决双方的争端。

三、索赔费用组成和计算

1. 索赔费用组成

索赔费用的主要组成部分,同建设工程施工承包合同价的组成部分相似。由于我国关于施工承包合同价的构成规定与国际惯例不尽一致,所以在索赔费用的组成内容上也有所差异。按照我国现行规定,建筑安装工程合同价一般包括直接工程费、间接费、施工技术装备费、计划利润和税金。而国际上的惯例是将建安工程合同价分为直接费、间接费和利润三部分。

从原则上讲,凡是承包人有索赔权的工程,其成本的增加,都可以列入索赔的费用。但是,不同原因引起的索赔,索赔费用的具体内容则有所不同。哪些内容可以索赔,哪些内容不可以索赔,则需要具体地分析和判断。

根据国际惯例,索赔费用中主要包括如下项目:

(1) 人工费。人工费是工程成本直接费中的主要项目之一,它包括生产工人基本工资、工资性质的津贴、加班费、奖金等。对于索赔费用中的人工费部分来说,主要是指完成合同之外的额外工作所花费的人工费用;由于非承包人责任的工效低而增加的人工费用;超过工作时间的加班费用;法定的人工费增长以及非承包人责任造成的工程延误导致的人员窝工费等。

(2) 材料费。材料费的索赔主要包括:

①由于索赔事项材料实际用量超过计划用量而增加的材料费。

②由于客观原因材料价格大幅度上涨。

③由于非承包人责任工程延误导致的材料价格上涨。

④由于非承包人原因致使材料运杂费、材料采购与储存费用的上涨等。

(3) 施工机械使用费。施工机械使用费的索赔主要包括:

①由于完成额外工作而增加的机械使用费。

②非承包人责任致使工效降低而增加的机械使用费。

③由于业主或监理工程师原因造成的机械停工的窝工费。机械台班窝工费的计算,如设备租赁,一般按实际台班租金加上每台班分摊的机械调进调出费计算;如系承包人自有设备,一般按台班折旧费计算,而不能按全部台班费计算,因台班费中包括了设备使用费。

(4) 工地管理费。索赔款中的工地管理费是指承包人完成额外工程、索赔事项工作以及工期延长、延误期间的工地管理费。包括管理人员工资、办公费、通信费、交通费等。在确定赔款时,有时把工地管理费分为可变部分和固定部分。所谓可变指在延期过程中可以调到其他工程部位(或其他工程项目)上去的那部分人员和设施;固定部分是指施工期间不易调动的那部分人员或设施。

(5) 利息。在索赔款额的计算中,经常包括利息。利息的索赔通常在下列情况下发生:

①业主拖延支付工程进度款或索赔款,给承包人造成较严重的经济损失,承包人提出的迟付款的利息索赔。

②由于工程变更和工期延误增加投资的利息。

③施工过程中业主错误扣款的利息。

这些利息的具体利率应是多少,可采用不同标准,主要有以下三类情况:

a. 按当时银行贷款利率。

b. 按当时的银行透支利率。

c. 按合同双方协议的利率。

(6) 总部管理费。索赔款中总部管理费主要指的是工程延误期间所增加的管理费,一般包括总部管理人员工资、办公费用、财务管理费用、通信费用等。这项索赔款的计算,目前没有统一的方法。

(7) 分包费用。索赔款中的分包费用是指分包人的索赔款项,一般也包括人工费、材料费、施工机械使用费等。分包人的索赔款额应如数列入总承包人的索赔款总额以内。

(8) 利润。对于不同性质的索赔,利润索赔的成功率是不同的。一般地说,由于工程范围的变更和施工条件变化引起的索赔,承包人是可以列入利润的;由于业主的原因终止或放弃合同,承包人也有权获得已完成的工程款以外,还应得到原定比例的利润。而对于工程延误的索赔,由于利润通常是包括在每项实施的工程内容的价格之内的,而延误工期并未影响削减这些项目的实施而导致利润减少,所以,一般监理工程师很难同意在延误的费用索赔中加进利润损失。

利润索赔的款额计算通常是与原报价单中的利润百分率保持一致。即在索赔款直接费的基础上,乘以原报价单中的利润率,即作为该项索赔款中的利润额。

国际工程施工索赔实践中,承包人有时也会列入一项"机会利润损失",要求业主予以补偿。这种机会利润损失是由于非承包人责任致使工程延误,承包人不得不继续在本项工程中保留相当数量的人员、设备和流动资金,而不能按原计划把这些资源转到另一个工程项目上去,因而使该承包人失去了一个创造利润的机会。这种利润损失索赔,往往由于缺乏有力而切实的证据,较难成功。

另外还需注意的是,施工索赔中以下几项费用是不允许索赔的:①承包人对所索赔事项的发生原因负有责任的有关费用;②承包人对索赔事项未采取控制措施,因而扩大的损失费用;③承包人进行索赔工作的准备费用;④索赔款在索赔处理期间的利息;⑤工程中有关的保险费用。

2. 索赔费用计算方法

(1)分项法。该方法是按每个索赔事件所引起损失的费用项目分别分析计算索赔值的一种方法。这一方法是在责任明确的前提下,将需索赔的费用分项列出,并提供相应的工程记录、收据、发票等证据资料,这样可以在较短时间内给以分析、核实,确定索赔费用,顺利解决索赔事宜。实际上,绝大多数的工程索赔都采用分项法计算。

分项法计算通常分为以下三步:

①分析每个或每类索赔事件所影响的费用项目,不得有遗漏。这些费用项目通常应与合同报价中的费用项目一致。

②计算每个费用项目受索赔事件影响后的数值,通过与合同价中的费用值进行比较即可得到该项费用的索赔值。

③将各费用项目的索赔值汇总,得到总费用索赔值。分项法中索赔费用主要包括该项工程施工过程中所发生的额外人工费、材料费、施工机械使用费、相应的管理费,以及应得的间接费和利润等。由于分项法所依据的是实际发生的成本记录或单据,所以施工过程中,对第一手资料的收集整理就显得非常重要。

(2)总费用法。又称总成本法,就是当发生多次索赔事件以后,重新计算出该工程的实际总费用,再从这个实际总费用中减去投标报价时的估算总费用,计算出索赔余额,具体公式是:

$$索赔金额 = 实际总费用 - 投标报价估算总费用$$

采用总费用法进行索赔时应注意以下几点:

①采用这个方法,往往是由于施工过程上受到严重干扰,造成多个索赔事件混杂在一

起,导致难以准确地进行分项记录和收集资料、证据,也不容易分项计算出具体的损失费用,只得采用总费用法进行索赔。

②承包人报价必须合理,不能是采取低价中标策略后过低的标价。

③该方法要求必须出具足够的证据,证明其全部费用的合理性,否则其索赔款额将不容易被接受。

④由于实际发生的总费用中可能包括了由于承包人的原因(如施工组织不善、浪费材料等)而增加的费用,同时投标报价估算的总费用由于迫于中标而过低。所以这种方法只有在难以按分项法计算索赔费用时才使用。

(3)修正总费用法。修正的总费用法是对总费用法的改进,即在总费用计算的原则上,去掉一些不合理的因素,使其更合理。修正的内容如下:

①将计算索赔款的时段局限于受到外界影响的时间,而不是整个施工期。

②只计算受影响时段内的某项工作所受影响的损失,而不是计算该时段内所有施工工作所受的损失。

③与该项工作无关的费用不列入总费用中。

④对投标报价费用重新进行核算,按受影响时段内该项工作的实际单价进行核算,乘以实际完成的该项工作的工作量,得出调整后的报价费用。

按修正后的总费用计算索赔金额的公式如下:

索赔金额 = 某项工作调整后的实际总费用 - 该项工作的报价费用

修正总费用法与总费用法相比,有了实质性的改进,已准确地反映出实际增加的费用。

【例 9-1】 某分包人承包一段道路的土方挖填工作,挖填方总量为 1750m^3,计划用 8 个台班的推土机,64 个工日劳动力。台班预算单价为 850 元,人工预算单价为 35 元,管理费为 9.5%,利润为 5%。

施工过程中,由于总承包人的干扰,使这项工作用了 10d 才完成,而每天出勤的设备和人数均未减少。因此,该分包人向总包人提出了由于工效降低而产生的附加开支的索赔要求,即超过原定计划 2d 的施工费用如下:

2d 的设备台班费:$2 \times 850 = 1700$ 元

2d 的人工费:$2 \times 8 \times 35 = 560$ 元

管理费:$(1700 + 560) \times 9.5\% = 215$ 元

利润:$(1700 + 560 + 215) \times 5\% = 124$ 元

工效降低索赔款为 2599 元。

第四节 工程价款的结算

所谓工程价款结算是指承包人在工程实施过程中,依据承包合同中关于付款条款的规定和已经完成的工程量,并按照规定的程序向建设单位(业主)收取工程价款的一项经济活动。

工程价款结算是工程项目承包中一项十分重要的工作,主要作用有:

(1)工程价款结算是反映工程进度的主要指标。根据累计已结算的工程价款占合同总价款的比例,能够近似地反映出工程的进度情况,有利于准确掌握工程进度。

(2)工程价款结算是保证后续工程正常进行的必要条件之一。

一、工程结算原则

(1)坚持按合同中的有关规定结算。
(2)工程结算必须坚持"完成多少工程量,支付多少工程价款"或"钱货两清"。
(3)工程结算必须坚持维护收支双方经济权益。
(4)工程价款的拨付必须通过银行进行。

二、工程结算依据

(1)合同条款及技术规范。
(2)合同图纸。
(3)工程变更令及修订的工程量清单。
(4)监理工程师签署的中间计量单。
(5)合同中的工程量清单及说明。
(6)其他有关补充协议。
(7)已确认的索赔文件。

三、工程价款主要结算方式

我国现行工程价款结算根据不同情况,可采取多种结算方式。

(1)按月结算。实行旬末或月中预支或不预支,月终结算,竣工后清算的办法。跨年度竣工的工程,在年终进行工程盘点,办理年度结算。我国现行建筑安装工程价款结算中,相当一部分是按这种方式结算。

(2)竣工后一次结算。建设项目或单项工程全部建筑安装工程建设期在12个月以内,或者工程承包合同价值在100万元以下的,可以实行工程价款每月月中预支,竣工后一次结算。

(3)分段结算。即当年开工,当年不能竣工的单项工程或单位工程按照工程形象进度,划分不同阶段进行结算。分段结算可以按月预支工程款。

(4)目标结款方式。即在工程合同中,将承包工程的内容分解成不同的控制界面,以业主验收控制界面作为支付工程价款的前提条件。也就是说,将合同中的工程内容分解成不同的验收单元,当承包人完成单元工程内容并经业主(或其委托人)验收后,业主支付构成单元工程内容的工程价款。

在目标结款方式下,承包人要想获得工程价款,必须按照合同约定的质量标准完成界面内的工程内容;要想尽早获得工程价款,承包人必须充分发挥自己的组织实施能力,在保证质量前提下,加快施工进度。这意味着承包人拖延工期时,则业主推迟付款,增加承包人的财务费用、运营成本,降低承包人的收益,客观上使承包人因延迟工期而遭受损失。同样,当承包人积极组织施工,提前完成控制界面内的工程内容,则承包人可提前获得工程价款,增加承包收益,客观上承包人因提前工期而增加了有效利润。同时,因承包人在界面内质量达不到合同约定的标准而业主不予验收,承包人也会因此而遭受损失。可见,目标结款方式实质上是运用合同手段、财务手段对工程的完成进行主动控制。

目标结款方式中,对控制界面的设定应明确描述,便于量化和质量控制,同时要适应项目资金的供应周期和支付频率。

(5)结算双方约定的其他结算方式。

四、工程预付款及其计算

公路工程施工项目的工程预付款包括开工预付款及材料、设备预付款两种。

交通运输部《公路工程国内招标文件范本》中作如下规定。

1. 开工预付款的支付与扣回

在承包人提交了履约担保和签订了合同协议书并提交了开工预付款担保 14d 内,监理工程师应按投标书附录中规定的金额签发开工预付款支付证书,并报业主审批。

开工预付款的担保金额应等于开工预付款额,所需费用由承包人承担。银行保函的正本由业主保存,该保函在业主将开工预付款全部扣回之前一直有效,担保金额将随开工预付款的逐次扣回而减少。

业主应在该支付证书收到后 14d 内核批,并支付开工预付款中 70% 的价款;在投标文件载明的主要设备进场后,再支付预付款 30%。

承包人不得将该预付款用于与本工程无关的支出,监理工程师有权监督承包人对该项费用的使用,如经查实承包人滥用开工预付款,业主有权立即通过向银行发出通知收回开工预付款保函的方式,将该款收回。

开工预付款在中期支付证书的累计金额未达到合同价格的 30% 之前不予扣回,在达到合同价格 30% 之后,开始按工程进度以固定比例(即每完成合同价格的 1%,扣回开工预付款的 2%)分期从各月的中期支付证书中扣回,全部金额在中期支付证书的累计金额达到合同价格的 80% 时扣完。

2. 材料、设备预付款的支付与扣回

业主应给承包人支付一定比例的材料、设备预付款,以供购进将用于和安装在永久工程中的各种材料、设备。此项金额应按投标书附录中写明的主要材料、设备单据所列费用(进口的材料、设备为到岸价,国内采购的为出厂价或销售价,地方材料为堆场价)的百分比支付。其条件是:

(1)材料、设备符合规范要求并经监理工程师认可。

(2)承包人已出具材料、设备费用凭证或支付单据。

(3)材料、设备已在现场交货,且储存良好,监理工程师认为材料、设备的储存方法符合要求。

监理工程师应将此项金额作为材料、设备预付款计入下一次的中期支付证书中。这种支付不应被视为是对上述材料或设备的批准。

在预计竣工前3个月,将不再支付材料、设备预付款。

当材料、设备已用于或安装在永久工程之中时,材料、设备预付款应从中期支付证书中扣回,扣回期不超过3个月。已经支付材料、设备预付款的材料、设备,其所有权应属于业主,工程竣工时所有剩余的材料、设备的所有权应属承包人。

我国《建设工程施工合同文本》中规定,甲乙双方应当在专用条款内约定甲方向乙方预付工程款的时间和数额,开工后按约定的时间和比例逐次扣回。预付时间应不迟于约定的开工日期前7d。甲方不按约定预付,乙方在约定预付时间7d后向甲方发出要求预付的通知,甲方收到通知后仍不能按要求预付,乙方可在发出通知后7d停止施工,甲方应从约定应付之日起向乙方支付应付款的贷款利息,并承担违约责任。

五、工程进度款支付(中间结算)

施工企业在施工过程中,按逐月(或形象进度、或控制界面等)完成的工程数量计算各项费用,向建设单位(业主)办理工程进度款的支付(即中间结算)。

以按月结算为例,《公路工程国内招标文件范本》中的中间结算办法是,承包人应在每月末向监理工程师提交由其项目经理签署的按监理工程师批准格式填写的月结账单一式6份,该结账单包括以下栏目,承包人应逐项填写清楚。

(1)自开工截至本月末止已完成的工程价款。

(2)自开工截至上月末已完成的(已实际结算的)工程价款。

(3)本月完成的(应结算的)工程价款,即(1)~(2)。

(4)本月应支付的暂定金额价款。

(5)本月应支付的已进场将用于或安装在永久工程中的材料、设备预付款。

(6)根据合同规定,本月应结算的其他款项。

(7)按合同规定费用和法规的变更发生的款额。

(8)本月应扣留的保留金和扣回的材料、设备预付款及开工预付款(分别按合同条款规定办理)。

(9)根据合同规定,本月应扣除的其他款项。

监理工程师在收到上述月结账单后21d或专用条款数据表中另有规定的时间内签发中期支付证书,签发时应写明他认为应该到期结算的价款及需要扣留和扣回的款额,并报业主审批。如果该月应结算的价款经扣留和扣回后的款额少于投标书附录中列明的中期支付证书的最低金额,则该月监理工程师可不核证支付,上述款额将按月结转,直至累计应支付的款额达到投标书附录中列明的中期支付证书的最低金额为止。

六、保留金扣留与退还

1. 保留金的扣留

保留金应按投标书附录中规定的百分率乘以本月完成的工程价款、本月应支付的暂定金额价款、本月应结算的其他价款及费用和法规变更发生的款额之和,从每期应支付给承包人的工程结算款额中扣留,直至保留金的金额达到投标书附录中规定的限额为止。

2. 保留金的退还

在整个合同工程缺陷责任期满并发给缺陷责任终止证书后14d内,由监理工程师核证将保留金一次退还给承包人。

但是,如按合同的规定尚有遗留工程有待承包人完成,则监理工程师有权扣发一定比例的保留金以与遗留工程的费用相抵,直到该遗留工程完成时才予发还。

七、工程竣工结算及其审查

1. 工程竣工结算的含义及要求

工程竣工结算是指施工企业按照合同规定的内容全部完成所承包的工程,经验收质量合格,并符合合同要求之后,向发包单位进行的最终工程价款结算。

《建设工程施工合同文本》中对竣工结算做了详细规定。

(1)工程竣工验收报告经甲方认可后28d内,乙方向甲方递交竣工结算报告及完整的结算资料,甲乙双方按照协议书约定的合同价款及专用条款约定的合同价款调整内容,进行工程竣工结算。

(2)甲方收到乙方递交的竣工结算报告及结算资料后28d内进行核实,给予确认或者提出修改意见。甲方确认竣工结算报告后通知经办银行向乙方支付工程竣工结算价款。乙方收到竣工结算价款后14d内将竣工工程交付甲方。

(3)甲方收到竣工结算报告及结算资料后28d无正当理由不支付工程竣工结算价款,从第29d起按乙方同期向银行贷款利率支付拖欠工程价款的利息,并承担违约责任。

(4)甲方收到竣工结算报告及结算资料后28d不支付工程竣工结算价款,乙方可以催告甲方支付结算价款。甲方在收到竣工结算报告及结算资料后56d内仍不支付的,乙方可以与甲方协议将该工程折价,也可以由乙方申请人民法院将该工程依法拍卖,乙方就该工程折价或者拍卖的价款优先受偿。

(5)工程竣工验收报告经甲方认可后28d内,乙方未能向甲方递交竣工结算报告及完整的结算资料,造成工程竣工结算不能正常进行或工程竣工结算价款不能及时支付,甲方要求交付工程的,乙方应当交付;甲方不要求交付工程的,乙方承担保管责任。

(6)甲乙双方对工程竣工结算价款发生争议时,按争议的约定处理。

在实际工作中,当年开工、当年竣工的工程,只需办理一次性结算。跨年度的工程,在年终办理一次年终结算,将未完工程结转到下一年度,此时竣工结算等于各年度结算的总和。

2. 工程竣工结算的审查

工程竣工结算审查是竣工结算阶段的一项重要工作。经审查核定的工程竣工结算是核定建设工程造价的依据,也是建设项目验收后编制竣工决算和核定新增固定资产价值的依据。一般从以下几方面入手:

(1)核对合同条款。核对办理工程竣工结算的工程是否按合同要求完成并验收合格。

结算方法、计价定额、取费标准、主材价格和优惠条款等是否符合合同条款。

(2) 检查隐蔽验收记录。所有隐蔽工程均应有隐蔽工程验收记录；实行工程监理的项目应经监理工程师签证确认。审核竣工结算时隐蔽工程验收记录、验收签证、工程量与竣工图应一致方可列入结算。

(3) 落实设计变更签证设计修改变更应由原设计单位出具设计变更通知单和修改图纸，设计、校审人员签字并加盖公章，经建设单位和监理工程师审查同意、签证；重大设计变更应经原审批部门审批，否则不应列入结算。

(4) 按图核实工程数量。竣工结算的工程量应依据竣工图、设计变更单和现场签证等进行核算，并按国家统一规定的计算规则计算工程量。

(5) 按合同计价。结算单价应按合同约定或招投标规定的计价定额与计价原则执行。

(6) 注意各项费用计取。

(7) 防止各种计算误差。

八、FIDIC 合同条件下工程价款支付与结算

1. 工程结算范围和条件

(1) 工程结算的范围。FIDIC 合同条件所规定的工程结算的范围主要包括两部分：一部分费用是工程量清单中的费用，这部分费用是承包人在投标时，根据合同条件的有关规定提出的报价，并经业主认可的费用；另一部分费用是工程量清单以外的费用，这部分费用虽然在工程量清单中没有规定，但是在同条件中却有明确的规定。因此它也是工程结算的一部分。

(2) 工程结算的条件主要包括：

①质量合格是工程结算的必要条件。结算以工程计量为基础，计量必须以质量合格为前提。对承包人已完的工程只支付其中质量合格的部分，对于工程质量不合格的部分一律不予支付。

②符合合同条件。一切结算均需要符合合同规定的要求，如工程预付款的支付款额必须符合标书附件中规定的数量，支付的条件应符合合同条件的规定，即承包人提供履约保函和预付款保函之后才予以支付工程预付款。

③变更项目必须有工程师的变更通知。FIDIC 合同条件规定，没有工程师的指示承包人不得作任何变更。如果承包人没有收到指示就进行变更，他没有权利就此类变更的费用要求补偿。

④支付金额必须大于临时支付证书规定的最小限额。合同条件规定，如果在扣除保留金和其他金额之后的净额少于投标书附件中规定的临时支付证书的最小限额时，工程师没有义务开具任何支付证书。不予支付的金额将按月结转，直到达到或超过最低限额时才予以支付。

⑤承包人的工作使工程师满意。为了确保工程师在工程管理中的核心地位，并通过经济手段约束承包人履行合同中规定的各项责任和义务，合同条件充分赋予了工程师有关支

付方面的权力。对于承包人申请支付的项目，即使达到以上所述的支付条件，但承包人其他方面的工作未能使工程师满意，工程师可通过任何临时证书对他所签发的任何原有的证书进行任何修正或更改，也有权在任何临时证书中删去或减少该工作的价值。所以，承包人的工作使工程师满意，是工程支付的重要条件。

2. 工程支付的项目与要求

（1）工程量清单项目与要求。工程量清单项目分为一般项目、暂定金额和计日工三种。

①一般项目的支付。一般项目是指工程量清单中除暂定金额和计日工以外的全部项目。这类项目的支付是以经过工程师计量的工程数量为依据，乘以工程量清单中的单价，其单价一般是不变的。这类项目的支付占工程费用的绝大部分，工程师应给予足够的重视。但这类支付，程序比较简单，一般通过签发中期支付证书支付进度款。

②暂定金额。暂定金额是指包括在合同中，供工程任何部分的施工，或提供货物、材料、设备或服务，或提供不可预料事件之费用的一项金额。这项金额按照工程师的指示可能全部或部分使用，或根本不予动用。没有工程师的指示，承包人不能进行暂定金额项目的任何工作。

承包人按照工程师的指示完成的暂定金额项目的费用，若能按工程量表中开列的费率和价格估算则按此估价，否则承包人应向工程师出示与暂定金额开支有关的所有报价单、发票、凭证、账单或收据。工程师根据上述资料，按照合同的规定，确定支付金额。

③计日工。使用计日工费用的计算一般采用下述方法：a. 按合同中包括的计日工作表中所定项目和承包人在其投标书中所确定的费率和价格计算。b. 对于清单中没有定价的项目，应按实际发生的费用加上合同中规定的费率计算有关的费用。所以，承包人应向工程师提供可能需要的证实所付款额的收据或其他凭证，并且在订购材料之前，向工程师提交订货报价单供其批准。

对这类按计日工实施的工程，承包人应在该工程持续进行过程中，每天向监理工程师提交从事该工作的所有工人的姓名、工种和工时的确切清单，一式两份，以及表明所有该项工程所用和所需材料、设备的种类和数量的报表，一式两份。

（2）工程量清单以外项目与要求主要包括：

①动员预付款。动员预付款是业主借给承包人进驻场地和工程施工准备用款。预付款额度的大小，是承包人在投标时，根据业主规定的额度范围（一般为合同价的5%~10%）和承包人本身资金的情况，提出预付款的额度，并在标书附录中予以明确。

动员预付款的付款条件是：a. 业主和承包人签订合同协议书；b. 提供了履约押金或履约保函；c. 提供动员预付款保函。承包人提供业主指定或认可的银行出具的保函，动员预付款保函是不可撤销的、无条件的银行保函，担保金额与预付款金额相等，并应在业主收回全部动员预付款之前一直有效。但上述银行担保的金额，应随动员预付款的逐次回收而减少。

在承包人完成上述3个条件的14d内，由工程师向业主提交动员预付款证书。业主收到工程师提交的支付动员预付款证书后在合同规定的时间内，按规定的货币进行支付。

动员预付款相当于业主给承包人的无息贷款。按照合同规定，当承包人的工程进度款累计金额超过合同价格的10%～20%时开始扣回,至合同规定的竣工日期前3个月全部扣清。用这种方法扣回预付款,一般采用按月等额均摊的办法。如果某一个月支付证书的数额少于应扣数,其差额可转入下一次扣回。扣回预付款的货币应与业主付款的货币相同。

②材料设备预付款。材料预付款是指运至工地尚未用于工程的材料设备预付款。对承包人买进并运至工地的材料、设备,业主应支付无息预付款,预付款按材料设备的某一比例(通常为材料发票价的70%～80%,设备发票价的50%～60%)支付。在支付材料设备预付款时,承包人需提交材料、设备供应合同或订货合同的影印件,要注明所供应材料的性质和金额等主要情况;材料已运到工地并经工程师认可其质量和储存方式。

材料、设备预付款的扣回按合同中规定的条款从承包人应得的工程款中分批扣除。扣除次数和各次扣除金额随工程性质不同而不同,一般要求在合同规定的完工日期前至少3个月扣清,最好是材料设备一用完,该材料设备的预付款即扣还完毕。

③保留金。保留金是为了确保在施工阶段,或在缺陷责任期间,由于承包人未能履行合同义务,由业主(或工程师)指定他人完成应由承包人承担的工作所发生的费用。FDIC合同条件规定,保留金的款额为合同总价的5%,从第一次付款证书开始,按期中支付工程款的10%扣留,直到累计扣留达到合同总额的5%止。

保留金的退还一般分两次进行。当颁发整个工程的移交证书时,将一半保留金退还给承包人;当工程的缺陷责任期满时,另一半保留金将由工程师开具证书付给承包人。如果签发的移交证书,仅是永久工程的某一区段或部分的移交证书时,则退还的保留金仅是移交部分的保留金,并且也只是一半。如果工程的缺陷责任期满时,承包人仍有未完成工作,则工程师有权在剩余工程完成之前扣发他认为与需要完成的工程费用相应的保留金余款。

④工程变更的费用。工程变更也是工程支付中的一个重要项目。工程变更费用的支付依据是工程变更令和工程师对变更项目所确定的变更费用,支付时间和支付方式也是列入期中支付证书予以支付。

⑤索赔费用。索赔费用的支付依据是工程师批准的索赔审批书及其计算而得的款额,支付时间则随工程月进度款一并支付。

⑥价格调整费用。价格调整费用是按照FIDIC合同条件第70条规定的计算方法计算调整的款额。包括施工过程中出现的劳务和材料费用的变更,后继的法规及其他政策的变化导致的费用变更等。

⑦迟付款利息。按照合同规定,业主未能在合同规定的时间内向承包人付款,则承包人有权收取迟付款利息。合同规定业主应付款的时间是在收到工程师颁发的临时付款证书的28d内或最终证书的56d内支付。如果业主未能在规定的时间支付,则业主应在迟付款终止后的第一个月的付款证书中予以支付。

⑧违约罚金。对承包人的违约罚金主要包括拖延工期的误期赔偿和未履行合同义务的罚金。这类费用可从承包人的保留金中扣除,也可从支付给承包人的款项中扣除。

3. 工程价款结算程序

(1)承包人提出付款申请。工程费用支付的一般程序是首先由承包人提出付款申请,填报一系列工程师指定格式的月报表,说明承包人认为这个月他应得的有关款项,包括:①已实施的永久工程的价值;②工程量表中任何其他项目,包括承包人的设备、临时工程,计日工及类似项目;③主要材料及承包人在工地交付的准备为永久工程配套而尚未安装的设备发票价格的一定百分比;④价格调整;⑤按合同规定承包人有权得到的任何其他金额。承包人的付款申请将作为付款证书的附件,但它不是付款的依据,工程师有权对承包人的付款申请作出任何方面的修改。

(2)工程师审核、编制中期付款证书。工程师对承包人提交的付款申请进行全面审核,修正或删除不合理的部分,计算付款净金额。计算付款净金额时:应扣除该月应扣除的保留金、动员预付款、材料设备预付款、违约罚金等。若净金额小于合同规定的临时支付的最小限额时,则工程师不需开具任何付款证书。

(3)业主支付。业主收到工程师签发的付款证书后,按合同规定的时间支付给承包人。

第五节 工程竣工决算

一、建设项目竣工决算概念及作用

1. 建设项目竣工决算概念

竣工决算是以实物数量和货币指标为计量单位,综合反映竣工项目从筹建开始到项目竣工交付使用为止的全部建设费用、投资效果和财务情况的总结性文件,是竣工验收报告的重要组成部分。竣工决算是正确核定新增固定资产价值、考核分析投资效果、建立健全经济责任制的依据,是反映建设项目实际造价和投资效果的文件。通过竣工决算,既能够正确反映建设工程的实际造价和投资结果,又可以通过竣工决算与概算、预算的对比分析,考核投资控制的工作成效,为工程建设提供重要的技术经济方面的基础资料,提高未来工程建设的投资效益。

为了严格执行基本建设项目竣工验收制度,正确核定新增固定资产价值,考核投资效果,建立健全项目法人责任制,按照国家关于基本建设项目竣工验收的规定,所有的新建、扩建、改建和恢复项目竣工后都要编制竣工决算。根据建设项目规模的大小,可分为大、中型建设项目竣工决算和小型建设项目竣工决算两大类。必须指出,施工企业为了总结经验,提高自身经营管理水平,在单位工程(或单项工程)竣工后,往往也编制单位工程(或单项工程)竣工成本决算,用以核算工程实际成本、预算成本和成本降低额,作为实际成本分析,反映经营成果,总结经验和提高管理水平的手段。它与建设工程竣工决算在概念和内容方面都不一样。

竣工决算的编制,是以建设单位为主,在监理工程师和施工单位的配合下共同完成的,它是建设工程所特有的多次计价环节中的最后一次计价。根据《交通基本建设项目竣工决算报告编制办法》《公路建设项目工程决算编制办法》等有关规定编制竣工决算,其编制原则、程序和方法,既不同于估算、概算和预算,也不同于招标控制价和投标报价。因为从估算到报价的多次造价的编制,都是在工程开工之前进行的,要按照一定的编制程序和方法,通过各种计算表格进行大量的分析和累计计算,并经过一定的审批程序,才能成立;而竣工决算则是在工程竣工之后,根据实际发生的工程量和大量的施工统计原始资料,以工程承包合同价为依据来编制的,其主要表现形式,是要进行大量的统计分析而不是计算来重新确定工程造价文件。为了做好竣工决算报告的编制,建设单位从项目筹建开始,即应明确专人负责,做好有关资料的收集、整理、积累、分析工作。项目完成时,应组织工程技术、计划、财务、物资、统计等有关人员共同完成竣工决算报告的编制工作。

2. 竣工决算的作用

竣工决算是从财务管理的角度出发,侧重于对资金的流向、大小和在时间上分布的分析,以现行的财税制度为依据,通过对资金的流动情况为重点进行分析,形成符合基本建设财务管理办法的科目体系,来反映竣工工程从开始建设起至竣工为止的全部资金来源和运用情况,达成核定使用资产价值的目的。由于它侧重于对财务制度执行情况的反映,能够确定资金流动的真实性和合法性,竣工决算是建设与考核工程经济活动成果的主要依据。它有以下几个方面的作用。

(1)竣工决算是国家对基本建设投资实行计划管理的重要手段。按照国家基本建设投资的规定,在批准基本建设项目计划任务书时,根据投资估算估计基本建设计划投资额。在确定基本建设项目设计方案时,按设计概算决定基本建设项目计划总投资最高数额。为了保证投资计划的实施,在施工图设计时编制施工图预算,确定单项工程或单位工程的计划价格,并且规定它不能超过相应的设计概算。施工企业要在施工图预算指标控制之下编制施工预算,确定施工计划成本。然而,在基本建设项目从筹建到竣工投产或交付使用的全过程中,各项费用的实际发生额,基本建设投资计划的实际执行情况,只能从建设单位编制的建设工程竣工决算中全面地反映出来。通过把竣工决算的各项费用数额与设计概算中的相应费用指标相比,可得出节约或超支的情况,通过分析节约或超支的原因,总结经验教训,加强投资计划管理以提高基本建设投资效果。

(2)竣工决算是竣工验收的主要依据。按照公路工程基本建设程序规定,当批准的设计文件规定的公路项目经负荷运转能够正常使用时,应该及时组织竣工验收工作,对建设项目进行全面考核。按工程的不同情况,由负责验收委员会或小组进行验收。

在竣工验收之前,建设单位向主管部门提出验收报告,其中主要组成部分是建设单位编制的竣工决算文件,作为验收委员会(或小组)的验收依据。验收人员要检查建设项目的实际建筑物、构筑物与设施的使用情况,同时审查竣工决算文件中的有关内容和指标,确定建设项目的验收结果。

(3)竣工决算是确定建设单位新增固定资产价值的依据。在竣工决算中详细地计算了建设项目所有的建筑工程费、安装工程费、设备费和其他费用等。新增资产包括新增固定资产、流动资产、无形资产、递延资产、其他资产等。要根据竣工决算编制要求编制交付使用财产总表和交付使用财产明细表,详细计算全部交付使用财产,要向管理或使用单位提交交付使用财产的具体名称、规格型号、数量、价值等的明细表办理交付使用资产交接手续的依据。

(4)竣工决算是基本建设成果和财务的综合反映公路工程竣工决算包括了基本项目从筹建到建成投产(或使用)的全部费用。它除了用货币形式表示基本建设的实际成本和有关指标外,还包括建设工期、工程量和资产的实物量、技术经济指标以及是否遵守国家的财经纪律和投资计划的执行情况。它综合了工程的年度财务决算,全面地反映了基本建设的主要情况。

(5)竣工决算为建立交通基本建设工程技术经济档案、为工程定额修订提供资料。竣工决算反映了主要工程的全部数量和实际成本、工程造价以及从开始筹建至竣工为止全部资金的运用情况和工程建成后新增资产价值。大中型项目的竣工决算报告要报交通运输部,它是国家基本建设的技术经济档案,并为以后基本建设规划和项目投资安排提供参考。

工程决算是建设项目竣工验收工作的重要组成部分,《公路建设项目工程决算编制办法》明确规定未编制工程决算的建设项目,不得组织竣工验收。

二、竣工决算编制

1. 竣工决算编制依据

根据财政部、国家计委联合发布的《基本建设项目竣工决算编制办法》和国家计委发布的《建设项目(工程)竣工验收办法》的要求,交通部制订了《交通基本建设项目竣工决算报告编制办法》(交财发[2000]207号)、《关于发布公路建设项目工程决算编制办法的通知》(交公路发[2004]507号),规定要求:公路建设项目工程决算是建设项目竣工验收工作的重要组成部分,各级交通主管部门要加强对公路建设项目工程决算编制工作的指导,项目法人要做好项目建设过程中有关资料的收集、整理和分析工作。按照《公路建设项目工程决算编制办法》要求,组织编制工程决算文件。编制竣工决算根据下列资料进行编制:

(1)经交通运输主管部门批准的设计文件,以及批准的概(预)算或调整概(预)算文件。

(2)招标文件标底(如果有)及与各有关单位签订的合同文件。

(3)建设过程中的有关支付凭证。

(4)竣工图纸。

(5)批复的设计变更相关资料。

(6)其他有关文件资料、凭证等。

2. 竣工决算编制程序和方法

公路工程建设单位应当按照交通部规定的《交通基本建设项目竣工决算报告编制办法》(交财发[2000]2007号),对已完工的建设项目及时办理交工验收手续,编好交工验收报告和竣工决算。竣工决算报告分为大中型公路建设项目、独立的公路桥梁建设项目和其他小型建设项目三种。建设单位在编制竣工决算报告时要认真做好各项财务、物资、资产、债权债务、投资资金到位情况和报废工程清理工作,做到工完账清。对于列入竣工决算报告的基建投资包干节余、基本建设收入、基建节余资金等财务问题,建设单位应提出意见,妥善处理。建设项目完建时的收尾工程,可根据收尾工程的实际测算投资支出列入竣工决算报告。

建设单位编制的竣工决算报告须提交竣工验收委员会审查。未经竣工验收委员会审查的竣工决算报告不能作为正式的竣工决算报告,不得上报。经竣工验收委员会审查并根据审查意见修改后的竣工决算报告作为资产移交、财务处理并结束有关待处理事宜的依据。

1) 竣工决算编制步骤

(1) 收集、整理和分析有关依据资料

在编制公路工程竣工决算文件前,必须准备一套完整齐全的资料。这是准确、迅速编制竣工决算的必要条件。在工程竣工验收阶段,应注意收集资料,系统地整理所有的技术资料、工程结算的经济文件、施工图纸,审查施工过程中各项工程变更、索赔、价格调整、暂定金额等支付项目是否符合合同件规定,签证手续是否完备;审查各中期支付和最终支付是否与竣工图表资料、合同文件相符。

(2) 清理各项账务、债务和结余物资

在收集、整理和分析有关资料中,要特别注意建设工程从筹建到竣工投产(或使用)的全部费用的各项账务、债权和债务的清理,做到工完账清。既要核对账目,又要查点库存实物的数量,做到账与物相等,账与账相符,对结余的各种材料、工器具和设备要逐项清点核实,要善管理,并按规定及时处理,收回资金。对各种往来款项要及时进行全面清理,为编制竣工决算提供准确的数据和练果。

(3) 填写竣工决算报表

按照公路工程决算表格中的内容,根据编制依据中的有关资料进行统计或计算各个项目的数量,并将其结果填到相应表格的栏目,完成所有报表的填写。它是编制建设工程竣工决算的主要工作。

(4) 编写建设工程竣工决算说明书

按照公路工程竣工决算说明的要求,根据编制依据材料和填写在编表中的结果编写说明。

(5) 上报主管部门审查编制竣工决算的程序

上述编写的文字说明和填写的表格经核对无误,装订成册,即为建设工程竣工决算文件,将其上报主管部门审查,并把其中财务成本部分送交开户银行签证。竣工决算在上报主管部门的同时,抄送有关设计单位。大中型建设项目的竣工决算还应抄送财政部、建设银行总行和省、市、自治区财政局和建设银行分行各一份。

2) 公路工程竣工决算报告的内容

竣工决算报告由以下4个部分组成:

(1) 交通基本建设项目竣工决算报告封面

① "主管部门"填写需上报竣工决算报告的主管部门或单位。

② "建设项目名称"填写批准前的项目初步设计文件中注明的项目名称。

③ "建设项目类别"是指"大中型"或"小型"。

④ "建设性质"是指建设项目属于新建、改建、扩建、续建等内容。

⑤ "级别"是指中央级或地方级的建设项目。

(2) 竣工工程平面示意图

竣工工程平面示意图可根据初步设计文件"路线地理位置图"、独立的公路桥梁桥位平面图绘制。

(3)竣工决算报告说明书

竣工决算报告说明书是竣工决算报告的重要组成部分,主要内容包括:工程项目概况及组织管理情况;工程建设过程和工程管理工作中的重大事件、经验教训;工程投资支出和财务管理工作的基本情况(包括主要会计事项处理原则,财产物资清理及债权债务清偿情况;基建结余资金、基建收入等的上交分配情况;主要技术经济指标的分析、计算情况等);工程遗留问题等。

(4)竣工决算表格

竣工决算报告表式分为决算审批表、工程概况专用表和财务通用表。竣工决算报告按照建设项目类型分为公路建设项目、桥梁隧道建设项目、内河航运建设项目、港口(码头)建设项目和不能归入上述4类的其他建设项目等分别编报。编制竣工决算报告时,必须填制本类项目工程概况专用表和全套财务通用表。竣工决算表格主要包括:

①竣工决算审批表。

②工程概况专用表。分为:公路建设项目工程概况表;桥梁隧道建设项目工程概况表;内河航运建设项目工程概况表;港口(码头)建设项目工程概况表;其他建设项目工程概况表。

③财务通用表。包括:建设项目竣工财务决算、总表;资金来源情况表;待核销基建支出及转出投资明细表;工程造价和概算执行情况表;外资使用情况表;基本建设项目交付使用资产总表;基本建设项目交付使用资产明细表。

3. 竣工决算报告表编制方法

竣工图表的编制方法,不像编制概预算那样,要进行各种资料的分析计算,主要是对建设工程的各种原始资料进行全面的审查与统计汇总,然后按照竣工决算表的内容与要求,将各种数据资料摘录填入;同时做好决算与概预算的对比分析,编制技术经济指标比较表。

(1)竣工决算审批表

中央级大中型基本建设项目,其项目竣工决算报告经省级交通主管部门或部属一级单位签署意见后报部备案。

(2)工程概况专用表

本表集中反映了已完工的建设项目的建设周期、完成的主要工程数量、主要材料消耗、占地拆迁面积、工程投资、新增资产和新增生产能力。编制本表时应根据可行性报告的批复、初步设计概算等文件确定的主要指标和实际完成情况进行填列。

表中各项内容的填列方法如下:

①建设时间开工和竣工日期按照实际开工和办理竣工验收的日期填列。如实际开工日期与批准的开工日期不符应作出说明。

②表中初步设计、调整概算的批准机关日期、文号应按历次审批文件填列。

③表中有关项目的设计、概算、决算等指标,根据批准的设计文件和概算、决算等确定的数字填写。

④表中"总投资"按批准的概算和调整概算数及累计实际投资数填列。

⑤表中"基建支出合计"是指建设项目从开工起至竣工止发生的全部基本建设支出,根据财政部门或主管部门历年批准的"基建投资表"中有关数字填列。

⑥表中所列工程主要特征、完成主要工程量、主要材料消耗量、主要技术经济指标等,根据主管部门批准的概算、建设单位统计资料和施工企业提供的有关成本核算资料等分别填列。

⑦"主要收尾工程"填写工程内容和名称、预计投资额及完成时间等。如果收尾工程内容较多,可增设"收尾工程项目明细表"。这部分工程的实际成本,可根据具体情况进行估算,并作说明,完工以后不再调整竣工决算,但应将收尾工程执行结果按规定程序补报有关资料。

⑧"工程质量评定"填列经工程质量监督部门检测评定的单项工程质量评定及工程综合评价结果。

(3)财务通用表

财务通用表反映竣工工程从开始建设起至竣工时为止资金来源、支出、节余等全部资金的运用情况,作为考核和分析基本建设拨款和投资效果的依据。

表中各项内容的填列方法如下:

①基本建设项目竣工财务决算总表。表中有关"交付使用资产""基建拨款""项目资本""基建借款"等项目,填列自开工建设至竣工止的累计数,上述指标根据历年批复的年度基本建设财务决算和竣工年度的基本建设财务决算中资金平衡表相应项目的数字进行汇总填列(包括收尾工程的估列数);表中其余各项目反映办理竣工验收时的结余数,根据竣工年度财务决算中资金平衡表的有关项目期末数填表;资金占用总额应等于资金来源总额;补充资料的"基建投资借款期末余额"反映竣工时尚未偿还的基建投资借款数,应根据竣工年度资金平衡表内的"基建投资借款"项目期末数填列、"应收生产单位投资借款期末数",应根据竣工年度资金平衡表内的"应收生产单位投资借款"项目的期末数填列、"基建结余资金"反映竣工时的结余资金,应根据竣工财务决算总表中有关项目计算填列;基建结余资金的计算。

基建结余资金 = 基建拨款 + 项目资本 + 项目资本公积 + 基建投资借款 + 企业债券资金 + 待冲基建支出 − 基本建设支出 − 应收生产单位投资借款。

②资金来源情况表。本表反映建设项目分年度的投资计划与资金拨付到位情况,表中有关基建拨款、项目资本、基建投资借款等资金来源内容,根据历年批复的年度基本建设财务决算和竣工年度的基本建设财务决算中资金平衡表相应项目的数字填列(包括收尾工程的估列数)。

③待核销基建支出及转出投资明细表。"待核销基建支出"反映非经营性项目发生的江河清障、航道清淤、补助群众造林、水土保持、取消项目的可行性研究费以及项目报废等不能形成资产部分的投资支出;"转出投资"反映非经营性项目为项目配套而建成的、产权不归属本单位的专用设施的实际成本,按照规定的内容分项逐笔填列。

④工程造价和概算执行情况表。本表反映工程实际建设成本和总造价,以及概算投资节余和概算投资包干部分节余的情况,应按照概算项目或单项工程(费用项目)填列;待摊投资按照某一单项工程投资额占全部投资的比例分摊到单项工程上去。不计入固定资产价值的支出不分摊待摊投资。

⑤外资使用情况表。本表反映建设项目外资使用情况,按照使用外资支出费用项目填列。应说明批准初步设计时的汇率、记账汇率、竣工时的汇率以及外资贷款的转贷金额和转贷单位等情况。各有关表格中,外币折合人民币时,应以项目竣工时的汇率为准。

⑥交付使用资产总表和交付使用资产明细表。交付使用资产总表中各栏数字应根据交付使用资产明细表中相应项目的数字汇总填列。交付使用资产明细表作为单位管理项目资产使用,可不纳入上报的竣工决算报告,其具体格式各单位可根据情况进行修改;交付使用资产总表中固定资产、流动资产、无形资产和递延资产各栏的合计数。应分别与竣工财务决算表交付使用资产的相应数字相符。

三、公路建设项目工程决算

1. 工程决算的目的和作用

公路建设项目工程决算,作为建设项目完成后从工程投资控制角度形成的成果,是工程估、概、预、决算管理环节中的重要一环,同时满足不同管理部门对工程造价管理信息的需求。政府主管部门,作为投资宏观控制的主体,需从中得到的是造价管理的最终结果,即控制目标的实现程度;审计监督部门的工作重点是对资金的流向及使用的合法性的判断,但需以其使用的必要性及形成的实物工程量为基础;造价管理部门,作为多次计价的最后一次确定造价,需要了解的重点是项目过程管理计价的必要性、合理性,并为造价资料的积累提取信息;建设单位则需从中总结管理经验,提高管理水平。通过工程决算的编制,能够真实地反映项目费用形成,考核各项费用支出的必要性和合理性,与批准的概(预)算对比反映概(预)算执行情况,从而达到规范管理,堵塞漏洞的目的;使竣工财务决算的编制有一个良好的基础;同时为进一步修订计价依据和建立造价数据库积累造价资料。

2. 工程决算与竣工决算(财务决算)的关系

工程决算和竣工决算是从不同的侧面对建设单位在项目管理过程中费用支出情况的反映,是对项目建设成果的反映。但两者之间存在着一定的差异。

工程决算是从工程管理的角度出发,侧重于工程实体形成过程中"量""价""费"的分析,以建安工程费用为重点,以签订的合同为基础,以实施工程量、合同单价及合同相关条款为核算依据,同时反映工程管理过程中量的变化引起的费用变化和非量变化引起的费用变化,最终形成以建设项目的费用构成为表现形式并反映项目分部、分项工程的工程量大小以及综合单价的高低。在编制过程中侧重于对计价依据执行情况的考核,能够确定费用支出的必要性和合理性,因此它不仅是对项目实际造价的反映,同时也是规范工程管理过程、提高管理水平的一个重要手段,并且完善了以"量""价""费"为主线的估、概、预、决算体系。

竣工决算则是从财务管理的角度出发,侧重于对资金的流向、大小和在时间上分布的分析，以现行的财税制度为依据，通过对资金的流动情况为重点进行分析，形成符合基本建设财务管理办法的科目体系，来反映竣工工程从开始建设起至竣工为止的全部资金来源和运用情况，达到核定使用资产价值的目的。由于它侧重于对财务制度执行情况的反映，能够确定资金流动的真实性和合法性，是办理资产交付使用手续的依据。

作为工程建设过程中缺一不可的两个管理体系——工程管理和财务管理，是紧密联系、相互制约的，那么同为对管理成果的直接反映，工程决算和竣工决算也是相辅相成的。工程决算是在基础数据表所反映的内容的基础上对工程管理过程的监督，在一定程度上满足了工程管理人员对有关造价信息的需求，也是编制竣工决算的基础和依据；而竣工决算是通过对财务管理过程中日常费用支出的监督检查，达到规范管理的目的，同时也是对工程决算的归纳和总结。

3. 公路建设项目工程决算编制办法

为加强公路建设项目投资管理，严格控制建设成本，提高投资效益，根据国家有关法律、法规，结合公路建设实际，交通部制定了《公路建设项目工程决算编制办法》（交公路发[2004]507号）。根据资金来源和建设项目分类，其适用范围是"政府或国有经济组织投资的公路工程新建和改建项目"。

公路建设项目工程决算（以下简称"工程决算"）是指项目实际完成的工程量、采用的单价和费用支出，以及与批准的概（预）算对比情况。

工程决算是建设项目竣工验收工作的重要组成部分。未编制工程决算的建设项目，不得组织竣工验收。

建设项目法人应加强建设项目投资管理工作，配备具有相应资格的公路工程造价人员，做好工程决算资料的收集、整理和分析工作，工程决算文件的编制应真实、准确和完整。

1）工程决算编制依据

（1）经交通主管部门批准的设计文件，以及批准的概（预）算或调整概（预）算文件。

（2）招标文件、标底（如果有）及与各有关单位签订的合同文件。

（3）建设过程中的文件及有关支付凭证。

（4）竣工图纸。

（5）其他有关文件、资料、凭证等。

2）工程决算编制要求

（1）工程决算总费用由建筑安装工程费，设备、工具及器具购置费，工程建设其他费用三部分构成。对于概（预）算编制办法规定的项目及批准概（预）算文件中未列明且不能列入第一、二部分的费用列入第三部分。

（2）工程决算通过工程决算表进行计算。

（3）工程决算文件由项目法人在交工验收后负责组织编制，竣工验收前编制完成，并将工程决算文件及工程决算数据软盘各1份上报交通主管部门，同时抄送工程造价管理部门。

（4）工程决算文件应简明扼要、字迹清晰、数据真实、计算正确、符合规定。

3）工程决算文件

工程决算文件包括工程决算编制说明和工程决算表。

(1)工程决算编制说明应包括以下内容：

①工程决算概况。

②工程概(预)算执行情况说明,其中应说明招标方式、结果及重大设计变更情况。

③设备、工具、器具购置情况的说明。

④工程建设其他费用使用情况的说明(包括征地拆迁费、建设单位管理费、监理费等)。

⑤预留费用使用情况的说明。

⑥工程决算编制中有关问题处理的说明。

⑦造价控制的经验与教训总结。

⑧工程遗留问题。

⑨其他需要说明的事项。

(2)工程决算表主要包括：

①建设项目概况表(01表)。

②投资控制情况比较表(02表)。

③工程数量情况比较表(03表)。

④概(预)算分析表(04表)。

⑤标底及合同费用分析表(05表)。

⑥项目总决算(分析)表(06表)。

⑦建安工程决算汇总表(07表)。

⑧设备、工具及器具购置费用支出汇总表(08表)。

⑨工程建设其他费用支出汇、总表(09表)。

4)工程决算数据软盘

工程决算数据软盘包括工程决算文件和基础数据表。基础数据表包括以下内容：

(1)合同段工程决算表(10表)。

(2)工程合同登记表(11表)。

(3)变更设计登记表(12表)。

(4)变更引起调整金额登记表(13表)。

(5)工程项目调价登记表(14表)。

(6)工程项目索赔登记表(15表)。

(7)计日工支出金额登记表(16表)。

(8)收尾工程登记表(17表)。

(9)报废工程登记表(18表)。

(10)工程支付情况登记表(19表)。

四、新增资产价值的确定

1. 新增资产价值分类

按照新的财务制度和企业会计准则,新增资产按资产性质可分为固定资产、流动资产、无形资产、递延资产和其他资产等5大类。

(1)固定资产。固定资产是指使用期限超过一年,单位价值在1000元、1500元或2000元以上,并且在使用过程中保持原有实物形态的资产。

(2)流动资产。流动资产是指可以在一年或者超过一年的营业周期内变现或者耗用的资产。流动资产按资产的占用形态可分为现金、存货、银行存款、短期投资、应收账款及预付账款。

(3)无形资产。无形资产是指特定主体所控制的,不具有实物形态,对生产经营长期发挥作用且能带来经济利益的资源。主要有专利权、非专利技术、商标权、商誉。

(4)递延资产。递延资产是指不能全部计入当年损益,应当在以后年度分期摊销的各种费用,包括开办费、租入固定资产改良支出等。

(5)其他资产。其他资产是指具有专门用途,但不参加生产经营的经国家批准的特种物资,银行冻结存款和冻结物资、涉及诉讼的财产等。

2. 新增资产价值确定方法

1)新增固定资产价值确定

新增固定资产价值是以独立发挥生产能力的单项工程为对象的。单项工程建成经有关部门验收鉴定合格,正式移交生产或使用,即应计算新增固定资产价值。一次交付生产或使用的工程一次计算新增固定资产价值,分期分批交付生产或使用的工程,应分期分批计算新增固定资产价值。在计算时应注意以下几种情况:

(1)对于为了提高产品质量、改善劳动条件、节约材料消耗、保护环境而建设的附属辅助工程,只要全部建成,正式验收交付使用后就要计入新增固定资产价值。

(2)对于单项工程中不构成生产系统,但能独立发挥效益的非生产性项目,如住宅、食堂、医务所、托儿所、生活服务网点等,在建成并交付使用后,也要计算新增固定资产价值。

(3)凡购置达到固定资产标准不需安装的设备、工具、器具,应在交付使用后计入新增固定资产价值。

(4)属于新增固定资产价值的其他投资,应随同受益工程交付使用的同时一并计入。

(5)交付使用财产的成本,应按下列内容计算:

①房屋、建筑物、管道、线路等固定资产的成本包括建筑工程成本和应分摊的待摊投资。

②动力设备和生产设备等固定资产的成本包括需要安装设备的采购成本、安装工程成本、设备基础支柱等建筑工程成本或砌筑锅炉及各种特殊炉的建筑工程成本、应分摊的待摊投资。

③运输设备及其他不需要安装的设备、工具、器具、家具等固定资产一般仅计算采购成本,不计分摊的"待摊投资"。

(6)共同费用的分摊方法。新增固定资产的其他费用,如果是属于整个建设项目或两个以上单项工程的,在计算新增固定资产价值时,应在各单项工程中按比例分摊。分摊时,什么费用应由什么工程负担应按具体规定进行。一般情况下,建设项目管理费按建筑工程、安装工程、需安装设备价值总额按比例分摊,而土地征用费、勘察设计费等费用则按建筑工程造价分摊。

【例9-2】 某公路建设项目建筑安装工程投资中,桥梁工程投资4258万元,路线及其防护、排水工程等投资为19288万元,需要安装设备价值为1565万元,待摊投资为征地、迁移补偿等费用为3250万元,建设单位管理费895万元,试计算路线工程、桥梁工程、需要安装设备各自应分摊的待摊投资。

【解】 (1)计算分摊率

对建设单位管理费分摊的分摊率 = [895÷(4258+19288+1565)]×100% = 3.5642%

对征地、迁移补偿等费用分摊的分摊率 = [3250÷(4258+19288)]×100% = 13.8028%

(2)分摊额的计算

桥梁工程分摊额 = 4258×(3.5642%+13.8028%) = 739.48万元

路线工程分摊额 = [9288×(3.5642%+13.8028%) = 3349.74万元

需要安装设备分摊额 = 1565×3.5642% = 55.78万元

2)新增流动资产价值确定

流动资产是指可以在一年内或者超过一年的一个营业周期内变现或者运用的资产。新增流动资产是指新增加的在一年内或者超过一年的一个营业周期内变现或者运用的资产,包括现金及各种存款、存货、应收及预付款等。在确定流动资产价值时,按以下原则处理:

(1)货币性资金。货币性资金是指现金、各种银行存款及其他货币资金。

(2)应收及预付款项。应收账款是指企业因销售商品、提供劳务等应向购货单位或受益单位收取的款项;预付款项是指企业按照购货合同预付给供货单位的购货定金或部分货款。应收及预付款项包括应收票据、应收款项、其他应收款、预付货款和待摊费用。一般情况下,应收及预付款项按企业销售商品、产品或提供劳务时的成交金额入账核算。

(3)短期投资包括股票、债券、基金。股票和债券根据是否可以上市流通分别采用市场法和收益法确定其价值。

(4)存货。存货是指企业的库存材料、在产品、产成品等。各种存货应当按照取得时的实际成本计价。存货的形成,主要有外购和自制两个途径。外购的存货,按照买价加运输费、装卸费、保险费、途中合理损耗、入库前加工、整理及挑选费用以及缴纳的税金等计价;自制的存货,按照制造过程中的各项实际支出计价。

3)新增无形资产价值确定

无形资产是指特定主体所控制的,不具有实物形态,对生产经营长期发挥作用且能够带来经济利益的资源。新增无形资产是指企业长期使用但没有实物形态的资产,包括专利权、商标权、著作权、土地使用权、非专利技术、商誉等。无形资产的计价,原则上应按取得时的实际成本费用计价;企业取得无形资产的途径不同,所发生的支出也不一样,无形资产的计价也不相同。按现行财务制度,无形资产价值的计价原则和计价方式如下:

(1)无形资产的计价原则。投资者按无形资产作为资本金或者合作条件投入时,按评估确认或合同协议约定的金额计价。

①购入的无形资产,按照实际支付的价款计价。
②企业自创并依法申请取得的,按开发过程中的实际支出计价。
③企业接受捐赠的无形资产。按照发票账单所持金额或者同类无形资产市价作价。
④无形资产计价入账后,应在其有效使用期内分期摊销。
(2)无形资产的计价方法。
①专利权的计价。
②非专利技术的计价。
③商标权的计价。
④土地使用权的计价
4)递延资产和其他资产价值确定
(1)递延资产价值的确定。主要包括：

①开办费是指在筹集期间发生的费用,不能计入固定资产或无形资产价值的费用,主要包括筹建期间人员工资、办公费、员工培训费、差旅费、印刷费、注册登记费以及不计入固定资产和无形资产购建成本的汇兑损益、利息支出等。根据现行财务制度规定,企业筹建期间发生的费用,应于开始生产经营起一次计入开始生产经营当期的损益。企业筹建期间开办费的价值可按其账面价值确定。

②以经营租赁方式租入的固定资产改良工程支出的计价,应在租赁有限期限内摊入制造费用或管理费用。

(2)其他资产。其他资产包括特准储备物资等,按实际入账价值核算。

第六节　保修费用的处理

一、建设项目保修范围及年限

1. 建设项目保修及其意义

(1)保修的含义

2000年1月国务院发布的第279号令《建设工程质量管理条例》中规定:"建设工程实行保修制度。建设工程承包人在向发包人提交工程竣工验收报告时,应当向发包人出具质量保修书。质量保修书应当明确建设工程的保修范围、保修期限和责任等。建设项目在保险期内和保修范围内发生的质量问题,承包人应履行保修义务,并对造成的损失承担赔偿费用。"《中华人民共和国建筑法》第六十二条规定:"建筑工程实行质量保修制度。"《中华人民共和国合同法》规定:"建设工程的施工合同内容包括对工程质量保修的范围和保证期。"建设工程质量保修制度是国家所确定的重要法律制度,它是指建设工程在办理交工验收手续后,在规定的保修期限内(按合同有关保修期的规定),因勘察设计、施工、材料等原因造成的质量缺陷,应由责任单位负责维修。项目保修是项目竣工验收交付使用后,在一定期限内由承包人对发包人或用户进行回访,按照国家或行业现行的有关技术标准、设计文件以及合同中对质量的要求,对于工程发生的确实是由于承包人施工责任造成的建筑物使用功能不良或无法使用的问题,由承包人负责修理,直到达到正常使用的标准。保修回访制度属于建筑工程竣工后的管理范畴。

(2)保修的意义

工程质量保修是一种售后服务方武,是《中华人民共和国建筑法》和《建设工程质量管理条例》规定的承包人的质量责任,建设工程质量保修制度是国家所确定的重要法律制度,对于完善建设工程保修制度、促进承包人加强质量管理、改进工程质量,保护用户及消费者的合法权益能够起到重要的作用。

2. 保修的范围和最低保修期限

根据《中华人民共和国建筑法》《建设置程质量管理条例》《建设工程质量保证金管理暂行办法》的有关规定:承包人在向业主提交工程竣工报告时,应向业主出具质量保修书。质量保修书中应明确建设工程的保修范围、保修期限和保修责任等。建设工程在保修范围和保修期限内如果发生质量问题,承包人应当履行保修义务,并对相应造成的损失承担赔偿责任。

(1)保修的范围

在正常使用条件下,公路工程的保修范围应包括路基、路面、涵洞、桥梁、隧道、砌筑工程等项目。一般包括以下方面:

①路基:压实度、弯沉。
②路面:压实度、弯沉、平整度、抗滑性、是否损坏。
③涵洞:承载力、强度、几何尺寸、是否淤塞。
④桥梁:承载力、强度、几何尺寸、中线偏差。
⑤隧道:防排水、有无渗水或淤积、堵塞。
⑥砌筑工程:强度、中线偏差、平面尺寸、高程。

(2)保修的期限

保修的期限应当按照保证建筑物合理寿命内正常使用、维护使用者合法权益的原则确定。

质量保修期从工程实际竣工验收合格之日起算起。根据《建筑工程质量管理条例》规定,公路工程质量保修期限一般为1~2年。

二、建设项目保修经济责任及费用处理

1. 保修的经济责任

(1)因承包人未按施工质量验收规范、设计文件要求和施工合同约定组织施工而造成的质量缺陷所产生的工程质量保修,应当由承包人负责修理并承担经济责任;由承包人采购的建筑材料、建筑构配件、设备等不符合质量要求,或承包人应进行而没有进行试验检验,进入现场使用造成质量问题的,应由承包人负责修理并承担经济责任。

(2)由于勘察、设计方面的原因造成的质量缺陷,由勘察、设计单位负责并承担经济责

任,由施工单位负责维修或处理。新合同法规定,勘察、设计人应当继续完成勘察、设计,减收或免收勘察、设计费并赔偿损失。当由承包人进行维修或处理时,费用数额应按合同约定,通过发包人向勘察、设计单位索赔,不足部分由发包人补偿。

(3)由于发包人供应的材料、构配件或设备不合格造成的质量缺陷,或发包人竣工验收后未经许可自行改建造成的质量问题,应由发包人或使用人自行承担经济责任;由发包人指定的分包人或不能肢解而肢解发包的工程,致使施工接口不好造成质量缺陷的,或发包人或使用人竣工验收后使用不当造成的损坏,应由发包人或使用人自行承担经济责任。承包人、发包人与设备、材料、构配件供应部门之间的经济责任,应按其设备、材料、构配件的采购供应合同处理。

(4)建设部第60号令《房屋建筑工程质量保修办法》规定,不可抗力造成的质量缺陷不属于规定的保修范围。所以由于地震、洪水、台风等不可抗力原因造成损坏,或非施工原因造成的事故,承包人不承担经济责任;当使用人需要责任以外的修理、维护服务时,承包人应提供相应的服务,但应签订协议,约定服务的内容和质量要求。所发生的费用,应由使用人按协议约定的方式支付。

(5)有的项目经发包人和承包人协商,根据工程的合理使用年限,采用保修保险方式。这种方式不需扣保留金,保险费由发包人支付,承包人应按约定的保修承诺,履行其保修职责和义务。建设工程在保修范围和保修期限内发生质量问题的,承包人应当履行保修义务,并对造成的损失承担赔偿责任。凡是由于用户使用不当而造成建筑功能不良或损坏,不属于保修范围;凡属工业产品项目发生问题,也不属保修范围,以上两种情况应由发包人自行组织修理。

2. 保修的操作方法

(1)发送保修证书

在工程竣工验收的同时(最迟不应超过3~7d),由承包人向发包人发送《工程保修证书》。保修证书的主要内容包括:

①工程简况。
②保修范围和内容。
③保修时间。
④保修说明。
⑤保修情况记录。
⑥保修单位(即承包人)的名称详细地址等。

(2)填写"工程质量修理通知书"

在保修期内项目出现质量问题影响使用,使用人应填写"工程质量修理通知书"告知承包人,注明质量问题及部位、维修联系方式,要求承包人指派人前往检查修理。修理通知书发出日期为约定起始日期,承包人应在7d内派出人员执行保修任务。

(3)实施保修服务

承包人接到"工程质量修理通知书"后,必须尽快派人检查,并会同发包人共同做出鉴定,提出修理方案,明确经济责任,尽快组织人力与物力进行修理,履行工程质量保修的承诺。房屋建筑工程在保修期间出现质量缺陷,发包人或房屋建筑所有人应当向承包人发出保修通知,承包人接到保修通知后,应到现场检查情况,在保修书约定的时间内予以保修,发生涉及结构安全或者严重影响使用功能的紧急抢修事故,承包人接到保修通知后,应当立即到达现场抢修。发生涉及结构安全的质量缺陷,发包人或者房屋建筑产权人应当立即向当地建设主管部门报告,采取安全防范措施;由原设计单位或者具有相应资质等级的设计单位提出保修方案;承包人实施保修,原工程质量监督机构负责监督。

(4)验收

在发生问题的部位或项目修理完毕后,要在保修证书的"保修记录"栏内做好记录,并经发包人验收签认,此时修理工作完毕。

3. 保修费用及其处理

(1)保修费用的含义

保修费用是指对保修期间和保修范围内所发生的维修、返工等各项费用支出。保修费用应按合同和有关规定合理确定和控制。保修费用一般可参照建筑安装工程造价的确定程序和方法计算,也可以按照建筑安装工程造价或承包工程合同价的一定比例计算。一般工程竣工后,承包人保留工程款的5%作为保修费用,保留金的性质和目的是一种现金保证金,目的是保证承包人在工程执行过程中恰当履行合同的约定。

(2)保修费用的处理

根据《中华人民共和国建筑法》的规定,在保修费用的处理问题上,必须根据修理项目的性质、内容以及检查修理等多种因素的实际情况,区别保修责任。保修的经济责任应当由有关责任方承担,由发包人和承包人共同商定经济处理办法。根据《中华人民共和国建筑法》第七十五条的规定,建筑施工企业违反该法规定,不履行保修义务的,责令改正,可以处以罚款。在保修期间因路基沉陷路面松散与坑槽等质量缺陷,有关责任企业应依据实际损失给予实物或价值补偿。因勘察设计原因、监理原因或者建筑材料、建筑构配件和设备等原因造成的质量缺陷,根据民法规定,施工企业可以在保修和赔偿损失之后,向有关责任者追偿。因建设工程质量不合格而造成损害的,受损害人有权向责任者要求赔偿。因发包人或者勘察设计原因、施工原因、监理原因产生的建设质量问题,造成他人损失的,以上单位应当承担相应的赔偿责任。受损害人可以向任何一方要求赔偿,也可以向以上各方提出共同赔偿要求。有关各方之间在赔偿后,可以在查明原因后向真正责任人追偿。涉外工程的保修问题,除参照有关经济责任的划分进行处理外,还应依照原合同条款的有关规定执行。

第七节 公路建设项目后评价

世界银行于1970年成立了后评价机构,1975年设立了负责后评价的总督察,从此后评价纳入了世行重要的正规管理和实施轨道。领导世行业务评价工作的总督察由银行执行董事会任命,对执行董事会专门负责业务评价的联合审核委员会负责,同时代表行长管理业务评价的工作。总督察领导着世行的业务评价局和国际金融公司的业务评价办公室两个后评价机构。总督察的主要任务包括：评价世行业务评价系统的作用和功能，并向银行和成员国报告；对业务评价计划和工作提出独立的指导意见，提高评价机构对业务评价目的的认识，确定工作中根据变化所提出的对策，使之更富有成效，同时满足各成员国对业务评价方面的需要，鼓励和支持各成员国发展各自的后评价体系。很多国家和国际机构同样也建立了相对独立的项目后评价机构，这些国家和国际机构设置的项目后评价机构形式上尽管存在某些差异，但它们都有一个共同点，即组织相对独立，并且每个组织机构只负责自己投资项目的后评价工作。

一、投资项目评价

1. 项目评价分类

项目管理是在项目活动中运用知识、技能、工具和技术，以便达到或超过项目关系人对项目的要求和期望。科学的投资项目管理是对项目周期的管理。而项目周期管理分为6个阶段，即投资规划，投资立项，项目评估，项目融资，项目实施和项目后评价，最后项目后评价又反馈到投资规划和投资立项，形成一个周期并不断提高。

项目经济评价是指在一定的社会经济制度下，采用现代分析方法，对投资项目从工程、技术、市场、社会、经济和环境等各方面进行调查、预测、计算、分析和论证，以考察项目投资行为的经济合理性和可行性。这是对微观项目的宏观经济分析评价。

投资项目的评价依项目周期管理分为项目前期准备阶段的评估、项目中期阶段的评价和项目建成之后的后评价。

项目前评估，一般也称投资项目的可行性研究，它是从投资项目决策的角度出发，目的是确定投资项目是否可以立项，并站在投资项目的起点，应用技术经济分析的方法来分析、预测和评价投资项目未来的效益，以确定项目的投资是否值得，是否可行。

项目中期评价是指在项目执行到中期阶段（一般是项目开始后第3年或第4年），由项目执行单位或委托单位对项目进度的评价。中期评价是借款国政府和世界银行对项目的第一次综合评价。中期评价除了全面检查总结阶段性项目执行情况外，其另一个重要意义在于，能根据这次评价的结果对正在进行的项目采取纠正措施，即所谓的中期调整，使项目重新回到规定的轨道上来。因此，中期评价不管是对项目的总结还是对问题的揭露，都对项目下一阶段的项目执行具有重要指导作用，同时也为项目的竣工总结（完成评价）打下良好的基础。根据中期评价进行的中期调整，必须在项目主管部门和世界银行同意或认可的范围内进行。

项目后评价是指对已经完成项目的项目目的、执行过程、效益、作用和影响所进行的系统的、客观的分析。施工部门根据项目需要，以项目建设实施过程中的监测、监督资料和施工管理信息为基础，以技术、管理、财务、技术经济等各专业人员为依托，积极协助项目业主全面完成项目后评价工作。通过对项目活动实践的检验总结，确定项目预期的目标是否达到；项目是否合理有效；项目的主要效益指标是否实现；通过分析评价找出成败原因，总结经验教训;并通过及时有效的信息反馈,为未来新项目的决策和提高完善投资决策管理水平提出合理建议,同时也为后评价项目实施运营中出现的问题提出改进意见,从而达到提高投资效益的目的。

2. 项目后评价与项目前、中评价的区别

项目后评价与项目前评估、项目中期评价,在评价原则和方法上没有太大的区别,采用定量和定性相结合的方法。但是,由于三者的评价时点不同,目的也完全不同,因此也存在一些区别。

项目前评估的目的是确定项目是否可以立项,它是站在项目的起点,主要是应用预测技术来分析评价项目未来的效益,以确定项目投资是否值得并可行。

项目中期评价是站在项目的实施中点,其目的是检查、纠偏和指导,即全面检查和总结阶段性项目执行情况和根据这次评价的结果对正在进行的项目采取纠正措施,即所谓的中期调整,使项目重新回到规定的轨道上来,以达到对项目下一阶段的项目执行具有重要指导作用,同时也为项目的竣工总结(完成评价)打下良好的基础。

项目后评价则是在项目建成后,总结的准备、实施、完工和运营,并通过预测对项目的未来进行新的分析评价,其目的是为了总结经验教训,为改进决策和管理服务。所以,后评价要同时进行项目的回顾总结和前景预测。项目后评价是站在项目完工的时点上,一方面检查总结项目的实施过程,找出问题,分析原因;另一方面,要以后评价时点为基点,预测项目未来的发展。

简而言之,项目前评估的重要判别标准是投资者要求获得的收益率或基准收益率,而中期评价与后评价的判别标准则重点是前评估的结论,主要采用对比的方法,这就是三者的主要区别。

二、项目后评价的方法

1. 项目后评价的原则与方法

项目后评价的原则是坚持评价的客观性、公正性和科学性。项目后评价对事不对人,目的是吸取经验教训,以提高项目决策水平和管理水平。项目后评价的方法一般采用比较法,即通过项目产生的实际效果与决策时预期的目标比较,从差异中发现问题,总结经验和教训,提高认识。

项目后评价的方法基本上可概括为以下4种:

(1)影响评价法。项目建成后测定和调研在各阶段所产生的各种现时影响和效果,以判断决策目标是否正确。

(2)效益评价法。把项目产生的实际效果或项目的产出,与项目的计划成本或项目投入相比较,进行盈利性分析,以判断项目当初决定投资是否值得。

(3)过程评价法。把项目从立项决策、设计、采购直至建设实施各程序的实际进程与原订计划、目标相比较,分析项目效果好坏的原因,找出项目成败的经验和教训,使以后项目的实施计划和目标的制定更加切合实际。

(4)系统评价方法。将上面三种评价方法有机地结合起来,进行综合评价,才能取得最佳评价结果。

2. 后评价的基本内容

1)项目目标评价

评定项目立项是原来预定的目的和目标的实现程度,是项目后评估所需要完成的主要任务之一。因此,项目后评估要对照原定目标完成的主要指标,检查项目实际实现的情况和变化,分析实际发生改变的原因,以判断目标的实现程度。判别项目目标的指标应在项目立项时就确定了,一般包括目标,即对地区、行业或国家经济、社会发展的总体影响和作用。建设项目的直接目的可能是解决特地的供需平衡。向社会提供某种产品或服务,指标一般可以量化。目标评价的另一项任务是要对项目原定决策目标的正确性、合理性和实践性进行分析评价。有些项目原定的目标不明确,或不符合实际情况。项目实施过程中可能会发生重大变化,如政策性变化或市场变化等,项目后评价要给予重新分析和评价。

2)项目实施过程评价

项目的过程评价应对照立项评估或可行性研究报告时所预计的情况和实际执行的过程进行比较和分析,找出差别,分析原因。主要包括:项目的立项、准备和评估;内容和建设规模;工程进度和实施情况;配套实施和服务条件;受益者范围及其反映;项目的管理和机制;财务执行情况。

3)项目效益评价

项目的效益评价即财务评价和经济评价,其评价的主要内容与项目前评估无大的差别,主要分析指标还是内部收益率、净现值和贷款偿还期等项目盈利能力和清偿能力的指标。但项目后评价时有以下几点需加以说明:目前评估采用的是预期值,项目后评价则对已发生的财务现金流量和经济流量采用实际值,并按统计学原理加以处理;对后评价时点以后的流量作出新的预测。当财务现金流量来自财务报表时,对应收而未实际收到的债权和非货币资金都不可以记入现金流入,只有当实际收到时才记入现金流入;同理,应付而实际未付的债务资金不能记为现金流出,只有当实际支付时才作为现金流出。必要时,要对实际财务数据做出调整。

实际发生的财务会计数据都含有物价通货膨胀的因素,而通常采用的赢利能力指标是不含通货膨胀水分的。因此项目评价采用的财务数据要剔除物价上涨的因素,以实现前后的一致性和可比性。

4)项目影响评价

项目的影响评价内容包括经济影响、环境影响和社会影响,具体有以下几个方面:

(1)经济影响评价

主要分析评价项目对所在地区、所属行业和国家所产生的经济方面的影响。经济影响评价要注意把项目效益评价中的经济分析区别开来,避免重复计算。评价的内容主要包括分配、就业、国内资源成本、技术进步等。由于经济影响评价的部分因素难以量化,一般只能作定性分析,一些国家和组织把这部分内容并入社会影响评价的范畴。

(2)环境影响评价

由于各国环保法的规定细则不尽相同,评价的内容也有所区别。项目的环境影响评价一般包括项目的污染控制、地区环境质量、自然资源利用和保护、区域生态平衡和环境管理等方面。

(3)社会影响评价

项目的社会影响评价是对项目在社会的经济、发展方面的有形和无形的效益和结果的一种分析,重点评价项目对所在地区和社区的影响。社会影响评价一般包括贫困、平等、参与性和持续性等内容。

(4)项目持续性评价

项目的持续性是指在项目的建设资金投入完成之后,项目的既定目标是否还能继续,项目是否可以持续的发展下去,接受投资的项目业主是否愿意并可能依靠自己的力量继续去实现既定目标,项目是否具有可重复性,即是否可在未来以同样的方式建设同类项目。持续性评价一般可作为项目影响评价的一部分,但是世界银行和亚洲开发银行等组织把项目的可持续性视为其援助项目成败的关键之一,因此要求援助项目在评估和评价中进行单独的持续性分析和评价。项目持续性的影响因素一般包括:本国政府的政策,管理、组织和地方参与,财务因素,技术因素,社会文化因素,环境和生态因素,外部因素等。

3. 项目后评价的范围

项目后评价是以项目前期所确定的目标和各方面指标与项目实际实施的结果之间的对比为基础的。因此,项目后评价的内容范围大体上与前评估的范围和分类相同。

20世纪60年代以前,国际上项目评估和评估的重点是财务分析,因财务分析的好坏作为评价项目成败的主要指标。到60年代,西方国家为本国的长远发展,对能源、交通、通信等基础设施以及社会福利事业投入了大量资金,这些项目的直接财务效益远不如工业类生产项目。同时、世界银行等国际金融组织对不发达国家的投资也有类似情况。为此,经济评价(国内称国民经济评价)的概念引入了项目效益评价的范围。

20世纪70年代前后,世界经济发展带来的严重污染范围问题,引起人们广泛的重视。首先在发达国家,然后在全球各国几乎都颁布了环保法。根据立法的要求,项目评价增加了"环境评价"的内容。此后,随着经济的发展,项目的社会作用和影响日益受到投资者的关注,即谁是投资项目的真正收益者。特别是80年代,世行等组织十分关心其援助项目对受援地区的贫困、妇女、社会文化和持续发展所产生的影响,因此,社会影响评价成为投资活动评估和评价的重要内容之一。此外,近几年国外援助组织通过多年实践的经验认识到,机构设置和管理机制是项目成败的重要条件,对项目的机构分析已经成为项目评价的重要组成部分。

4. 项目后评价的重要性

项目后评价的最终目的是为了总结经验教训,为改进投资决策和项目管理服务。项目后评价既是对已完成(竣工)项目项目管理的评价与总结,又是对未来项目的预测和指导。它为项目管理而服务。项目的良好管理是项目后评价所追求的目标。它与项目管理是一因一果、相辅相成的关系,如果在项目的进行中应用实施科学的项目管理方法和理论,那么在后评价工作中我们就能得到较为满意的结果;反之,如果项目后评价做得好,那么我们就能对未来项目的发展作出科学的预测。项目后评价在项目周期管理里承前启后,具有极其重要的地位。

三、我国对经济后评价的规定

为了学习推广世界银行的经验,建立一套系统的总结建设项目经验,吸取教训的经济后评价制度,原国家计委(现已更名为国家发展和改革委员会)1988年曾发出通知,"为了对利用国外贷款项目的效果进行检查和系统总结,决定在已完工的项目中,先选择几个项目进行后评价,待取得经验后再推广,以便逐步形成一项制度",对不断改进建设项目的决策和经营管理,有着极其重要的现实意义。

1. 国家计委对项目经济后评价的主要内容的规定

(1)与批准的可行性研究报告比较,本项目实际在规划设计上有何大的变化及变化的原因。

(2)项目的经济效益与社会效益如何?能否达到设计效益?对本项目决策的正确性进行评价。

(3)项目的国际招标、国内招标和合同谈判的情况与经验教训,各种合同的执行情况与合同管理经验。

(4)国外先进设备、技术和管理经验的引进情况和效果如何?引进技术和设备水平是否符合我国国情?

(5)国内外咨询单位的作用与问题。

(6)项目的经济和财务情况分析,包括项目的总投资,实际国外贷款额度,项目投产后的经济效益,国内外贷款偿还能力与期限等。对分析后与批准的设计文件进行对照。

(7)利用外资项目的国内配套合作。

(8)其他认为需要进行后评价的内容。

国家计委提出的项目经济后评价的主要内容是有针对性的,并是针对全国各行各业的,故应结合公路建设项目的实际情况,很好地理解并参照执行。

2. 项目后评价程序

(1)项目自评价。由项目业主会同执行管理机构按照国家计委或国家开发银行的要求编写项目的自我评价报告,报行业主管部门和计委或银行。

(2)行业或地方初审阶段。由行业或省级主管部门对项目自评报告进行初步审查,提出意见,一并上报。

(3)正式后评价阶段。由相对独立的后评价机构组织专家对项目进行后评价,通过资料的收集、现场的调查和分析讨论。提出项目后评价报告。

(4)成果反馈阶段。在项目后评价报告的编写过程中要广泛征求各方面的意见,在报告完成之后要以召开座谈会等形式进行发布成果报告。

四、我国公路建设项目经济后评价

1. 公路建设项目经济后评价的必备条件

根据预定目标已全部建成并通过竣工验收;至少经过2~3年的通车运营实践。公路建设项目经济后评价工作的重点是国家重点公路建设项目或符合下列条件之一的公路建设项目:

(1)40km以上的国道主干线项目或100km以上的国道及省道高等级公路项目。

(2)利用外资的公路项目。

(3)特大型独立公路桥隧项目。

(4)上级主管部门指定的项目。

2. 交通运输部对公路建设项目经济后评价报告的规定

编制建设项目后评价报告必须以项目各阶段的正式文件和项目建成通车2~3年内进行的各种调查及重要运行参数的测试数据为依据。项目通车后需要进行的调查主要有交通量调查、车辆运行特征调查、车辆运输费用调查、工程质量调查、项目财务状况调查、社会经济效果调查、环境调查等。项目各阶段的正式文件主要包括项目建议书、可行性研究报告、初步设计、施工图设计及其审查意见、批复文件;施工阶段重大问题的请示及批复;工程竣工报告;工程验收报告和审计后的工程竣工决算及主要图纸等。按照经济评价的原理和方法,以数字为基础,通过分析、对比、检查项目的决策、设计、施工及通车营运各阶段的主要指标的变化关系,判断其变化是否科学合理。编制公路建设项目后评价报告的目的是通过全面总结,为不断提高决策、设计、施工、管理水平,合理利用资金,提高投资效益,改进管理,制定相关政策等提供科学依据。

公路建设项目后评价报告主要内容包括:

①建设项目的过程评价。依据国家现行的有关法令、制度和规定,分析和评价项目前期工作、建设实施、投资执行、运营管理以及管理、配套及服务设施情况等执行过程,从中找出变化原因,总结经验教训。

②建设项目的效益评价。根据实际发生的数据和后评价时国家颁布的参数进行国民经济评价和财务评价,并与前期工作阶段按预测数据进行的评价相比较,分析其差别和成因。其中,国民经济效益评价参照《公路建设项目经济评价方法》,根据通车运营的实际车速、经济成本等各项数据,评价项目的国民经济效益,并与决策阶段预测的结论比较,分析其差别及原因;财务效益评价,对于收费公路(包括独立大桥、隧道),根据实际财务成本和实际收费收入,进行项目的财务效益分析,并与决策阶段预测的结论比较,分析其差别和原因,同时进一步做出收费分析,明确贷款偿还能力。并分析物价上涨、汇率变化及收费标准变化对财务效益产生的影响。最后,根据建设资金来源、投资执行情况及财务效益分析,对项目的资金筹措方式进行评价。

③建设项目的影响评价。分析、评价对影响区域的经济、社会、文化以及自然环境等方面所产生的影响,评价一般可分为社会经济影响评价和环境影响评价。其中,社会经济影响

评价分析项目对所在地区社会经济发展所产生的影响,包括土地利用、就业、地方社区发展、生产力布局、扶贫、技术进步等方面的影响和评价;环境影响评价对照项目前评估时批准的《环境影响报告书》,重点从项目建设所引起的区域生态平衡、环境质量变化及自然资源的利用和文物保护等方面评价项目环境影响的实际效果。

④建设项目目标持续性评价。根据对建设项目的公路网状况、配套设施建设、管理体制、方针政策等外部条件和运行机制、内部管理、运营状况、公路收费、服务情况等的内部条件分析,评价项目目标(服务交通量、社会经济效益、财务效益、环境保护等)的持续性,并提出相应的解决措施和建议。

此外,公路建设项目后评价报告由主报告及附件两部分组成。主报告应按1996年12月发布的《公路建设项目后评价报告编制办法》的附件一《公路建设项目后评价报告文本格式及内容要求》编制;附件的内容应包括各种专题报告及建设项目管理卡。建设项目管理卡应按《公路建设项目后评价报告编制办法》附件二《公路建设项目管理卡内容要求及填表说明》编制。

第八节 施工阶段造价管理案例

【例9-3】 某公路工程采用沥青混凝土路面,施工图设计的路面面层为中粒式沥青混凝土,厚为18cm(4cm+6cm+8cm)。其中某标段路线长度25km,面层数量为610350m²。承包人在中标后,组织相关人员对现场进行了详细踏勘,发现在距路线两端1/3处各有一块比较平坦的场地,可以作为拌和站的场地,且与路线紧邻。合同约定的施工工期为5个月。

问题:假定承包人的企业预算定额比部颁《公路工程预算定额》的工效提供5%,拌和站场地处理费用不考虑。请根据上述资料列出本标段路面工程标后预算直接费所涉及的相关定额的名称、单位、定额代号、数量等内容,并填入表格,需要时应列式计算或文字说明。

【解】 (1)混合料拌和设备数量计算。

结合承包人现有机械设备情况,沥青混合料拌和设备按240t/h考虑,拌和设备利用系数按0.85考虑,沥青混凝土的压实干密度按2.36t/m³计算,拌和设备每天的工作时间按10h计算,根据合同约定的工期,考虑拌和站的安拆等内容,路面实际施工时间按4个月考虑。则混合料拌和设备的需要量:

$610350 \times 0.18 \times 2.36 \div 240 \div 30 \div 4 \div 10 \div 0.85 = 1.06$ 台。

(2)混合料综合平均运距计算。

如设置一处沥青混合料拌和站,其混合料综合平均运距:

$25 \div 3 \div 2 \div 3 + 25 \div 3 \times 2 \div 2 \times 2 \div 3 = 6.94$ km,按7km考虑。

如设置两处沥青混合料拌和站,其混合料综合平均运距:

$25 \div 3 \div 2 \times 2 \div 3 + 25 \div 3 \div 2 \div 2 \div 3 = 3.47$ km,按3.5km考虑。

(3)不同施工组织的必选。

第九章 施工阶段的工程造价管理

设置一处拌和站的拌和站安拆及混合料运输费用：

$518115 \div (610350 \times 0.18) + (5473 + 445 \times 12) \div 1000 = 15.54 \text{ 元}/\text{m}^3$

设置两处拌和站的拌和站安拆及混合料运输费用：

$518775 \times 2 \div (610350 \times 0.18) + (5473 + 445 \times 5) \div 1000 = 17.14 \text{ 元}/\text{m}^3$

再加上拌和站场地处理和临时占地费用，设置一处拌和站比设置两处拌和站经济。

同时，从施工管理的角度来看，通过加强施工管理，缩短拌和站安拆的时间及提供设备的利用率，设置一处拌和站是可以在合同约定的工期内完成项目施工的。

综合各方面考虑，设置一处拌和站是合理的。

（4）标后预算直接费所涉及的相关定额的名称、单位、定额代号、数量见表9-1。

标后预算直接费涉及的相关定额　　　　表9-1

工程细目		定额代号	单位	数量	定额调整或系数
沥青透层		2-2-16-3	1000m²	646.971	人工、机械×0.95
中粒式沥青混凝土沥青混合料拌和		2-2-11-11	1000m³	109.863	人工、机械×0.95
15t以内自卸汽车运沥青混合料	第一个1km	2-2-13-21	1000m³	109.863	人工、机械×0.95
	每增运0.5km	2-2-13-23	1000m³	109.863	人工、机械×0.95
机械摊铺沥青混凝土		2-2-14-47	1000m³	109.863	人工、机械×0.95
沥青黏层		2-2-16-5	1000m²	1220.7	人工、机械×0.95
沥青混合料拌和设备安装、拆除		2-2-15-5	1座	1	人工、机械×0.95

【例9-4】 某公路工程工作量计600万元，计划当年上半年内完工，主要材料金额占施工总产量的62.5%，预付备料款占工程款25%，当年上半年各月实际完成施工产值见表9-2。

上半年各月实际完成施工产值（单位：万元）　　　　表9-2

1月	2月	3月	4月	5月	6月	合同调整额
60	80	100	120	120	120	80

问题：（1）工程价款结算的方式有哪些？

（2）计算本工程的预付备料款和起扣点。

（3）计算按月结算的工程进度款。

（4）计算本工程竣工结算工程款。

【解】（1）工程价款结算的方式。

工程价款的结算方式主要分为：按月结算、竣工后一次结算、分段结算、目标结算和双方议定的其他方式。

（2）预付备料款和起扣点计算。

预付备料款 = 工程价款总额 × 预付备料款额度

$600 \times 0.25 = 150$ 万元

起扣点 = 工程价款总额 - 预付备料款 ÷ 主要材料所占比重

起扣点:$600 - 150 \div 0.625 = 360$ 万元

(3)各月结算的工程进度款。

1月份:工程款60万元,累计完成60万元。

2月份:工程款80万元,累计完成140万元。

3月份:工程款100万元,累计完成240万元。

4月份:工程款120万元,累计完成360万元。

5月份:已达到起扣点情况下的应收工程款为:

$$\begin{aligned}工程款 &= 当月已完工作量 - (当月累计已完工作量 - 起扣点) \times 主材所占比重\\ &= 120 - (360 + 120 - 360) \times 0.625 = 45 \text{ 万元}\end{aligned}$$

累计完成405万元。

6月份:工程款 = 当月已完工作量 × (1 - 主材所占比重)
$$= 120 \times (1 - 0.625) = 45 \text{ 万元}$$

(4)本工程竣工结算工程款。

$405 + 45 + 150 + 80 = 680$ 万元

【例9-5】 某工程项目采用调值公式结算,其合同价款为18000万元。该工程的人工费和材料费占85%,不调值费用占15%,经测算,具体的调值公式为:

该合同的原始报价日期为2006年6月1日。2007年6月完成的预算进度数为工程合同总价的6%,结算月份的工资、材料物价指数见表9-3。

结算月份的工资、材料物价指数　　表9-3

2006年6月指数	100	153.4	154.8	132.6	178.3	160.1
代号	A_0	B_0	C_0	D_0	E_0	F_0
2007年6月指数	116	187.6	175.0	169.3	192.8	159.5
代号	A	B	C	D	E	F

问题:分析2007年6月工程款经过调整后为多少?

【解】 2007年6月工程款经调整后为:

$18000 \times 0.06 \times (0.15 + 0.45 \times 116 \div 100 + 0.13 \times 187.6 \div 153.4 + 0.13 \times 115 \div 154.8 + 0.05 \times 169.3 \div 132.6 + 0.05 \times 192.8 \div 178.3 + 0.04 \times 159.5 \div 160.1) = 1226.5579$ 万元

【例9-6】 某路基土石方工程,主要的分项工程包括开挖土方、填方等,按我国施工合同示范文本签订的施工承包合同规定按实际完成工程量计价。根据合同的规定,承包人必须严格按照施工图及承包合同规定的内容及技术规范要求施工,工程量由造价工程师负责计量,工程的总价款根据承包人取得计量证书的工程量进行结算。工程开工前,承包人向业主提交了施工组织设计和施工方案并得到批准。

问题:(1)根据该工程的合同特点,造价工程师提出了计量支付的程序要求如下。试改正其不恰当和错误的地方。

①对已完成的分项工程向业主申请质量认证。

②在协议约定的时间内向造价工程师申请计量。
③造价工程师对实际完成的工程量进行计量,签发计量证书给承包人。
④承包人凭质量认证和计量证书向业主提出付款申请。
⑤造价工程师复核申报资料,确定支付款项,批准向承包人付款。
(2)在工程施工过程中,当进行到施工图所规定的处理范围边缘时,承包人为了使压实质量得到保证,将压实范围适当扩大,施工完成后,承包人将扩大范围的施工工程量向造价工程师提出计量付款的要求,但遭到拒绝。试问造价工程师为什么会作出这样决定?
(3)在工程施工过程中,承包人根据业主指示就部分工程进行了变更施工,试问变更部分合同价款应根据什么原则进行确定?
(4)在土方开挖工程中,有两项重大原因使工期发生较大的拖延:一是土方开挖时遇到了一些地质勘探没有探明的孤石,排除孤石拖延了一定的时间;二是施工过程中遇到数天季节性小雨,由于雨后土壤含水率过大不能立即进行压实施工,从而耽误了部分工期。随后,承包人按照正常索赔程序向造价工程师提出延长工期并补偿停工期间窝工损失要求。试问造价工程师是否该受理这两起索赔事件?为什么?

【解】 (1)计量支付的要点。
①对已完成的分项工程向业主代表申请质量认证。
②取得质量认证后在协议约定的时间内向造价工程师申请计量。
③造价工程师按照规定的计量方法对合同规定范围内的工程量进行计量,签发计量证书给承包人。
④承包人凭质量认证和计量证书向造价工程师提出付款申请。
⑤造价工程师审核申报资料,确定支付款额,向业主提供付款证明文件。
(2)造价工程师拒绝的原因。
①该部分的工程量超出了施工图的要求,一般地讲,也就超出了合同约定的工程范围,不属于造价工程师计量的范围。造价工程师、监理工程师均无权处理合同以外的工程内容。
②该部分的施工是承包人为了保证施工质量而采取的技术措施,监理工程师或造价工程师认可的是承包人的保证施工质量的技术措施,一般在业主没有批准追加相应费用的情况下,技术措施费用应由承包人自己承担。
(3)变更价款原则的确定。
①合同中已有适用于变更工程的价格,按合同中已有的价格计算,变更合同价款。
②合同中只有类似于变更工程的价格,可以参照类似价格变更合同价款。
③合同中没有类似于或适用于变更工程的价格,由承包人提出适当的变更价格,造价工程师批准执行。这一批准的变更价格,应与承包人达成一致,否则由工程造价管理部门裁定。
(4)对两项索赔的处理。
①对处理孤石引起的索赔,这是预先无法估计的情况,应予受理。

②由于阴雨天气属正常季节性的,这是有经验的承包人预先应估计的因素,在合同期内应作考虑,因而索赔理由不成立,索赔应予驳回。

【例 9-7】 某跨线桥工程基坑开挖后发现有城市供水管道横跨基坑,须将供水管道改线并对地基进行处理,为此业主以书面形式通知施工单位停工 10d,并同意合同期顺延 10d,为确保继续施工要求工人、施工机械等不要撤离施工现场,但在通知中未涉及由此造成施工单位停工损失如何处理。施工单位认为对其损失过大,意欲索赔。

问题:(1)索赔能否成立,索赔证据是什么?

(2)由此引起的损失费用项目有哪些?

(3)如果提出索赔要求,应向业主提供哪些索赔文件?

【解】 (1)索赔成立,索赔证据为业主提出的要求停工的通知书。

(2)费用损失主要包括:10d 的工人窝工、施工机械停置及管理费用。

(3)应向业主提供的索赔文件主要有:

①致业主的索赔信函,提出索赔要求。

②索赔报告;提出索赔事实和内容,引用文件说明索赔的合理与合法性,提出索赔费用的计算依据及要求的赔偿金额。

③索赔费用计算书及索赔证据复印件。

【例 9-8】 某工程承包人实行总价合同承包。工程招标文件参考资料中提供的用砂地点距工地 4km,但开工后,发现该砂不符合质量要求,承包人只得从另一距工地 20km 供砂点采购,而在一个关键工作面上又发生了几种原因造成的暂时停工:4 月 20 日至 4 月 26 日承包人的施工设备出了从未出现的故障;应于 4 月 24 日交给承包人的后续图纸直到 5 月 10 日才交给承包人;5 月 7 日到 5 月 12 日工地下了该季节罕见的特大暴雨,造成了 5 月 11 日到 5 月 14 日该地区的供电全面中断。

问题:(1)由于供砂距离的增大,必然引起费用的增加,承包人经过仔细计算后,在业主指令下达的第 3 天,向业主的造价工程师提交了将原用砂单价每吨提高 5 元人民币的索赔要求。作为一名造价工程师您批准该索赔要求吗?为什么?

(2)由于几种情况的暂时停工,承包人在 5 月 15 日向业主的造价工程师提交了延长工期 25 天,成本损失费人民币 2 万元/天(此费率已经造价工程师核准)和利润损失费人民币 2000 元/天的索赔要求,共计索赔款人民币 55 万元。

①作为一名造价工程师您批准索赔款额多少万元?为什么?

②作为一名造价工程师您认为会在业主给承包人工程款的支付中扣除竣工拖期违约损失赔偿金吗?为什么?

(3)索赔成立的条件是什么?

(4)若承包人对因业主造成的窝工损失,要求设备窝工按台班计算,人工的窝工按日计价是否合理?如不合理应怎样计算?

【解】 (1)对承包人提出的因砂场地点变化的索赔不予批准,原因是:

①承包人应对自己就招标文件的解释负责并考虑相关的风险。

②承包人应对自己报价的正确性和完备性负责。

③对当地砂、石材料的供应情况变化是一个有经验的承包人能够合理预见到的。

(2)具体如下:

①批准索赔款额24万元,原因是:

a. 4月20日至4月26日的停工属于承包人自身的原因造成的,应由承包人承担,因此,不考虑承包人的索赔要求。

b. 4月27日至5月6日的停工属于业主的原因造成的,应由业主承担,应考虑承包人的索赔要求,但不考虑承包人提出的利润索赔要求,索赔额为 $10 \times 2 = 20$ 万元。

c. 5月7日至5月12日的停工属于业主和承包人共同承担的风险,因此,不考虑承包人的索赔要求。

d. 5月13日至5月14日的停工属于有经验的承包人无法预见的自然条件变化,应由业主承担,但不考虑承包人的利润索赔要求,索赔额为 $2 \times 2 = 4$ 万元。

②由上述事件引起的工程进度拖延不等于竣工工期的延误。原因是:如果不能够通过施工方案的调整将延误的工期补回,将会造成竣工延误,支付中要扣除拖期违约金;如果能够通过施工方案的调整将延误的工期补回,不会造成竣工延误,不产生拖期违约金,支付中不扣除。

(3)承包人的索赔要求成立必须同时具备以下4个条件:

①与合同相比较,已造成了实际的额外费用增加或工期损失。

②造成费用增加或工期损失的原因不是由于承包人的过失。

③按合同规定不应由承包人承担的风险。

④承包人在事件发生后的规定时限内提出了索赔的书面意向通知。

(4)不合理。

因窝工而闲置的设备按折旧费或停置台班费或租赁费计价,不包括运转费部分。人工费损失应考虑这部分工作的工人调做其他工作时工效降低的损失费用,一般用工日单价乘以一个测算的降效系数计算这一部分损失,而且只按成本费用计算,不包括利润。

参 考 文 献

[1] 中华人民共和国交通运输部. 公路工程标准施工招标文件. 北京:人民交通出版社,2009.
[2] 交通公路工程定额站. 公路工程基本建设项目概算预算编制办法. 北京:人民交通出版社,2007.
[3] 周直. 公路工程造价原理与编制. 北京:人民交通出版社,2005.
[4] 交通运输部职业资格中心. 公路工程造价案例分析. 北京:人民交通出版社,2011.